EUROPA LEHRMITTEL

Christina Henkel

Arbeitsbuch Behandlungsassistenz

für Zahnmedizinische Fachangestellte

Band 1

1. Auflage

VERLAG EUROPA-LEHRMITTEL
Nourney, Vollmer GmbH & Co. KG
Düsselberger Straße 23
42781 Haan-Gruiten

Europa-Nr.: 61900

Autorin:
Christina Henkel

Verlagslektorat:
Tanja Löhr-Michels

Illustrationen:
Steffen Faust
Matthias Pflügner

Dank an Dr. Martina Kahl-Scholz für die Unterstützung in der Planungsphase.

1. Auflage 2026
Druck 5 4 3 2 1

Alle Drucke derselben Auflage sind parallel einsetzbar, da sie bis zur Korrektur von Druckfehlern identisch sind.

ISBN 978-3-7585-6190-0

Bei Fragen zur Produktsicherheit wenden Sie sich bitte an produktsicherheit@europa-lehrmittel.de.

Umschlag: tiff.any GmbH, 10999 Berlin
Umschlagfoto: © Monkey Business – stock.adobe.com

Satz: Punkt für Punkt GmbH · Mediendesign, 40549 Düsseldorf
Druck: Akontext s.r.o., 141 00 Prag 4 (CZ)

Vorwort

Liebe Benutzerinnen und Benutzer,

der vorliegende Band 1 *Arbeitsbuch Behandlungsassistenz für Zahnmedizinische Fachangestellte* hilft, alle prüfungsrelevanten Inhalte der **Lernfelder 2, 3, 4, 5 und 6** zu wiederholen und Wissen durch kreative Übungstechniken zu festigen.

Alle Inhalte basieren **auf der 2022 neu erlassenen Ausbildungsordnung** sowie dem **zugehörigen Rahmenlehrplan** der Kultusministerkonferenz. Die Übungen und Aufgaben unterstützen die Vorbereitung auf **beide Teile der gestreckten Abschlussprüfung, GAPI und GAPII,** umfassend. Dabei kann das Arbeitsbuch parallel zur Behandlungsassistenz oder auch unabhängig davon verwendet werden.

Zahlreiche QR-Codes bieten Hilfestellungen zum Lösen der Aufgaben.

Die wichtigsten Elemente aus dem Arbeitsbuch im Überblick:

	**Handlungskompetenz** stärken durch zahlreiche Übungen zu Abläufen von Behandlungsschritten und Instrumentenkunde.
 Ach so!	Mit den richtigen Erläuterungen machte es dann „Klick" – und plötzlich versteht man es!
Wissens-Check ★ Sterne-Aufgabe	Den Leistungsstand anhand einfacher Bewertungssysteme schnell selbst überprüfen.
Merke	Die Merkekästen liefern **knappe Informationen** und erklären **häufig Verwechseltes** zu den jeweiligen Themen.
Lernnotiz	Trainiert die Fähigkeit, das Kernwissen zu einem bestimmten Thema herauszuarbeiten.
Nice to know	Spannendes und coole Fakten für alle, die mehr wissen möchten.
Vokabeltraining	Trainingscamp für die Fachsprache
	Achtung! Hier wird gefragt, was NICHT zutrifft!

Ein Übungsbuch zum Bereich Praxismanagement und Wirtschaftslehre ist separat erhältlich.

Wir hoffen, der Einsatz unseres neuartig konzipierten Arbeitsheftes bereitet Ihnen Freude im Unterricht und unterstützt Sie bei der Erreichung der Ausbildungsziele.

Verbesserungsvorschläge, Lob und Kritik nehmen wir gerne entgegen:
lektorat@europa-lehrmittel.de

Autorin und Verlag im Winter 2025/2026

Inhaltsverzeichnis

Lernfeld 2 Patienten empfangen und begleiten

1 Anatomie der Mundhöhle

Von Beginn der Ausbildung an unterstützt eine Auszubildende bei der Dokumentation der Befunde und assistiert bei Behandlungen. Dabei sind gute Kenntnisse über den Aufbau des Gebisses und der Mundhöhle von großer Hilfe.

Hier gibt es Tipps zur Lösung.

vel.plus/afzahn1-1

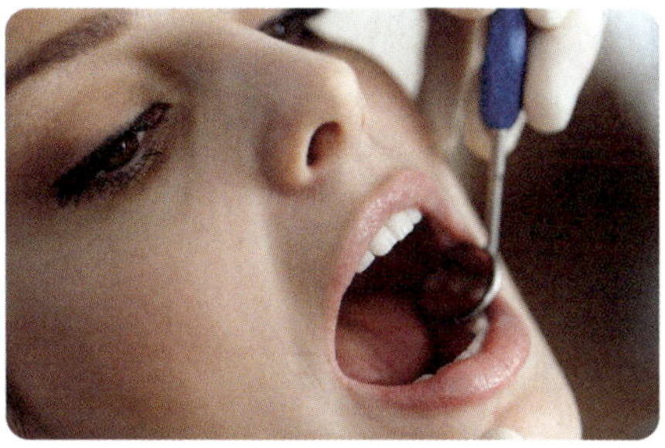

Ordnen Sie den Erklärungen oder Bezeichnungen den richtigen Begriff zu.

die Mundhöhle	Wangen
begrenzen die Mundhöhle nach vorn	Gaumen
begrenzen die Mundhöhle zur Seite hin	Mundvorhof
begrenzt die Mundhöhle nach oben	Mukosa/ Schleimhaut
begrenzt die Mundhöhle nach unten	Zunge
befindet sich zwischen Zahnreihen und Lippen/Wangen	Speicheldrüsen
kleidet die gesamte Mundhöhle aus	Mundboden
sorgen dafür, dass die Mundhöhle feucht ist	Lippen
ist das beweglichste Muskelorgan des menschlichen Körpers	Cavum oris

Ordnen Sie durch Striche die Bezeichnungen den richtigen Stellen in der Mundhöhle zu. Tragen Sie unterhalb der deutschen Begriffe jeweils das Fachwort ein.

weicher Gaumen

____

Gaumennaht

____

Zäpfchen

____

Gaumenmandeln

____

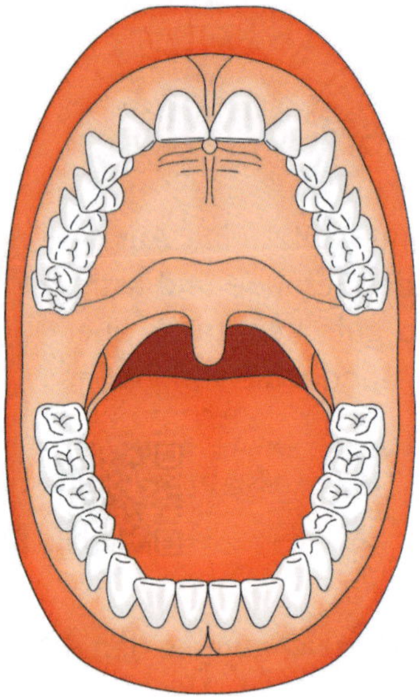

harter Gaumen

____

Ah-Linie

Lippenbändchen

____

Zunge

____

Welche Aussagen zur Mundhöhle und ihren Aufgaben sind richtig? Kreuzen Sie an:

- ☐ Die Mundhöhle dient der Nahrungsaufnahme.
- ☐ Nahrung wird in der Mundhöhle geprüft und zerkleinert.
- ☐ Die Mundhöhle geht in den Rachen über.
- ☐ Die Mundhöhle ist Bestandteil des Verdauungsapparates.
- ☐ Die Mundhöhle ist beteiligt an der Bildung von Sprechlauten.

Welche Begriffe sind richtig übersetzt? Kreuzen Sie an:

- ☐ Zunge – Glossa
- ☐ Mundvorhof – Palatum durum
- ☐ Wange – Bucca
- ☐ Zunge – Lingua
- ☐ Mundboden – Vestibulum oris
- ☐ Harter Gaumen – Palatum molle
- ☐ Lippen – Labia

Welche anatomischen Strukturen sind Teil des Mundvorhofes? Kreuzen Sie an:

- ☐ Umschlagfalte – Fornix
- ☐ Mandeln – Tonsillae
- ☐ Zungenbändchen – Frenulum linguae
- ☐ Zäpfchen – Uvula
- ☐ Wangenbändchen – Frenulum buccale
- ☐ Lippenbändchen – Frenulum labii

Hier gibt es Tipps zur Lösung.

vel.plus/afzahn1-2

Ordnen Sie die Begriffe den richtigen Strukturen zu.

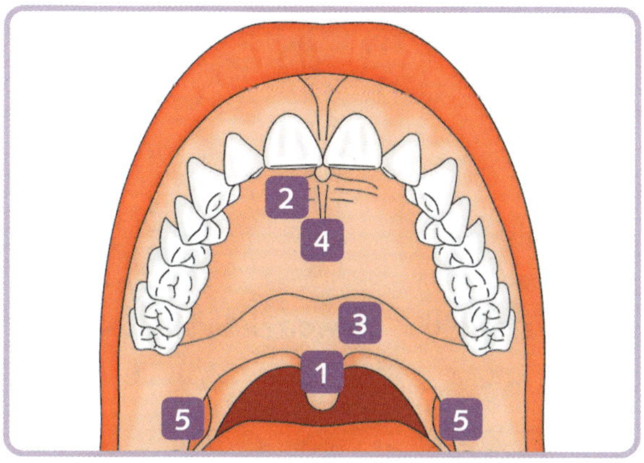

- ☐ Raphe palatina
- ☐ Uvula
- ☐ Plicae palatinae
- ☐ Tonsillae
- ☐ Palatum molle

Welche anatomischen Strukturen im Weichgewebe zeichnen sich deutlich auf dem Zahnmodell ab? Benennen Sie diese.

Achten Sie darauf, ob Sie diese auch in den Arbeitsmodellen in Ihrer Praxis wiederfinden.

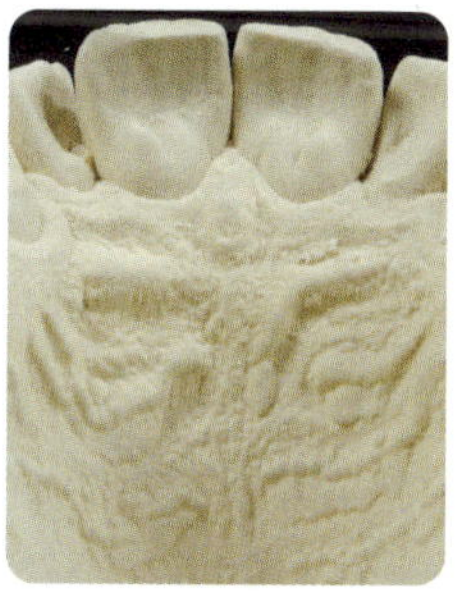

____

____

____

Entwirren Sie den Buchstabensalat und vervollständigen Sie den Lückentext.

Der Gaumen befindet sich im ______________ **vneerdro** Teil des Oberkiefers und trennt die Mundhöhle von der ________________ **hahöeeNln** ab. Der __________ **threa** Gaumen geht über in das sogenannte ________________ **uesglGenaem** über, auch als weicher Gaumen bezeichnet. Dieser Teil des Gaumens ist stetig in ______________ **ngueweBg**, verschließt beim Schlucken den oberen ______________ **eacRhn** und währende des Kauens liegt er auf dem

Zungengrund und schließt somit die ________________ **hulMdhöen** nach hinten ab, damit beim Essen keine Speisen oder ________________ **kgtsniselFieü** in den Atemweg gelangen. Der Übergang zwischen hartem und weichem Gaumen wird ____________ **iLn-Aehi** genannt. An der Grenze zwischen der Mundhöhle und dem Rachen liegen ____________ **nlksi** und ____________ **trhsce** die ________________ **nnaGnalmumede**.

Welches ist das empfindlichste Tastorgan im menschlichen Körper? Kreuzen Sie an:

- ☐ Fingerspitzen
- ☐ Lippen
- ☐ Innenseite Unterarm
- ☐ Zunge
- ☐ Handoberflächen
- ☐ Fußsohlen

Welche Aufgaben erfüllt die menschliche Zunge? Dies sind die Antworten aus der Klasse, kreuzen Sie die richtigen an.

- ☐ bildet Speichel und wichtige Verdauungssekrete
- ☐ ist ein Tastorgan und kontrolliert die aufgenommene Nahrung
- ☐ wichtig für das Schmecken von Speisen
- ☐ sehr wichtig beim Schlucken
- ☐ zerdrückt und vermengt die Nahrung
- ☐ wichtig für die Artikulation
- ☐ ist nützlich beim Küssen
- ☐ wird benötigt beim Bilden der Sprechlaute
- ☐ säubert Zähne und Mundhöhle

Welche Wahrnehmungen können mit Hilfe der Zunge registriert werden? Kreuzen Sie an:

- ☐ Geschmack
- ☐ Duft
- ☐ Temperatur
- ☐ Schmerz
- ☐ Tastsinn

Welche Geschmacksrichtungen nimmt der Mensch mit der Zunge wahr?

Ordnen Sie durch Striche die Bezeichnungen den richtigen Stellen zu.

Zungenspitze

Zungenunterseite

Zungenkörper

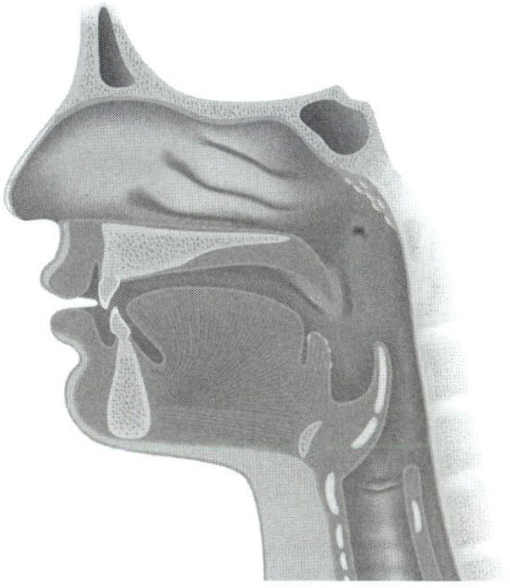

Zungenrücken

Zungengrund

Ach so!

Häufig begegnen einem bei Fachbegriffen bestimmte Vorsilben. Wenn man deren Bedeutung kennt, fällt es leichter, den gesamten Begriff zu verstehen.

epi- stammt aus dem Griechischen und bedeutet **auf**, **darauf**, **darüber**

hyper- stammt aus dem Griechischen und bedeutet **über** medizinisch häufig im Sinne von Überfunktion gebraucht

meso- stammt aus dem Griechischen und bedeutet **in der Mitte**, **mittel**

hypo- stammt aus dem Griechischen und bedeutet **unter**, **unterhalb** medizinisch häufig im Sinne von Unterfunktion gebraucht

Dinge, die man versteht, kann man sich dann auch gut merken. Ordnen Sie zu!

Nasenrachen	Mesopharynx
Mundrachen	Hypopharynx
Kehlkopfrachen	Epipharynx

Nice to know

Schlucken – haben Sie sich schon einmal gefragt, wie oft Sie es am Tag tun?

Beim Schluckvorgang denkt man nicht weiter groß darüber nach.

Dennoch sind jedes Mal:

weit **über 20** Muskelpaare
5 Hirnnervenpaare
und diverse Spinalnervenpaare

damit beschäftigt.

vel.plus/afzahn1-3

Der Schluckvorgang wird zunächst willentlich (absichtlich) eingeleitet. Sobald die Zunge Nahrung gegen den weichen Gaumen drückt, wird der unwillkürlichen **Schluckreflex** in Gang gesetzt.

Schon Babys im Mutterleib beherrschen das Schlucken. Sie trinken Fruchtwasser aus der Fruchtblase.

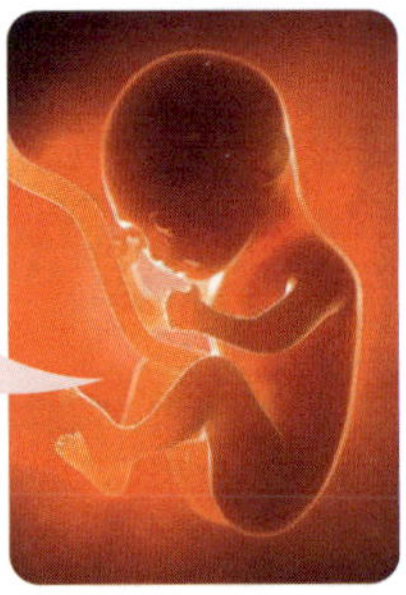

Reflex
bezeichnet eine unwillkürliche Reaktion auf einen Reiz, so zu sagen einen automatischen Vorgang den unser Körper ohne willentliche Beeinflussung durchführt.
Der Ablauf dieser Reaktion folgt immer einem fixen Schema.

Schluckreflex

Merke

Gelangen während einer Behandlung Instrumente oder Materialien in den Rachen, kann der Patient diese verschlucken oder – noch schlimmer – aspirieren, also in die Atemwege einsaugen.

Die ZFA muss dies beim Abhalten oder Absaugen stets im Blick haben. **Die Berührung der Schleimhaut im Bereich des Zungengrundes oder des hinteren Rachens löst den Schluckreflex aus.**

Bringen Sie die einzelnen Schritte während des Schluckvorgangs in die richtige Reihenfolge.

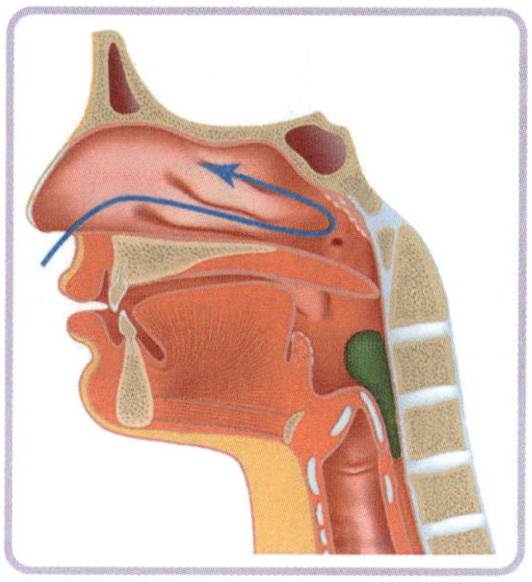

- [ ] Mund und Kiefer werden fest verschlossen.
- [ ] Der Kehlkopf wird nach oben gezogen und der Kehldeckel verschließt den Zugang zur Luftröhre.
- [ ] Ist die Nahrung im Mund ausreichend zerkleinert und mit Speichel vermengt, drückt die Zunge gegen den weichen Gaumen.
- [ ] Die Atmung wird angehalten.
- [ ] Die Nahrung gelangt über die Speiseröhre in den Magen.
- [ ] Das Gaumensegel wird nach hinten gezogen und verschließt den Zugang zur Nase und zu den oberen Atemwegen.
- [ ] Durch Zusammenziehen der Rachenmuskulatur wird die Nahrung in Richtung Speiseröhre gedrückt.
- [ ] Der Eingang der Speiseröhre öffnet sich.

Im Mund- und Rachenraum sind mehrere Organe mit der Abwehr von Krankheitserregern beschäftigt, dazu zählen die Mandeln. Tragen Sie die deutschen Bezeichnungen in der Abbildung ein.

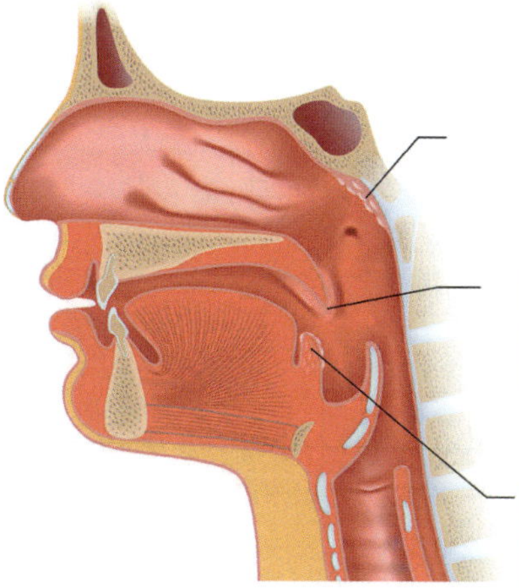

Tonsilla pharyngea

____

Tonsilla palatina

____

Zungenmandel

____

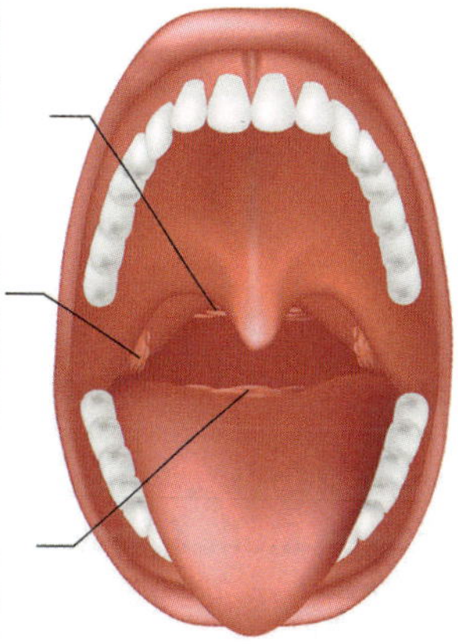

2 Speicheldrüsen

Ach so!

Für eine ZFA sind Kenntnisse über die Anatomie der Speicheldrüsen von großer Bedeutung im Praxisalltag. Daher werden in Klassenarbeiten und Prüfungen häufig Fragen dazu gestellt. Die nachfolgenden Begriffe sollten Sie also unbedingt kennen.

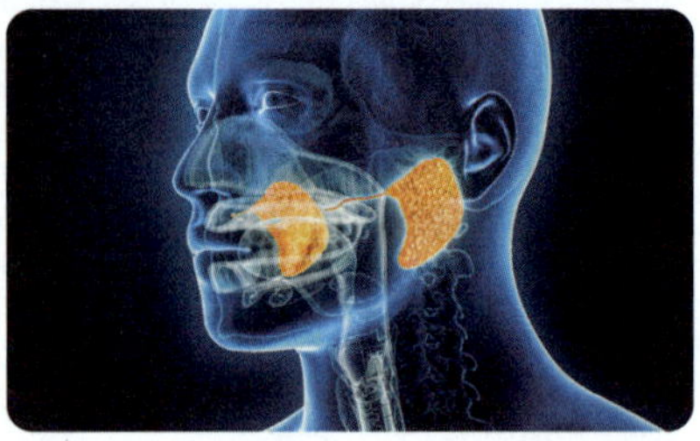

Ausführungsgang – Kanal, durch den das von der Drüse gebildete Sekret abtransportiert wird. Fachbegriff: **Ductus**

Ausgang, Mündung – die Stelle, an der das Drüsensekret austritt.

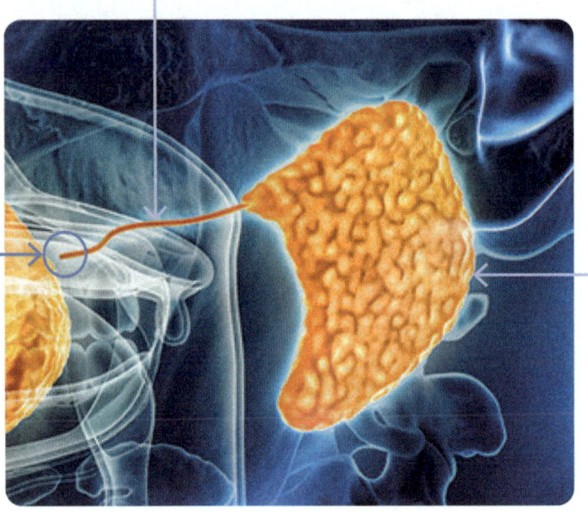

Drüse – Organ, das Absonderungen oder Hormone für den Körper bildet. Fachbegriff: **Glandula**

Weisen Sie den Vorsilben die richtige Bedeutung zu, indem Sie diese dahinter aufschreiben.

innerhalb, in	außerhalb, von außen

endo- ______________________________

exo- ______________________________

intra- ______________________________

extra ______________________________

Vervollständigen Sie den Lückentext, indem Sie den Buchstabensalat entwirren oder an der richtigen Stelle folgende Drüsen eintragen:

Schilddrüse • Speicheldrüsen • Schweißdrüsen • Nebennieren • Keimdrüsen • Tränendrüse • Bauchspeicheldrüse

Drüsen sind Organe, die wichtige Stoffe für den Körper produzieren. Die Fachbezeichnung für Drüse ist ______________ **lladuaGn** und die Absonderung, die sie herstellen, wird allgemein ______________ **Streek** genannt. Man unterscheidet zwei Gruppen.

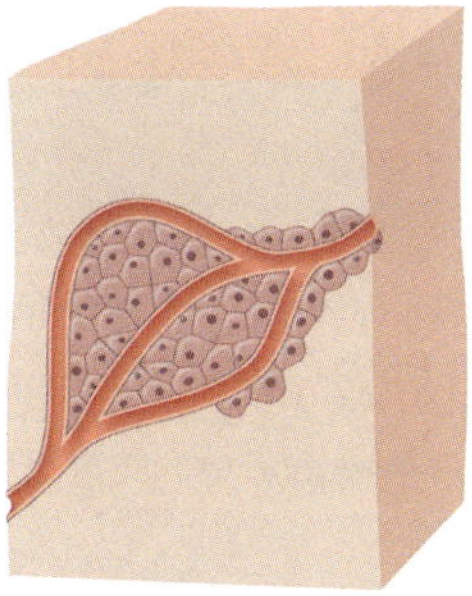

Endokrine Drüsen – diese besitzen ______________ **nekien** Ausführungsgang. Sie bilden Hormone und geben diese direkt in die Blutbahn ab. Man bezeichnet diese Drüsen auch als ______________ **ondnmsüroHer**. Zu den endokrinen Drüsen zählen: ______________, ______________ sowie die ______________.

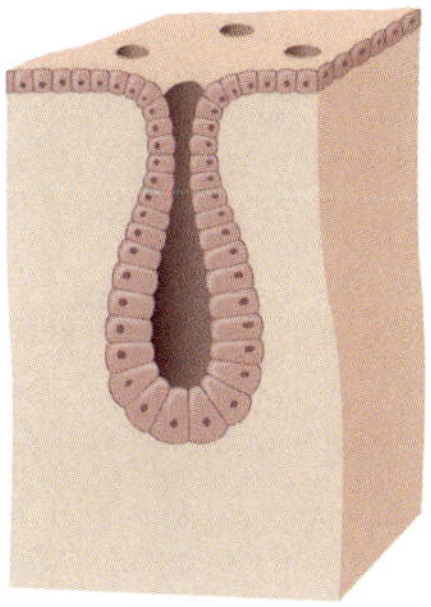

Exokrine Drüsen geben ihr Sekret – wie der Name schon sagt – über einen ______________ **üusngasAugrgfnh** nach ______________ **uneaß** ab. Das kann eine innere oder äußere Körperoberfläche sein. Die Stelle, über der das Sekret die Körperoberfläche erreicht, wird als ______________ **nnMügdu** bezeichnet. Zu den exokrinen Drüsen zählen: ______________, ______________, ______________ u. v. a.

Eine Besonderheit stellt die ______________ dar, sie kann beides gleichzeitig. Der exokrine Teil der Bauspeicheldrüse produziert Verdauungssekrete, die in den ______________ abgegeben werden. Der endokrine Teil produziert Hormone, wie das ______________ **unslnIi** oder das Glucagon.

Welche Aussagen über die Ohrspeicheldrüse sind zutreffend? Kreuzen Sie an:

- ☐ Die Ohrspeicheldrüse ist eine eher kleine Speicheldrüse.
- ☐ Die Ohrspeicheldrüse ist die größte Speicheldrüse.
- ☐ Die Ohrspeicheldrüse ist nur einseitig vorhanden.
- ☐ Die Ohrspeicheldrüse hat den längsten Ausführungsgang.
- ☐ Die Ohrspeicheldrüse mündet hinter den Oberkiefer-Frontzähnen.
- ☐ Die Ohrspeicheldrüse mündet auf der Wangeninnenseite gegenüber den oberen Molaren.

Benennen Sie die großen Speicheldrüsen auf Deutsch und mit dem Fachbegriff

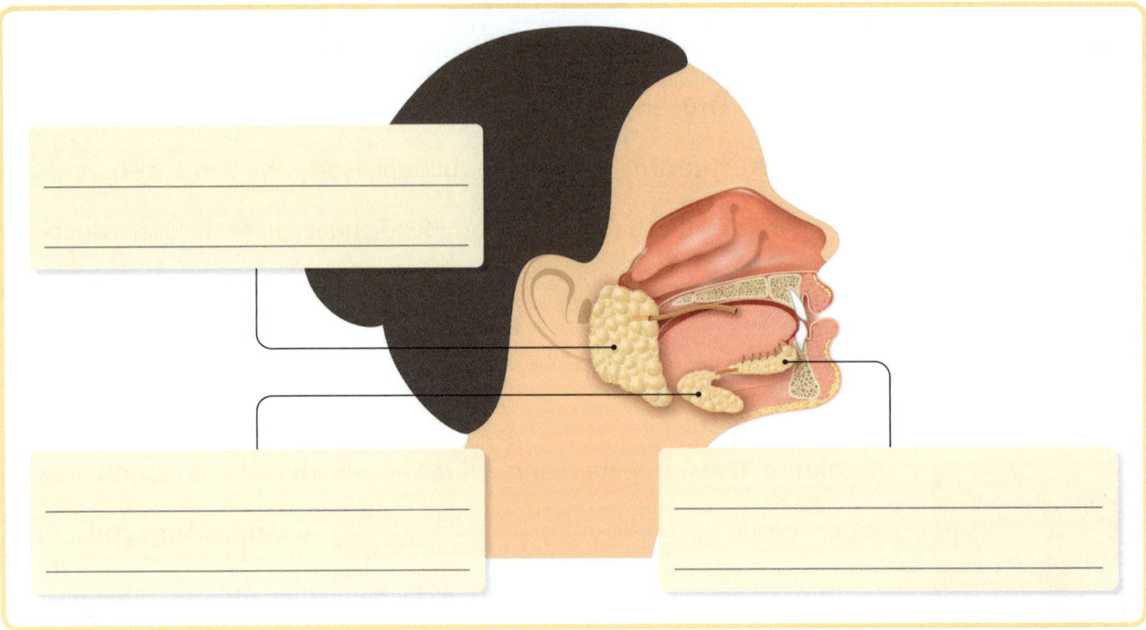

Wissens-Check

Welche Aussagen über die Unterzungen- und die Unterkieferspeicheldrüse sind richtig, welche falsch? Kreuzen Sie an:

Aussage	☺	☹
Die Unterzungenspeicheldrüse liegt unter der Mundbodenmuskulatur.		
Die Unterzungenspeicheldrüse liegt auf der Mundbodenmuskulatur.		
Die Unterzungenspeicheldrüse besitzt zahlreiche kleine Nebenausführungsgänge.		
Die Unterzungenspeicheldrüse mündet auf der Caruncula sublingualis.		
Die Unterzungenspeicheldrüse mündet auf der Plica sublingualis.		
Die Unterkieferspeicheldrüse liegt auf der Mundbodenmuskulatur.		
Die Unterkieferspeicheldrüse liegt im Kieferwinkelbereich.		
Die Unterkieferspeicheldrüse liegt unter der Mundbodenmuskulatur.		
Die Unterkieferspeicheldrüse ist etwa doppelt so groß wie die Unterzungenspeicheldrüse.		
Die Unterkieferspeicheldrüse mündet auf der Caruncula sublingualis.		

Aus Schülerarbeiten

Originalaussage aus einer Schülerarbeit.
Erklären Sie, wie die richtige Antwort lauten sollte.

Prüfungsfrage: Wo mündet die Ohrspeicheldrüse?

„Die Ohrspeicheldrüse mündet im Ohr."

Lernnotiz: Die großen Speicheldrüsen

Hier gibt es Tipps zur Lösung.

vel.plus/afzahn1-4

Vervollständigen Sie die Tabelle. Beachten Sie dabei die Aussagen in der linken Spalte, sie geben einen Hinweis, welche Drüse in der Zeile darunter einzutragen ist.

Bezeichnung der Drüse	Lage der Drüse	Wo befindet sich Mündung
Ist die größte Speicheldrüse.		
Hat den längsten Ausführungsgang.		
Hat viele kleine Nebenmündungen – gutes Erkennungszeichen in Abbildungen.		

Im LF 4 finden Sie weitere Übungen zum Thema Speichel und Speichelzusammensetzung.

Weisen Sie den nachstehenden Strukturen ihre Lage zu: Oberkiefer OK, Unterkiefer UK.

Caruncula sublingualis	Papilla incisiva	Vellum
Frenulum labii	Plicae palatinae	Glossa
Tonsillae	Frenulum linguae	Plica sublingualis

3 Lage- und Richtungsbezeichnungen

Vokabeltraining

Wie gut kennen Sie die Lagebezeichnungen? Testen Sie Ihr Wissen.

Teil 1 – allgemeine Lagebezeichnungen
Das Lösungswort bezeichnet die quer durch den Körper verlaufende Ebene:

1. zur Mitte hin
2. von der Mitte weg
3. senkrecht
4. zur Lippe hin
5. zur Wange hin
6. zum Gaumen hin
7. zur Zunge hin
8. zum Mundvorhof hin
9. zur Mundhöhle hin
10. unter der Zunge
11. unter dem Zahnfleisch
12. oberhalb des Zahnfleisches
13. waagerecht

Vokabeltraining

Teil 2 – Flächenbezeichnungen am Zahn
Das Lösungswort bezeichnet die von vorne nach hinten verlaufende Körperebene:

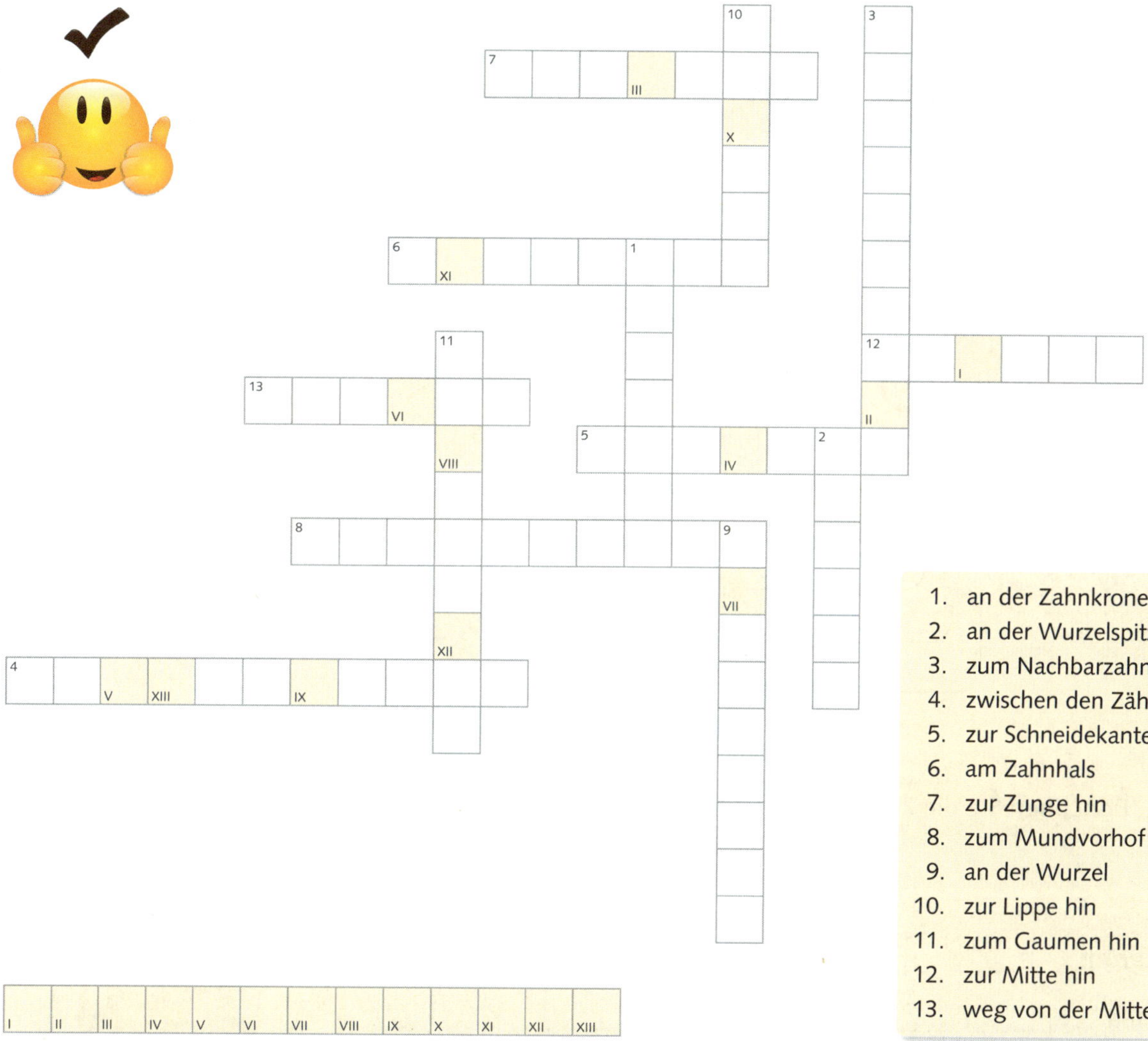

1. an der Zahnkrone
2. an der Wurzelspitze
3. zum Nachbarzahn
4. zwischen den Zähnen
5. zur Schneidekante hin
6. am Zahnhals
7. zur Zunge hin
8. zum Mundvorhof hin
9. an der Wurzel
10. zur Lippe hin
11. zum Gaumen hin
12. zur Mitte hin
13. weg von der Mitte

Wie lautet die Vorsilbe, die das Gegenteil bedeutet?
Ergänzen Sie zu jedem Begriff auch die Bedeutung auf Deutsch.

hyper-	______	______	______
______	______	**extra-**	______
supra-	______	______	______
______	______	**exo-**	______
mikro-	______	______	______

4 Zähne und Gebissaufbau

Das Foto aus dem Heft Ihrer Kollegin ist auf Englisch. Können Sie die Bezeichnungen auf Deutsch ergänzen?

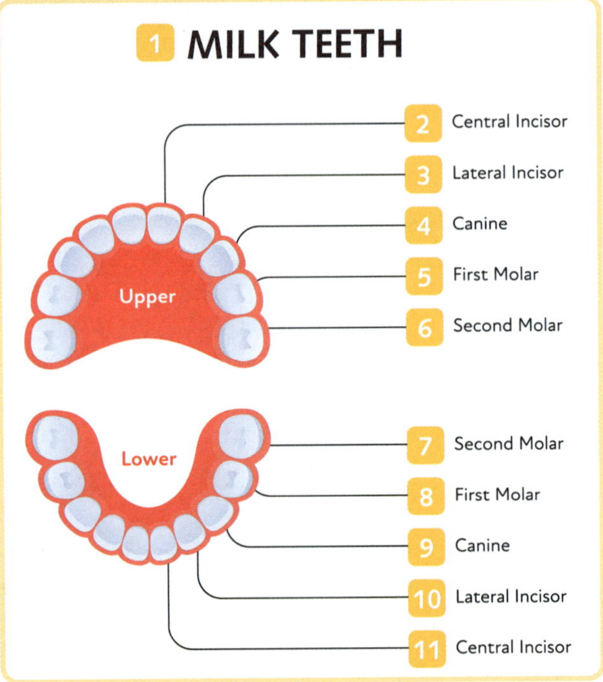

1. ______________________
2. ______________________
3. ______________________
4. ______________________
5. ______________________
6. ______________________
7. ______________________
8. ______________________
9. ______________________
10. ______________________
11. ______________________

Benennen Sie die Zahngruppen auf Deutsch und mit dem Fachbegriff:

Hier gibt es Tipps zur Lösung.

vel.plus/afzahn1-5

gelb: ______________________

grün: ______________________

lila: ______________________

blau: ______________________

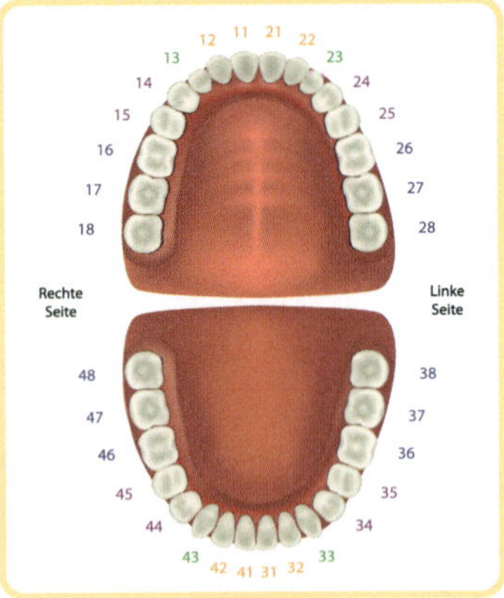

5 Zahnschemata

Beschriften Sie nun das Zahnkreuz mit den Begriffen, die Ihnen die Kollegin genannt hat und tragen Sie auch die Zähne ein.

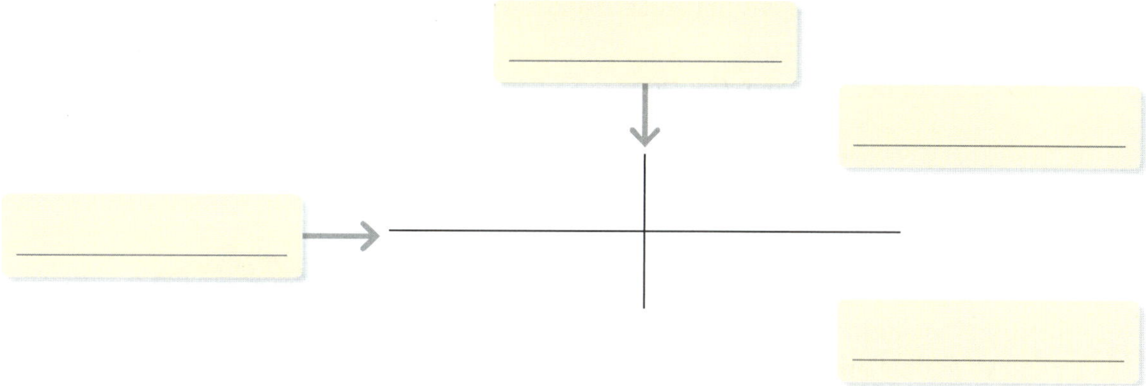

Vervollständigen Sie die Lücken im Text.

Durch diese Einteilung in Form eines Zahnkreuzes erhalten wir vier

Q __ __ __ __ __ __ __ __ __ __.

Am einfachsten ist es, wenn man sich erst einmal vorstellt, selbst als Patient auf dem Behandlungsstuhl zu sitzen.

Der Behandler befindet sich aus Patientensicht ______________. Die ZFA steht für den Patienten auf seiner ______________ Seite.

Der Behandler nummeriert die Quadranten im ______________________ durch und beginnt immer auf seiner Seite im Oberkiefer, also oben ______________.

Tragen Sie im Bild die Quadranten ein.

18 17 16 15 14 13 12 11	21 22 23 24 25 26 27 28
48 47 46 45 44 43 42 41	31 32 33 34 35 36 37 38

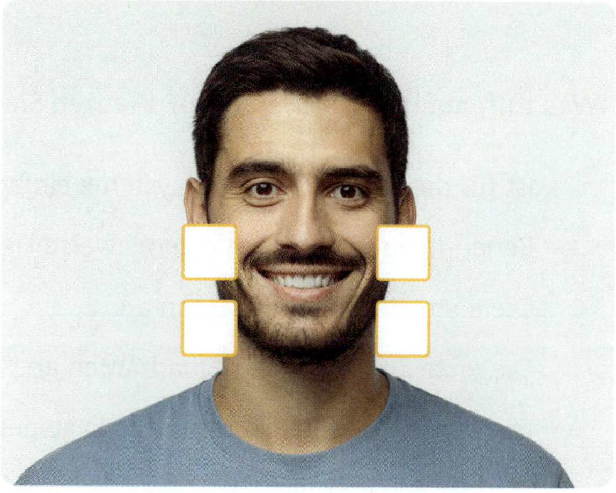

Wenn die ZFA auf das Zahnschema schaut, ist es, als würde sie direkt auf den Patienten blicken.

Vervollständigen Sie:

Die Quadranten auf der Seite des Behandlers sind: __________

Die Quadranten auf der Seite der ZFA sind: __________

Welche Vorteile bringen Zahnschemata? Kreuzen Sie an

- ☐ eindeutige, klare Kommunikation
- ☐ niedrige Fehlerquote, wenn die ZFA das Schema nicht so gut beherrscht
- ☐ Patient kann nicht alles verstehen.
- ☐ schnelle Kommunikation
- ☐ Zahnschemata werden in Ländern mit unterschiedlichen Sprachen gleich verwendet.

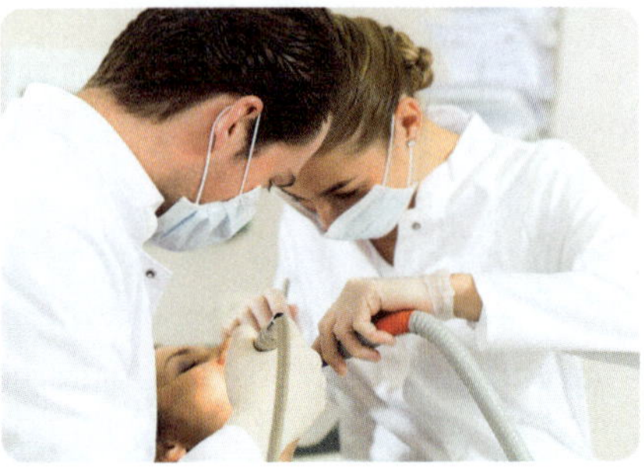

Beschriften Sie die Zähne gemäß FDI-System

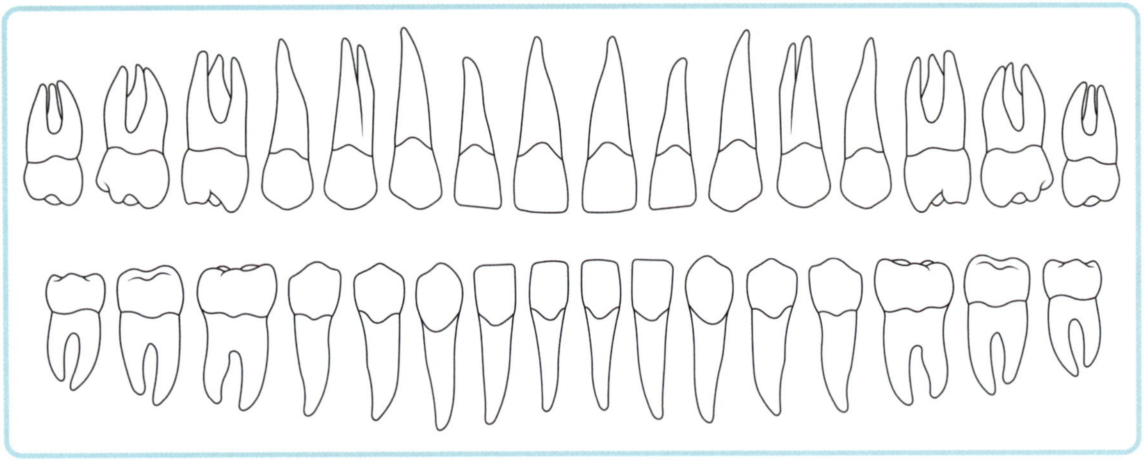

Was trifft auf das FDI-System zu? Kreuzen Sie an

- ☐ Ist für digitale Abrechnungssysteme einfach umzusetzen.
- ☐ Benennt die Zähne nach einem zweistelligen Ziffernsystem.
- ☐ Die erste Ziffer gibt den Zahn an.
- ☐ Die erste Ziffer gibt den Quadranten an.
- ☐ Die erste Ziffer gibt die ungefähre Lage des Zahnes an, die zweite gibt präzise den Zahn an.
- ☐ Die zweite Ziffer gibt den Zahn an.
- ☐ Benennt den Zahn mit einer Zahl, z. B. 3er, 4er.

Die Quadranten im Milchgebiss werden wie folgt nummeriert:

Ordnen Sie den Kieferhälften die richtige Ziffer gemäß FDI-System zu:

- ☐ linker unterer Quadrant bleibendes Gebiss
- ☐ linker oberer Quadrant Milchgebiss
- ☐ rechter unterer Quadrant Milchgebiss
- ☐ rechter oberer Quadrant Milchgebiss
- ☐ rechter oberer Quadrant bleibendes Gebiss

Nice to know

Quadrat = ein regelmäßiges Viereck, mit gleich langen Seiten.

Quartal = ein Vierteljahr, also drei Monate

1. Quartal: Januar–März
2. Quartal: April–Juni
3. Quartal: Juli–September
4. Quartal: Oktober–Dezember

Alles dreht sich um die 4

lateinisch: quattuor

Quadrant = ein Viertel

In der Zahnmedizin bezeichnet ein Quadrant ein Viertel des Gebisses.

Das Gebiss besteht aus 2 Kiefern und wenn man diese nochmal in *zwei Teile* teilt, hat man vier Viertel des Gebisses.

Tatsächlich benutzt man im deutschen Sprachgebrauch nicht den Begriff *Viertelgebiss* sondern spricht dann von einer Kieferhälfte.

Quadrant = Kieferhälfte

Quarantäne = behördlich angeordnete Isolation zum Schutz der Gesellschaft vor ansteckenden Krankheiten. Seit Corona weiß jeder, was das ist. Der Begriff Quarantäne hat seinen Ursprung schon vor ca. 700 Jahren. In Zeiten der Pest und anderer Seuchen mussten sich alle ankommenden Reisenden einer 40-tägigen (quaranta) Absonderung unterziehen. Schiffe, deren Besatzung und die Ladung durften vorher nicht an Land.

Benennen Sie die angezeigten Zähne nach FDI-Schema.

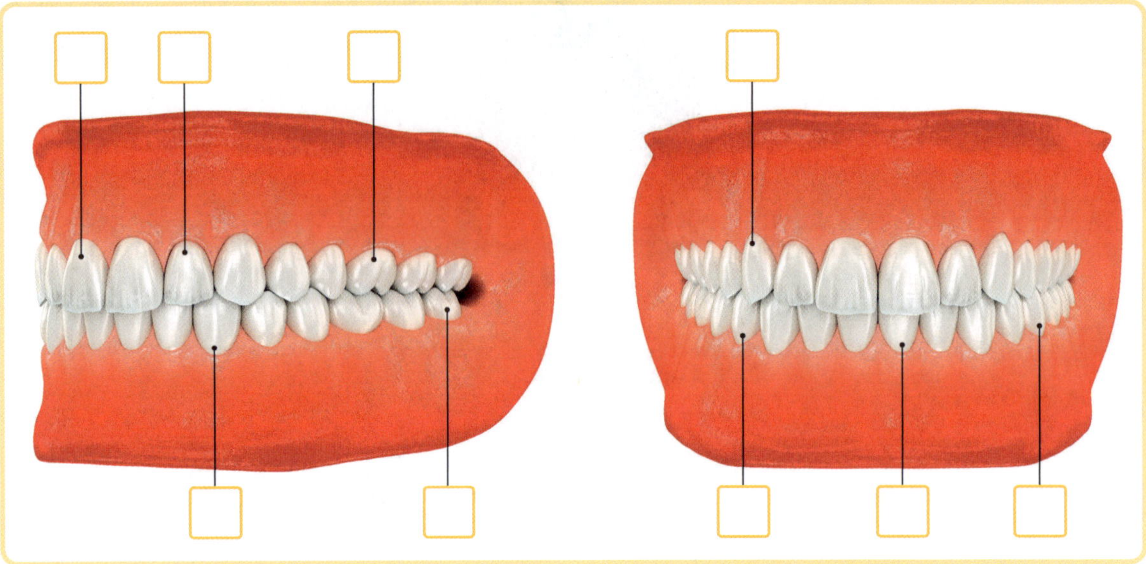

Mit einem Gebissmodell kann man zusammen mit einer anderen Auszubildenden sehr gut weiter üben, bis man alle Zähne fehlerfrei nach FDI benennen kann.

Testen Sie Ihr Wissen. Für jede richtige Antwort gibt es einen oder zwei Sterne.

Benennen Sie die Zähne nach FDI-Schema. Lesen Sie die Beschreibungen aufmerksam durch		
der mittlere, obere Schneidezahn, auf der Seite des Behandlers		★
der untere Eckzahn auf der Seite der ZFA		★
der erste Molar auf der rechten Seite des Patienten im Unterkiefer		★★
die oberen Weisheitszähne		★★
die beiden Prämolaren im OK, auf der linken Seite des Patienten		★
der zweite UK-Molar auf der Seite der ZFA		★
der seitliche Schneidezahn im Oberkiefer, auf der Seite der ZFA		★
der untere seitliche Schneidezahn auf der Seite des Behandlers		★
der untere mittlere Schneidezahn auf der rechten Seite des Patienten		★
der erste obere Molar auf der rechten Seite des Patienten		★
oberer Eckzahn, rechts		★
unterer zweiter Prämolar, links		★
unterer Weisheitszahn, rechts		★
mesial vom ersten OK-Molaren rechts befindet sich Zahn		★
linker, erster UK-Molar im Milchgebiss		★
oberer, rechter Eckzahn im Milchgebiss		★
1–5 Sterne – Da gibt es noch viel zu lernen. 8–11 Sterne – befriedigende Leistung 14 und mehr Sterne – sehr gute Leistung, weiter so!		Anzahl erreichter Sterne

6 Aufbau eines Zahnes

Machen Sie in der nachstehenden Zeichnung deutlich, wo sich folgende Strukturen befinden. Ergänzen Sie jeweils die Fachtermini.

Zahnkrone

____

Zahnhals

____

Wurzelspitze

____

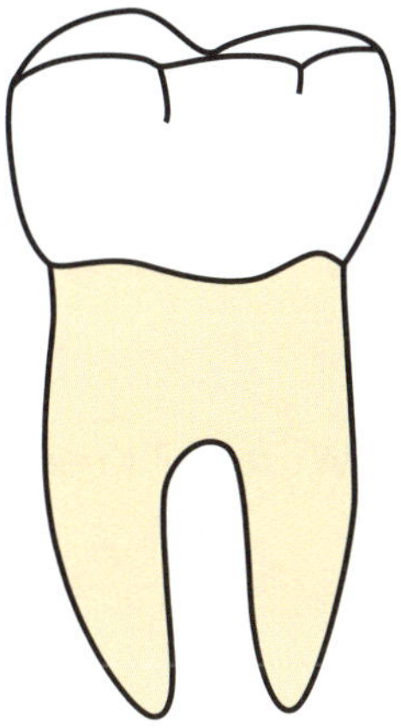

Zahnhöcker

____

Wurzelgabelung

____

Zahnwurzel

____

Benennen Sie die angezeigten Strukturen.

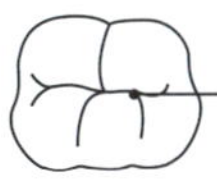

____

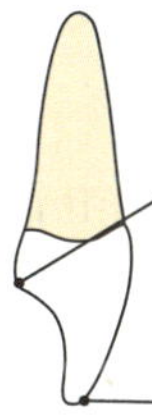

____

____

____

____

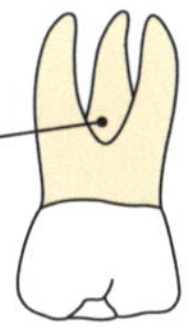

____

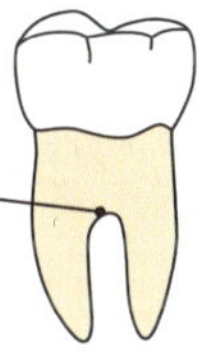

____

Kreuzen Sie die korrekten Aussagen an.

Zu den Frontzähnen zählen

- [ ] Eckzähne
- [ ] Prämolaren
- [ ] Molaren
- [ ] Schneidezähne
- [ ] 15-25, 45-35
- [ ] 13, 12, 11, 21, 22, 23, 33, 32, 31, 41, 42, 43

Wie viele Milchzähne haben mehr als eine Wurzel? Kreuzen Sie an

☐ 10

☐ Keine, alle Milchzähne sind einwurzelig.

☐ 8

☐ 4

☐ 6

Welche bleibenden Zähne haben zwei Wurzeln? Kreuzen Sie an

☐ 14, 16, 17, 18, 24, 26, 27, 28

☐ 14, 24, 36, 37, 38, 46, 47, 48

☐ 36, 37, 38, 46, 64, 65

☐ 14, 15, 24, 25, 36, 37, 38, 46, 47, 48

☐ 14, 15, 24, 25, 34, 35, 44, 45

Tragen Sie die Bezeichnungen in die richtigen Kästchen ein.

Wo befinden sich:

Foramen apicale • Pulpa • Blutgefäße und Nerven • Zahnfleisch • Zahnschmelz • Dentin • Wurzelzement • Wurzelhaut • Alveolarknochen

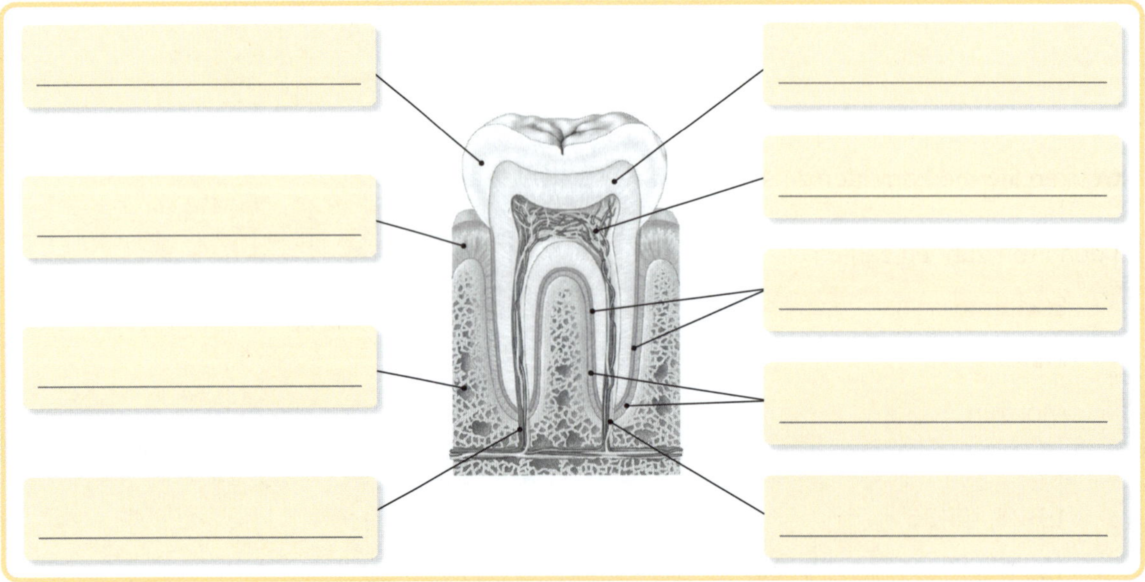

Lernnotiz: Das Milchgebiss

Vervollständigen Sie die wichtigen Merkmale des Milchgebisses.

______ Milchzähne insgesamt

______ Schneidezähne

Hat keine ______________________________

______ Eckzähne

______ Molaren

Hat keine ______________________________

______ einwurzelige Zähne

______ dreiwurzelige Zähne

______ zweiwurzelige Zähne

In Lernfeld 4 finden Sie weitere Übungen zu den Themen Innerer Aufbau der Zähne, *Zahndurchbruch, Milch- und bleibendes Gebiss*.

Wissens-Check

Welche Aussagen sind richtig, welche falsch? Kreuzen Sie an.

Hier gibt es Tipps zur Lösung.

vel.plus/afzahn1-6

Aussage		
Milchzähne entsprechen in ihrer Form und Anzahl der Wurzeln den bleibenden Zähnen.		
Der Kieferknochen ist bei Kindern im Vorschulalter durchlässiger, daher ist bei diesen Patienten eine Betäubung mittels Infiltrationsanästhesie im Unterkiefer möglich.		
Alle Milchmolaren sind zweiwurzelig.		
Milchzähne haben eine dünnere Schmelzschicht als bleibende Zähne.		
Die Pulpakammer eines Milchzahnes ist im Verhältnis zum restlichen Zahn gleich groß wie bei einem bleibenden Zahn.		
Die Wurzelpulpa ist bei Milchzähnen stärker verzweigt als bei bleibenden Zähnen.		

Kreuzen Sie die korrekten Aussagen an.

Zum Seitenzahnbereich zählen:

- ☐ Eckzähne
- ☐ Inzisivi
- ☐ Molaren
- ☐ Prämolaren
- ☐ Dentes permanentes
- ☐ Schneidezähne

Welche Begriffe wurden nicht richtig übersetzt? Kreuzen Sie an und ergänzen Sie die korrekte Übersetzung.

- ☐ Dentes permanentes – Milchgebiss
- ☐ Schneidezähne – Inzisivi
- ☐ Prämolaren – Mahlzähne
- ☐ approximal – zwischen den Zähnen
- ☐ apikal – an der Wurzel
- ☐ Quadrant – Kieferhälfte

Schlau wie Einstein!

Richtige Übersetzungen wären: ______________________________

____

Lernnotiz: Das bleibende Gebiss

Vervollständigen Sie die wichtigen Merkmale des bleibenden Gebisses.

______ Zähne insgesamt

______ Schneidezähne

______ dreiwurzelige Zähne

______ Eckzähne

______ zweiwurzelige Zähne

______ Prämolaren

______ einwurzelige Zähne

______ Molaren

7 Regelgebiss

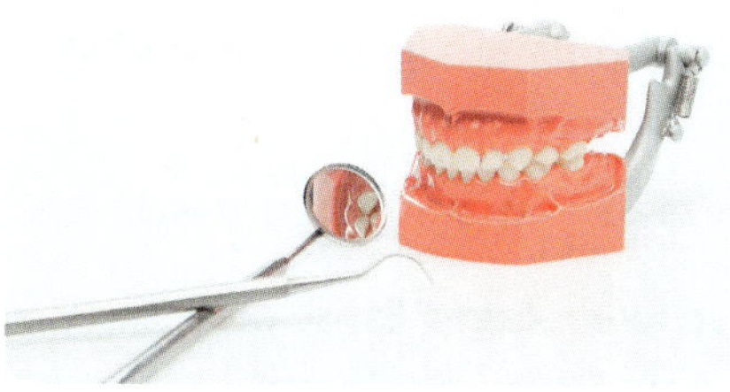

Die Kieferorthopädie ist ein Fachgebiet der Zahnmedizin und beschäftigt sich damit, Zahnfehlstellungen zu korrigieren.

Wie sollte aber eine regelrechte Zahnaufstellung sein, damit das menschliche Gebiss gut funktioniert? Einige wichtige Merkmale sind im Folgenden aufgeführt, vervollständigen Sie den Lückentext.

Die Zähne sind im K ___ ___ f ___ ___ aneinander aufgereiht und bilden einen Z ___ ___ ___ ___ o g ___ ___. Dieser ist im ___ ___ ___ ___ k ___ ___ f ___ ___ größer als im ___ ___ t ___ ___ ___ i ___ ___ e ___.

Die M ___ t t ___ ___ l ___ ___ i e ___ von Ober- und Unterkiefer stimmen überein.

Beim Zubeißen haben die allermeisten Zähne zu ___ ___ ___ ___ anderen Zähnen im gegenüberliegenden ___ ___ e ___ e r Kontakt.

Die Schneidekanten der OK- und UK-Frontzähne beißen nicht direkt aufeinander. Beim Zubeißen gleiten die OK-Frontzähne an den Schneidekanten der UK-Frontzähne vorbei. Diese Überschneidung von ca. 2–3 mm bezeichnet man als Ü ___ ___ ___ ___ ___ s s. Die Oberkieferfrontzähne stehen dabei ___ ___ ___ den Unterkieferfrontzähnen, dies nennt man in der Fachsprache f r o n t a l e S ___ ___ f ___. Die gegenüberliegenden Zähne, die sich beim Zubeißen berühren, heißen A ___ ___ ___ g ___ ___ ___ s ___ e ___.

Machen Sie folgendes Experiment:

1. Öffnen Sie den Mund so weit, wie Sie nur können.
2. Halten Sie diese weite Öffnung, während Sie in Gedanken langsam bis zehn zählen.
3. Schließen Sie die Augen und den Mund und beobachten Sie nun genau, was Sie spüren.

Notieren Sie Ihre Beobachtungen im Mundraum, nachdem Sie das Experiment durchgeführt haben.

Wie ist das allgemeine Gefühl? ______________________________

Hatten die Zahnreihen Kontakt? ______________________________

Waren die Lippen geschlossen? ______________________________

Vervollständigen Sie den Lückentext, indem Sie den Buchstabensalat entwirren:

Was Sie in dem oben beschriebenen Experiment praktisch erfahren haben, nennt sich **Ruheschwebelage**. Es ist die ____________________ **nntpeesant** Stellung des Unterkiefers zum Oberkiefer. Dabei sind die Lippen ____________________ **ghesssonlec** und die Zahnreihen berühren sich _______________ **hcnti**. Zwischen den OK und UK-Zähnen ist ein Abstand von ca. __________ mm.

Beim Zubeißen, _______________ **aKnue** oder Schlucken berühren sich die Zahnreihen für kurze Zeit. Diese sogenannte Schlussbisslage, bei der die Zähne des Ober- und Unterkiefers in Kontakt stehen, wird mit dem Fachbegriff ____________________ **olkikusnO** beschrieben.

8 Zahnmerkmale

Welche Zahnmerkmale kennen Sie? Ergänzen Sie die restlichen Erkennungszeichen.

Kreuzen Sie die korrekten Aussagen an.

Das Foramen caecum ...

- ☐ befindet sich an den Prämolaren.
- ☐ befindet sich an oberen Schneidezähnen.
- ☐ ist eine punktförmige Vertiefung auf der palatinalen Fläche der Schneidezähne.
- ☐ ist eine punktförmige Vertiefung auf der palatinalen Fläche der Eckzähne.
- ☐ ist eine Stelle, an der bevorzugt Karies entsteht.
- ☐ bedeutet übersetzt „blindes Loch".
- ☐ befindet sich an der Wurzelspitze.

Finden Sie die Paare. Tragen Sie Fachbegriff und zutreffende Beschreibung in die Tabelle ein. Erstellen Sie eine kleine Skizze, die das Merkmal verdeutlicht.

Kronenfluch

Wurzelmerkmal

Krümmungsmerkmal

Die mesiale Ecke ist spitzer, die distale ist eher angerundet.

Höckermerkmal

Winkelmerkmal

Mesiale Höcker sind stärker ausgebildet als distale.

Die vestibuläre Fläche ist gekrümmt. Mesial ist die Wölbung ausgeprägter.

Die Wurzelspitze eines Zahnes ist nach distal geneigt.

Die Zahnkrone ist nach lingual geneigt und weicht von der Zahnwurzelachse ab.

Zahnmerkmal	Beschreibung	Skizze

Merke

konvex = nach außen gewölbt

konkav = nach innen gewölbt

Wissens-Check

Richtig oder falsch? Kreuzen Sie an.

Aussage		
Das Krümmungsmerkmal ist an Eckzähnen gut ausgebildet.		
Die unteren Schneidezähne sind breiter als die oberen Incisivi.		
Die vestibuläre Fläche der Schneidezähne ist konvex, die palatinale Fläche ist konkav.		
Die Höcker der Prämolaren befinden sich auf der bukkalen und auf der oralen Seite.		
Die Höcker der Prämolaren befinden sich auf der mesialen und auf der distalen Seite.		
Prämolaren haben drei Höcker, zwei bukkal, einer oral.		
Alle Prämolaren haben als gemeinsames Merkmal die Kronenflucht.		
Prämolaren sind einwurzelige Zähne.		
Molaren haben keine Inzisalkante.		
Die Vertiefung zwischen den Höckern der Seitenzähne nennt man Furkation.		
Die unteren ersten Molaren haben in der Regel fünf Höcker.		
Molaren haben stets vier Höcker.		
Alle Molaren sind gleich groß.		
OK-Molaren haben die gleiche Anzahl an Wurzeln wie die UK-Molaren.		
Die Vertiefung zwischen den Höckern der Seitenzähne nennt man Fissur.		
Die Kaufläche der OK-Molaren ist quadratisch, die Kaufläche der UK-Molaren eher rechteckig.		
Die Wurzeln der Oberkiefermolaren weisen eine Trifurkation auf.		
Die Wurzeln der Oberkiefermolaren weisen eine Bifurkation auf.		
Die Wurzeln der UK-Molaren zeigen nach bukkal zu lingual.		
Mesiale Höcker der Molaren sind größer als distale Höcker.		

Welcher Zahn könnte das sein? Welche Zahnmerkmale können Sie feststellen?

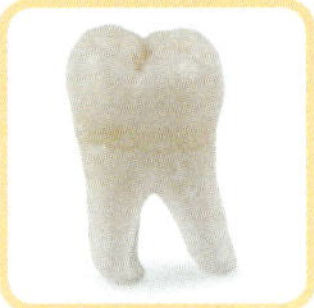

____

____

Zahnquiz

Welche Zähne werden gesucht? Können Sie das anhand der Hinweise herausfinden?

- eine Wurzel
- zwei Höcker
- Kronenflucht

____

____

- hat die größte Krone in seiner Zahnreihe
- drei-vier Kanäle
- drei Wurzeln

____

____

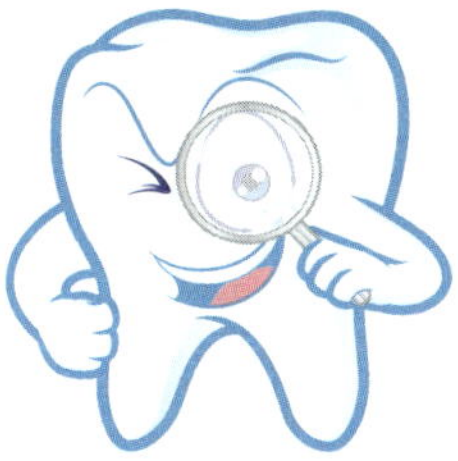

- fünf Höcker
- zwei Wurzeln
- drei Kanäle

____

____

- hat die längste Wurzel
- deutliches Krümmungsmerkmal
- hat palatinal ein Tuberkulum (Höckerchen)

____

____

- deutliches Winkelmerkmal
- direkt an der Mittellinie
- hat palatinal ein „blindes Loch“

____

____

9 Der Zahnhalteapparat

Das Gebiss sind nicht einfach nur 32 Zähne. Diese Zähne sind mit dem restlichen Körper verbunden. Unterschiedliche Körpergewebe ermöglichen den Halt eines jeden einzelnen Zahnes. Alle Teile zusammen bilden den Zahnhalteapparat.

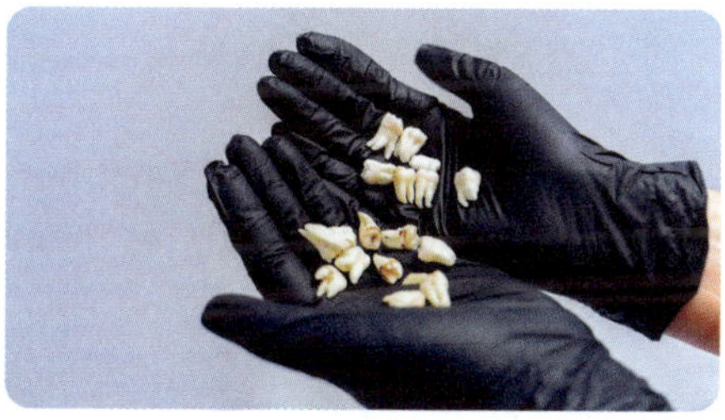

Der Fachbegriff für Zahnhalteapparat lautet:

_ _ _ _ _ _ _ _ _ _ _

Der Zahnhalteapparat setzt sich zusammen aus:

1. Deutsch 2. Fachbegriff

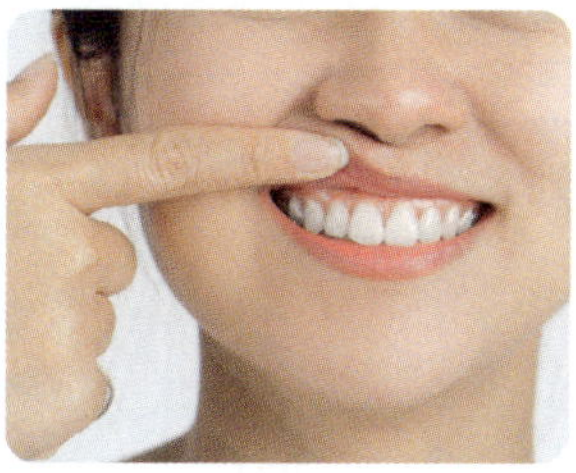

das _ _ _ _ _ _ _ _ _ _ _

die _ _ _ _ _ _ _

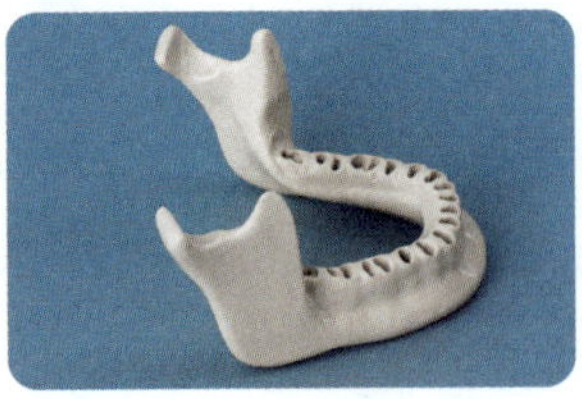

der _ _ _ _ _ _ _ _ _ _ _ _ _

der _ _ _ _ _ _ _ _ _ _ _ _ _ _ _

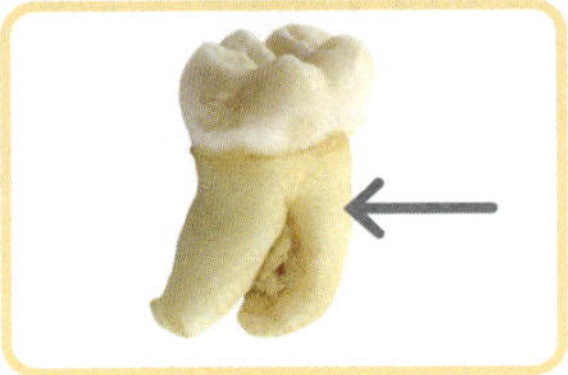

das _ _ _ _ _ _ _ _ _ _ _ _

das _ _ _ _ _ _ _ _

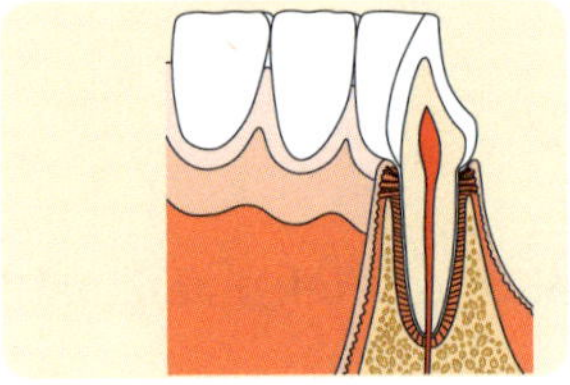

die _ _ _ _ _ _ _ _ _ _

das _ _ _ _ _ _ _ _ _

Welche Aussagen sind richtig? Kreuzen Sie an:

- ☐ Die Pulpa ist Teil des Zahnhalteapparates.
- ☐ Die Wurzelhaut enthält die Sharpey-Fasern, die Wurzelzement und Alveolarknochen miteinander verbinden.
- ☐ Zum Parodontium zählen Wurzelzement, Alveolarknochen, Dentin und Wurzelhaut.
- ☐ Die Gingiva zählt zum Parodontium.

Fertigen Sie eine eigene Zeichnung von einem unteren Frontzahn an. Stellen Sie darin alle Teile des Zahnhalteapparates in unterschiedlichen Farben dar. Beschriften Sie Ihre Zeichnung.

10 Kommunikation in der Praxis

Die Kommunikation findet nicht nur über die gesprochene Sprache statt. In der nachstehenden Tabelle finden Sie weitere Kanäle, über die man Patienten erreichen kann.

Gehen Sie auf jede Nennung kurz ein und erklären Sie, was man damit erreichen möchte oder worauf dabei zu achten ist. Ergänzen Sie die Begriffe, die in der Aufgabe beschrieben werden.

Nonverbale Kommunikation	Wirkung
Blickkontakt	______ ______ ______ ______
______	Lächeln oder ein freundlicher Gesichtsausdruck – geben dem Patienten das Gefühl, willkommen zu sein.
Körperhaltung	______ ______ ______ ______
______	Eine angepasste, nicht monotone Stimmmelodie – wird nicht nur als angenehm und besser verständlich wahrgenommen, sondern vermittelt den Patienten auch das Gefühl, dass man sie und ihre Anliegen wichtig nimmt.
Lautstärke	______ ______ ______ ______
______	Nicht zu schnell sprechen. Pausen machen und sich immer wieder vergewissern, dass der Patient dem Gespräch folgen kann.
Geruch/Duft	______ ______ ______ ______

Einige Patienten stellen besondere Anforderungen an die Kommunikation. Benennen Sie die Patientengruppen und geben Sie jeweils ein bis zwei Besonderheiten an, die in der Kommunikation mit diesen Patienten zu beachten sind.

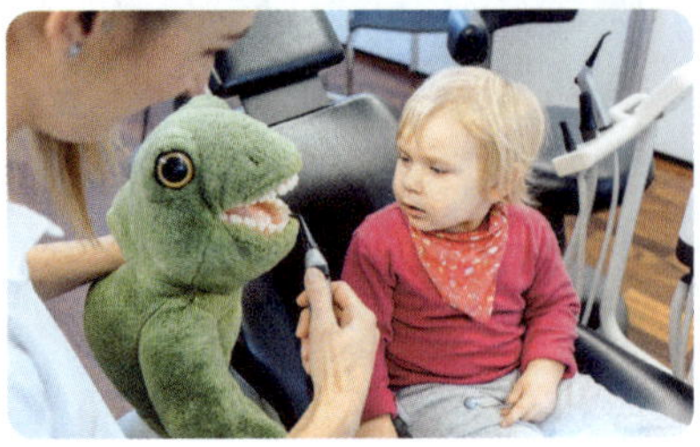

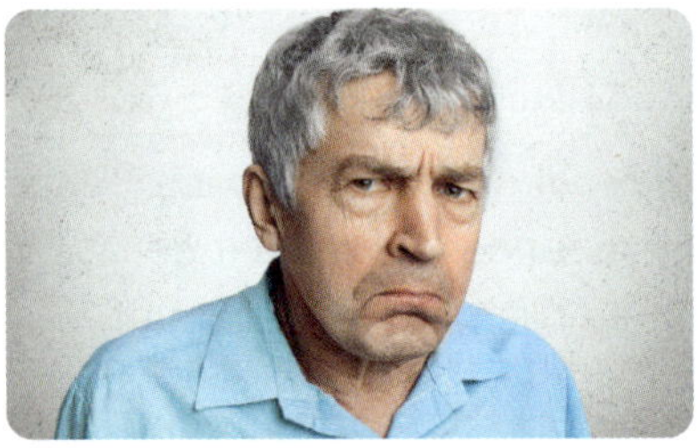

Hier gibt es Tipps zur Lösung.

vel.plus/afzahn1-8

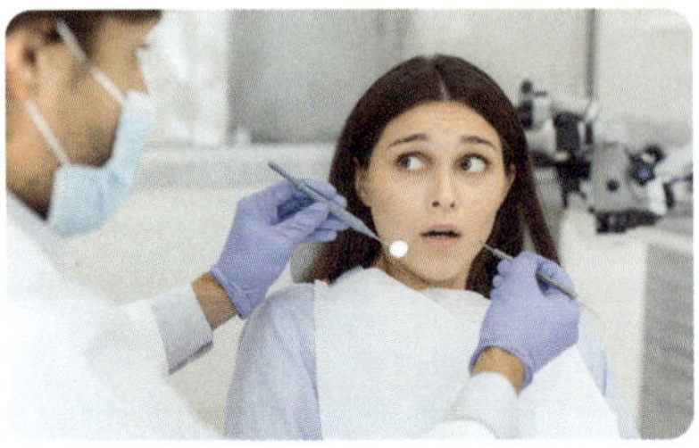

____

____

____

____

____

____

In der Kommunikation mit vielen Patientengruppen empfehlen Experten PACING oder RAPPORT als geeignete Technik. Was ist damit gemeint? Kreuzen Sie die richtigen Antworten an.

- ☐ Sprechgeschwindigkeit dem Patienten angleichen
- ☐ auf Distanz gehen und den Blickkontakt abbrechen
- ☐ Stimmmelodie anpassen
- ☐ Körperhaltung des Patienten auffallend kopieren
- ☐ einfühlsam die Körpersprache des Patienten spiegeln
- ☐ ähnliche Wörter verwenden, Sprache anpassen

Nennen Sie eine Patientengruppe, bei der PACING keine gute Technik wäre?

____

Regeln für eine kompetente Gesprächsführung.

Nachstehend werden verschiedene Situationen aus einer Zahnarztpraxis beschrieben. Der ZFA Svenja unterlaufen zahlreiche Fehler im Umgang mit den Patienten.
Welches Verhalten wäre richtig? Notieren Sie Regeln für eine patientenorientierte Kommunikation.

Svenjas Verhalten	Regel
Frau Menzel betritt die Praxis. Svenja lässt sie zunächst längere Zeit unbeachtet an der Rezeption warten. Dann hört sie ihrem Anliegen nur mit halbem Ohr zu, da sie gleichzeitig telefoniert.	
Der langjährige Patient Herr Möller wird von Svenja zum wiederholten Mal als „Herr Müller“ angeredet.	

Svenjas Verhalten	Regel
Frau Uhl, eine ältere Dame, kommt stark humpelnd in die Sprechstunde und hofft, dass Svenja sich nach ihrem Befinden erkundigen wird. Svenja ist aber zu beschäftigt, um sich damit aufzuhalten.	
Frau Karl ist eine sehr zurückhaltende Frau Mitte 80. Schon als sie die Praxis betritt, wirkt sie sehr blass. Es ist viel zu tun und so sitzt Frau Karl sehr lange im Wartezimmer. Frau Dr. König ruft, sobald ihr Frau Karl vorgestellt worden ist, sofort den Krankenwagen und lässt sie ins Krankenhaus bringen.	
Quer durch die Praxis ruft Svenja Patrick Braun, den sie noch aus der Schule kennt, zu: „Du solltest nicht so schnell aufgeben, schlechte Mundhygiene kann man verbessern, man muss nur wollen."	
Herr Langner beschwert sich in unverschämtem Ton darüber, dass er bereits seit einer halben Stunde wartet. – Svenja schreit zurück!	
Während Herr Sistig langatmig von seinen Schwierigkeiten erzählt, einen Parkplatz zu bekommen, klopft Svenja gelangweilt mit dem Finger auf den Tisch. Als er dann auch noch von den Problemen mit seiner Prothese berichten will, verschränkt sie in Abwehrhaltung die Arme vor der Brust und schaut aus dem Fenster.	
Als Melanie Roth, die sie schon in der Schule nicht leiden konnte, vor ihr steht, fragt Svenja spitz, ob Melanie denn immer noch keine Ausbildungsstelle habe, obwohl sie genau weiß, dass dies so ist.	

11 Vorbereitung der Behandlung

Zu Beginn der Behandlung eines Neupatienten werden zuerst seine Daten erfasst. Vervollständigen Sie die Übersicht und machen Sie zu jeder Spalte mindestens drei Angaben.

Personalien des Patienten	allgemeine Anamnese	Medikamentenanamnese

Worauf bezieht sich die spezielle Anamnese in der Zahnarztpraxis?

Wie wird die spezielle Anamnese in der Regel erhoben?

Im Anamnesebogen werden verschiedene Krankheiten aufgelistet. Zu Beginn der Ausbildung fällt es den meisten Auszubildenden schwer, die Bedeutung all der Krankheiten zu verstehen. Informieren Sie sich mit Hilfe Ihres Lehrbuches und kennzeichnen anschließend die Übereinstimmungen in dem folgenden Memory mit derselben Farbe.

Achtung, es gibt Zweier- und Dreier-Gruppen.

Hepatitis	Diabetes mellitus	Stoffwechselerkrankung durch Insulinmangel	erhöhter Blutdruck
Hypertonie	Blutgerinnungsstörung	Infektionskrankheit	Herz-Kreislauferkrankung
Allergie	Leberentzündung	Grüner Star	Immunschwäche durch Virusinfektion
Schwäche des Herzmuskels	Glaukom	Knochenschwund	Atemwegserkrankung
Osteoporose	Herzinsuffizienz	Asthma bronchiale	Niereninsuffizienz
Dialysepatienten	HIV	Herzinsuffizienz	Atemnotanfälle
überschießende Reaktion des Immunsystems	Zuckerkrankheit	Augenerkrankung	kann angeboren oder durch Medikamente herbeigeführt sein

Anamnesebögen sollten regelmäßig aktualisiert werden. In welchen Zeitabständen sollte dies geschehen?

In Zahnarztpraxen werden unterschiedliche Systeme eingesetzt, um die Patientendaten zu erheben. Notieren Sie zu jeder Methode Vor- und Nachteile.

Papierform an der Rezeption	mit Tablet im Wartezimmer	zu Hause per Download-Formular

Vorteile

Nachteile

12 Untersuchung und Befundung

Bringen Sie die Behandlungsschritte in die richtige Reihenfolge.

Diagnose • Aufklärung des Patienten • Befunderhebung • Therapie • Anamnese • Einverständniserklärung des Patienten

____

____

____

____

____

____

Benennen Sie die Instrumente.

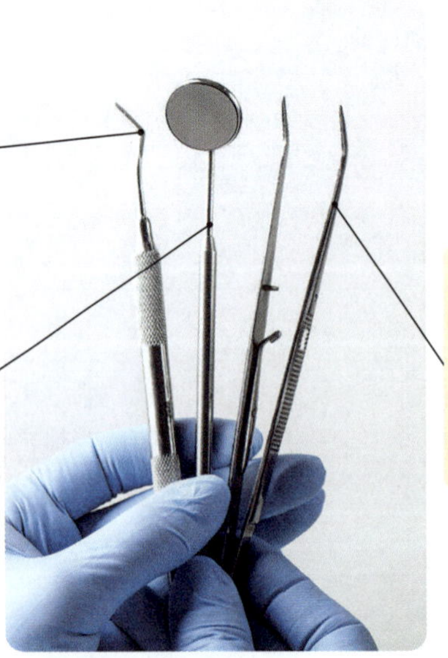

Alle drei zusammen bilden das ______________________________.

Wie heißt die Stelle, an der auf dem Foto sondiert wird?

1. Deutsch 2. Fachbegriff

_ /

_ _ _ _ _ _

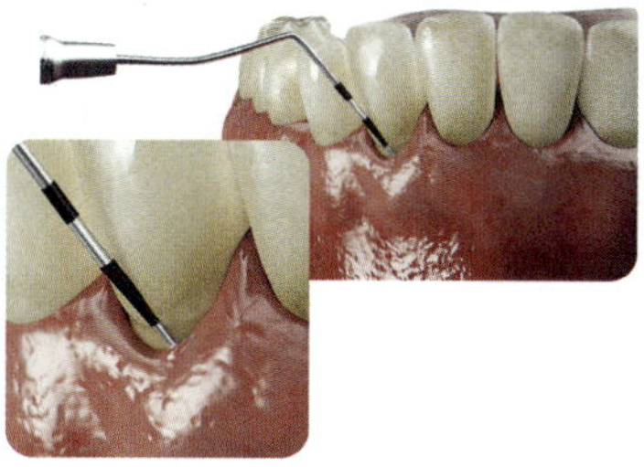

Wie heißt das Instrument, mit dem die Untersuchung auf dem Foto durchgeführt wird?

____

Was genau wird untersucht? Worüber gibt die Untersuchung Auskunft?

____

____

Die Behandlungseinheit – Kennen Sie die Bezeichnungen? Tragen Sie die Begriffe ein.

Hier gibt es Tipps zur Lösung.

vel.plus/afzahn1-9

______________ ______________ ______________

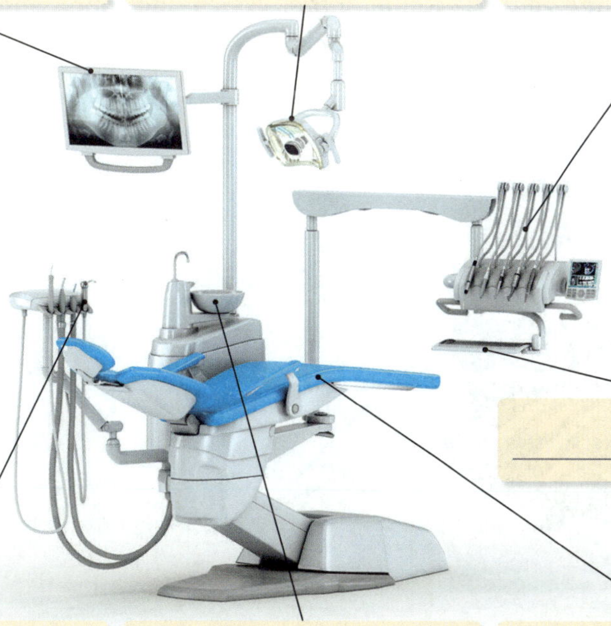

____

______________ ______________ ______________

Ordnen Sie zu.

Palpation	Betrachten der Mundhöhle
Inspektion	bildgebendes Verfahren
Perkussion	Vitalitätsprobe
Sensibilitätsprüfung	Abtasten mit oder ohne Instrument
Röntgen	Abtasten mittels zahnärztlicher Sonde
Sondieren	Beklopfen

Erklären Sie den Unterschied, indem Sie die Bedeutung der nachstehenden Begriffe notieren.

Diagnose ______________________________

____

Diagnostik ______________________________

____

Nennen Sie die richtige zeitliche Reihenfolge. Welche der oben genannten Maßnahmen wird zuerst durchgeführt, welche folgt danach?

____

Benennen Sie die Instrumente.

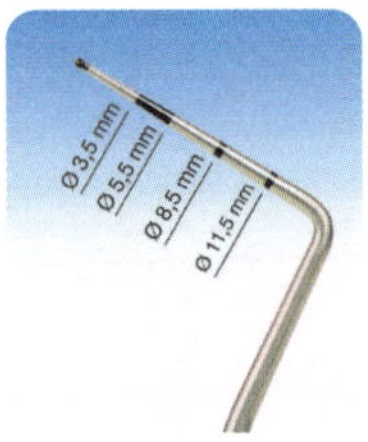

____

____

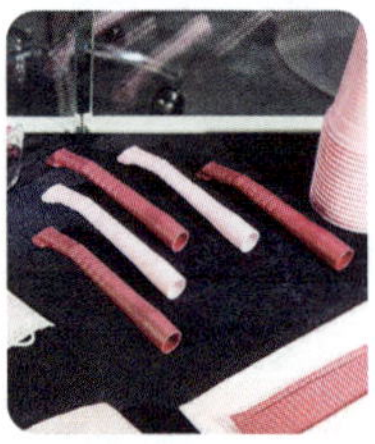

____

____

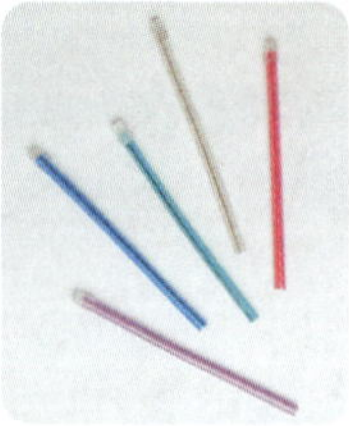

____

____

____

____

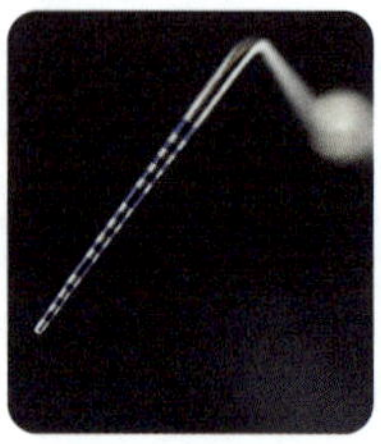

____

____

Beurteilen Sie die Lagerung der Patientin und die Haltung der ZFA in der Behandlungssituation auf dem Foto. Begründen Sie Ihre Aussage.

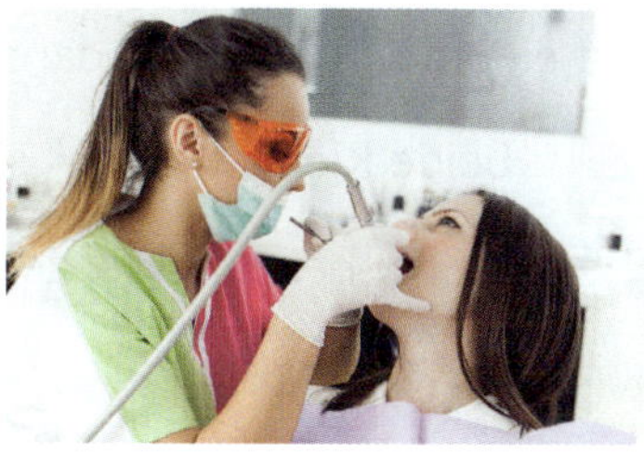

Welche Aussagen sind zutreffend? Kreuzen Sie an.

Zahnarzt und ZFA sollten während der Behandlung ...

- ☐ eine unverkrampfte Haltung einnehmen.
- ☐ die Arbeitselemente auf die 1,5-fache Armlänge platzieren.
- ☐ eine möglichst aufrechte Haltung einnehmen.
- ☐ die Beine durchstecken.
- ☐ beide Füße stabil auf den Boden stellen.
- ☐ einen Fuß stabil auf dem Fußboden stellen, den anderen strecken.
- ☐ eine Haltung einnehmen, die sie längere Zeit ermüdungsfrei halten können.

Wissens-Check

Welche Aussagen sind zutreffend, welche nicht? Kreuzen Sie an.

Aussage	🙂	🙁
Bei Behandlungen mit Spraykühlung wird zum Absaugen immer ein Speichelzieher verwendet.		
Beim Abhalten und Absaugen ist darauf zu achten, dass der Zahnarzt eine gute Sicht auf die zu behandelnde Region hat.		
Sprühwasser wird schnellstmöglich vollständig aufgesaugt.		
Beim Absaugen ist darauf zu achten, dass Zahn und rotierende Instrumente stets gut gekühlt sind.		
Eine gute Absaugtechnik erhöht den Schutz vor Infektionen.		
Eine gute Absaugtechnik reduziert die Aerosol-Bildung.		
Der Abstand zwischen Saugeröffnung und schleifendem Instrument beträgt mindestens 2 cm.		
Die Instrumente können auf der Schleimhaut abgestützt werden, nicht aber auf den Knochen, dies ist schmerzhaft.		
Eine falsche Absaugtechnik kann den Würgereiz auslösen.		

Bei Neupatienten liefert ein Orthopantomogramm viele Informationen für den Behandler. Welche Aussagen sind zutreffen? Kreuzen Sie an

Auf einem OPG ist/sind dargestellt …

- ☐ beide Kiefer
- ☐ drei nebeneinanderstehende Zähne
- ☐ die Kiefergelenke
- ☐ kariöse Schädigungen an den Zähnen
- ☐ die Kronen der Zähne, aber nicht ihre Wurzeln
- ☐ die Lage der Kieferhöhle
- ☐ die Speicheldrüsen
- ☐ Zähne, die noch im Knochen liegen
- ☐ vorhandene Füllungen, Zahnkronen und Brücken

Intraorale oder extraorale Röntgenaufnahme? Kennzeichnen Sie intraorale Aufnahmen mit einem IO, extraorale mit einem EO.

Kleinfilm 2–3 Nachbarzähne	**Panoramaschichtaufnahme**	**Aufbissaufnahme**
Bissflügelaufnahme	**Fernröntgenseitenaufnahme**	**Orthopantomogramm**

Warum wird die Behandlung eines Patienten dokumentiert? Dies sind die Antworten aus der Klasse, kreuzen Sie die richtigen an.

- ☐ Damit keine Informationen verloren gehen.
- ☐ Die Aufzeichnungen sind Beweismittel im Streitfall.
- ☐ Es reicht, die Abrechnungspositionen einzutragen.
- ☐ Ist freiwillig, muss man nur machen, wenn der Chef es will.
- ☐ Damit man die Behandlung abrechnen kann.
- ☐ Es ist eine Gedächtnisstütze.
- ☐ Die Aufzeichnung muss handschriftlich erfolgen, damit sie nicht verändert werden kann.
- ☐ Dann weiß der Arzt, was bisher gemacht wurde.

Bei der Dokumentation des Untersuchungsbefundes unterscheidet man zwischen Kann- und Muss-Befunden. Welche der nachstehenden Angaben sind Pflichtbefunde? Kreuzen Sie an.

- ☐ fehlende Zähne
- ☐ ersetzte Zähne
- ☐ vorhandene Füllungen
- ☐ zerstörte Zähne
- ☐ kariöse Zähne
- ☐ vorhandene Krone
- ☐ Zahnstein
- ☐ Taschentiefe

Welche Angaben sind in der Patientenkarteikarte zu dokumentieren?

13 Große Wiederholung der Fachbegriffe

Anamnese	
Apex	
apical	
approximal	
Bifurkation	
	Wange/Wangen
	Eckzahn/Eckzähne
	Unterzungenwarze
	Mundhöhle
	Zahnhals
Corona dentis	
Dens/Dentes	
Dentes decidui	
Dentes permanentes	
Desmodont	
distal	
	außerhalb der Mundhöhle
	blindes Loch
	Bändchen
	Gabelung
	Zahnfleisch
gingival	
Glandula	
Glandula parotis	
Glandula sublingualis	
Glandula submandibularis	
	Zunge
	waagerecht
	über-, oberhalb von
	unter-, unterhalb von
	Anschauen, Betrachtung
interdental	
interradiculär	
intraoral	
inzisal	

	Schneidezahn/Schneidezähne
	zur Zahnkrone hin
	zur Lippe hin
	seitlich
	zur Zunge hin
mesial	
Molar/Molaren	
okklusal	
oral	
Orthopantomogramm	
	zum Gaumen hin
	Abtasten
	Zahnhalteapparat
	Beklopfen
	Vormahlzahn/Vormahlzähne
	Kieferhälfte
radiculär	
Radix dentis	
Sondierung	
subgingival	
sublingual	
	Zahnfleischfurche/Zahnfleischrille
	oberhalb des Zahnfleisches
	zum Mundvorhof hin
	zum Zahnhals hin

Lernfeld 3 Praxishygiene organisieren und Medizinprodukte aufbereiten

1 Allgemeine Grundlagen

Was versteht man unter dem medizinischen Begriff Hygiene? Das sind die Antworten aus der Klasse, kreuzen Sie die Aussagen an, die die Bedeutung des Wortes umfassend beschreiben.

- ☐ keimfreie Behandlung
- ☐ Sauberkeit
- ☐ Maßnahmen zur Vermeidung von Krankheit
- ☐ Vernichtung aller Krankheitserreger
- ☐ Desinfektion von medizinischen Instrumenten
- ☐ Maßnahmen zur Wiederherstellung der Gesundheit
- ☐ Maßnahmen zum Erhalt der Gesundheit
- ☐ Tragen von Schutzkleidung

Welche Bereiche umfasst der Begriff Gesundheit gemäß Definition der Weltgesundheitsorganisation (WHO)?

Gesundheit bedeutet ...

- ☐ uneingeschränkt gute körperliche Verfassung
- ☐ angesehene soziale Stellung
- ☐ berufliche Zufriedenheit
- ☐ psychisches Wohlbefinden
- ☐ Gegenteil von Krankheit
- ☐ Leben in einer unbelasteten Umwelt
- ☐ geistiges Wohlbefinden

Ach so!

Wenn es um Maßnahmen zur Vorbeugung von Krankheiten geht, benutzen Fachleute die Begriffe:

PRÄVENTION oder **PROPHYLAXE**

Ordnen Sie zu: primäre Prävention – 1, sekundäre Prävention – 2, tertiäre Prävention – 3

- [ ] Legen einer Füllung
- [ ] Verhindern einer Verschlimmerung der Erkrankung
- [ ] Maßnahmen zur frühzeitigen Erkennung von Krankheiten
- [ ] zahnärztliche Kontrolluntersuchung
- [ ] Fissurenversiegelung
- [ ] Durchführen eines PSI

Was tun Sie regelmäßig für den Erhalt Ihrer Gesundheit?

Im Arbeitsalltag einer ZFA können unterschiedliche Umstände die Gesundheit belasten. Wie kann man den nachstehenden Situationen sinnvoll begegnen und was kann man tun, um Erkrankungen zu verhindern?

Hier gibt es Tipps zur Lösung.

vel.plus/afzahn1-10

Situation im Praxisalltag	Ausgleichsmaßnahme
Belastung der Wirbelsäule durch lang andauernde Assistenz	
psychische Belastung durch unfreundliche Patienten oder unfairen Umgang im Team	
hohe Infektionsgefahr durch Kontakt mit Krankheitserregern	

Was gehört zur persönlichen Schutzausrüstung einer ZFA? Kreuzen Sie an.

- ☐ Mund-Nasen-Schutz
- ☐ weiße Schuhe
- ☐ Schutzhandschuhe
- ☐ Schutzbrille
- ☐ Schutzkleidung
- ☐ Seife und Pflegecreme

Wie beurteilen Sie die persönliche Schutzausrüstung der ZFA in der Behandlungssituation auf dem Foto? Begründen Sie Ihre Aussage

2 Mikrobiologie

Wie sind Lebewesen aufgebaut?
Ordnen Sie die Bausteine im nachfolgenden Kasten von klein nach groß. Weisen Sie jedem Begriff auch die richtige Erklärung zu.

Organsystem
Gewebe
Organismus
Zelle
Organ

Lebewesen • kleinste Baueinheit eines Lebewesens • Körperteil mit einheitlicher Funktion • Ansammlung von Zellen gleicher Bauart • Zusammensetzung von unterschiedlichen Organen, mit einheitlicher Gesamtfunktion für den Körper

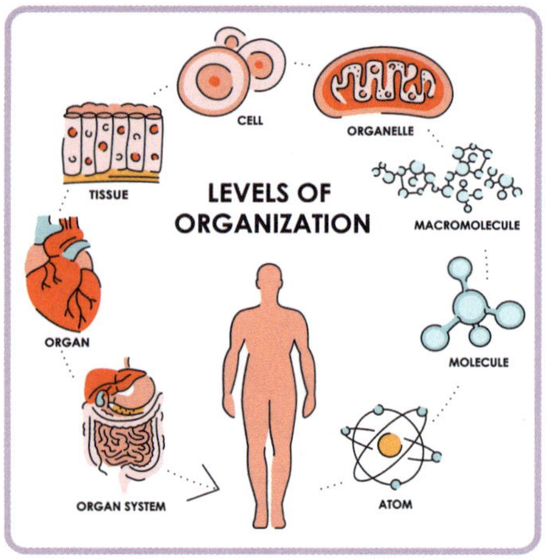

klein ______________________

____

____

____

____

____

groß ______________________

Wissens-Check

Testen Sie Ihr Wissen über Mikroorganismen!

Aussage	🙂	☹
Mikroorganismen ernähren den Menschen.		
Mikroorganismen schützen den Menschen.		
Mikroorganismen erzeugen Medikamente für den Menschen.		
Mikroorganismen reinigen unser Abwasser.		
Mikroorganismen sind so winzig, dass man sie nicht sehen kann.		
Der Mensch kann ohne Mikroorganismen nicht leben.		
Mikroorganismen können zusammen oder gegeneinander arbeiten.		
Die meisten Mikroorganismen machen uns nicht krank.		

Mikroorganismen können Licht erzeugen.		
Etwa ein Kilogramm unseres Körpers machen Mikroorganismen aus.		
Aus einem einzelnen Bakterium entstehen innerhalb von 10 Stunden 1 Million Bakterien.		

Welche Aussagen über Mikroorganismen sind zutreffend? Kreuzen Sie an.

- ☐ Mikroorganismen sind schädliche Substanzen, mit denen der Mensch in Kontakt kommt.
- ☐ Pilze sind Mikroorganismen.
- ☐ Würmer sind Mikroorganismen.
- ☐ Mikroorganismen sind Kleinstlebewesen.
- ☐ Bakterien sind Mikroorganismen.
- ☐ Viren sind Mikroorganismen.

Nice to know

Die Mikrobiologie erforscht Kleinstlebewesen. Dazu benötigt man Vergrößerungshilfen.

Vergrößerungseffekt:	
Leselupe:	ca. 2 bis 15fach
Lichtmikroskop:	1 500 bis 2 000fach
Raster-Elektronenmikroskop:	50 000 bis 150 000fach

Abhängig von der Art des Elektronenmikroskops und dem untersuchten Material sind auch höhere Vergrößerungen möglich.

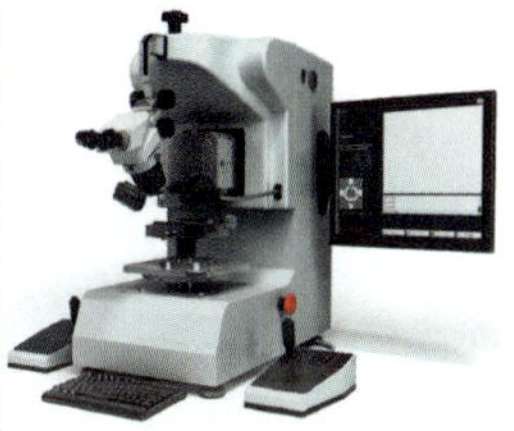

Größenverhältnis verschiedener Mikroorganismen

! ein **µm** Mikrometer = ein Millionstel Meter = ein Tausendstel Millimeter

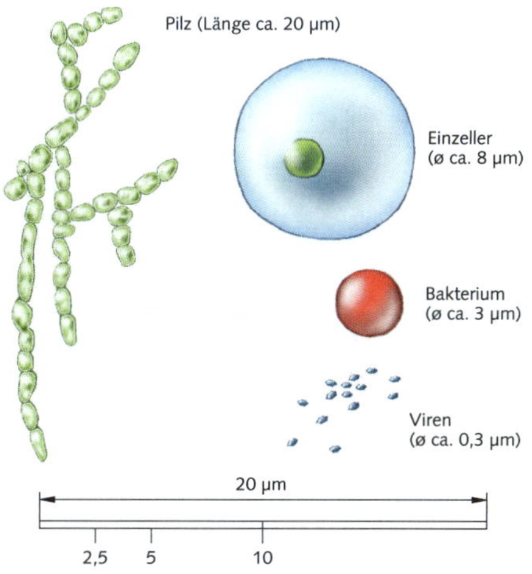

zum Verständnis:
Schauen Sie sich auf Ihrem Lineal oder Geodreieck genau an, wie viel
ein Millimeter = 1 mm ist.
Entspricht etwa einem dicken Bleistiftstrich. ☺
Teilen Sie diesen Millimeter in eintausend Teile, dann haben Sie eine Vorstellung wie klein **ein Mikrometer (µm)** ist.
1 mm = 1 000 µm
Bakterien haben eine Größe von etwa drei Tausendstel Millimeter = 3 µm
Ein Blatt Papier ist ca. 100 µm dick.

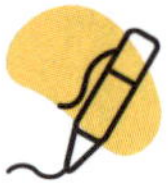

Erklären Sie in eigenen Worten die Formen von Lebensgemeinschaften.

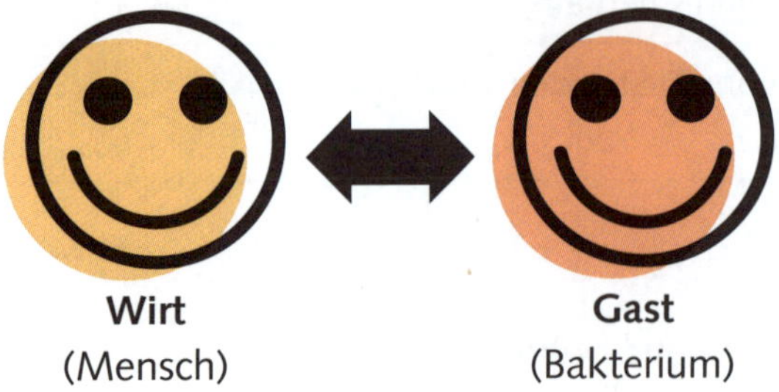

Symbiose

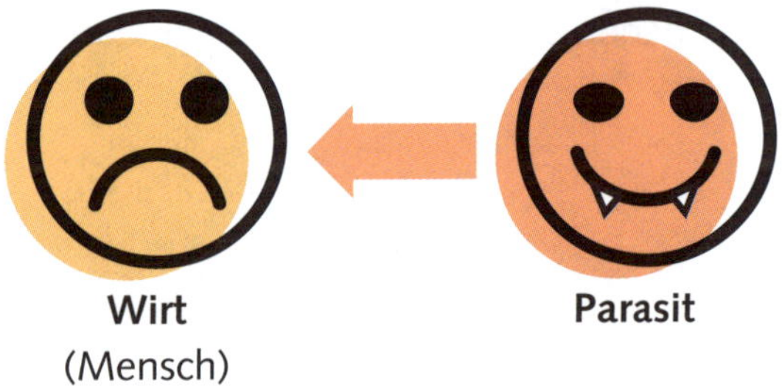

Parasitismus

Einige der Lebensmittel, die regelmäßig auf unserem Speiseplan stehen, werden mithilfe von Mikroorganismen hergestellt. Können Sie einige Beispiele finden? Notieren Sie diese.

Die Gesamtheit der Mikroorganismen, die den menschlichen Körper besiedeln, wird als MIKROBIOM bezeichnet. Wo genau befinden sich die meisten Mikroorganismen, wenn man den menschlichen Körper betrachtet?

Ach so!

Häufig begegnen einem bei Fachbegriffen bestimmte Vorsilben.
Wenn man deren Bedeutung kennt, fällt es leichter den gesamten Begriff zu verstehen.
Dinge, die man versteht, kann man sich dann auch gut merken.

a-, **an-** verneinende Vorsilbe, bedeutet **nicht**, **un-**, **los**, **leer**, **ohne**

anti- Wortteil mit der Bedeutung **gegen**, **entgegen**

Vokabeltraining

Wie lauten die Fachbegriffe? Als Hilfestellung finden Sie die Wortteile der Begriffe im Kasten links.

A-	PATHO
AN-	TE
TI	GEN
ROB	BAK
AE	RI
ELL	BIO
ANTI-	KA

krankmachend	______________
nicht krankmachend	______________
benötigt Sauerstoff zum Überleben	______________
benötigt keinen Sauerstoff zum Überleben	______________
wirksam gegen Bakterien	______________
Medikamente gegen bakterielle Infektionen	______________

SYMPTOM ist die Fachbezeichnung für Krankheitszeichen.
Erklären Sie nun den Unterschied zwischen den Krankheitsverläufen:

symptomatischer Krankheitsverlauf = ______________________________

asymptomatischer Krankheitsverlauf = ______________________________

____

Vokabeltraining

Ordnen Sie den Fachbegriffen die richtige Bedeutung zu, indem Sie die Paare in derselben Farbe markieren.

Parasitismus	Antimykotika	Lebewesen	Mittel gegen Pilze
Gift	Symbiose	nicht krank-machend	bakterizid
Bakterien abtötend	Organismus	Parasit	Toxin
ein Lebewesen lebt auf Kosten/zum Schaden eines anderen	apathogen	Lebensgemein-schaft zum gegenseitigen Vorteil	Schmarotzer

Bakterien werden anhand verschiedener Merkmale unterteilt. Verbinden Sie durch Striche die Fachbezeichnungen mit den passenden Erklärungen.

Kokken	Gruppe der kugelförmigen Bakterien
Diplokokken	benötigen Sauerstoff zum Überleben
Staphylokokken	kugelförmige Bakterien, die kettenförmig angeordnet sind
Bazillen	haben eine dicke Zellwand, die bei Färbung blau erscheint
Streptokokken	benötigen keinen Sauerstoff zum Überleben
aerobe Bakterien	kugelförmige Bakterien, die paarweise auftreten
grampositive Bakterien	kugelförmige Bakterien, die traubenförmig angeordnet sind
anaerobe Bakterien	stäbchenförmige Bakterien
gramnegative Bakterien	haben eine dünne Zellwand, die bei Färbung rot erscheint

Lernnotiz: Bakterien und Viren

Vervollständigen Sie die Tabelle

Bakterien	Viren
sind Mikroorganismen bestehend aus __________ __________ __________	sind Mikroorganismen bestehend aus __________ __________ __________

Bakterien	Viren
vermehren sich durch ________________	vermehren sich ________________
haben ___ ___ ___ ___ ___ eigenen Stoffwechsel	haben ___ ___ ___ ___ ___ ___ eigenen Stoffwechsel
verursachen Erkrankungen durch ________________ ________________	Die Erkrankungen, die Viren verursachen, sind in der Regel ________________ als bakterielle Infektionen
werden bekämpft durch: (Medikament) ________________ (Desinfektionsmittel) ________________	werden bekämpft durch: ________________ ________________

Viren vermehren sich nur über eine Wirtszelle. Bringen Sie den Ablauf in die richtige Reihenfolge.

☐ Fertige Viren werden aus der Wirtszelle freigesetzt.

☐ Das Virus bringt die eigene Erbsubstanz in eine Zelle ein.

☐ Die Wirtszelle liefert die benötigten Stoffe, es beginnt die Bildung von neuen Viruseinzelteilen.

☐ Das Virus heftet sich an eine Zelle an.

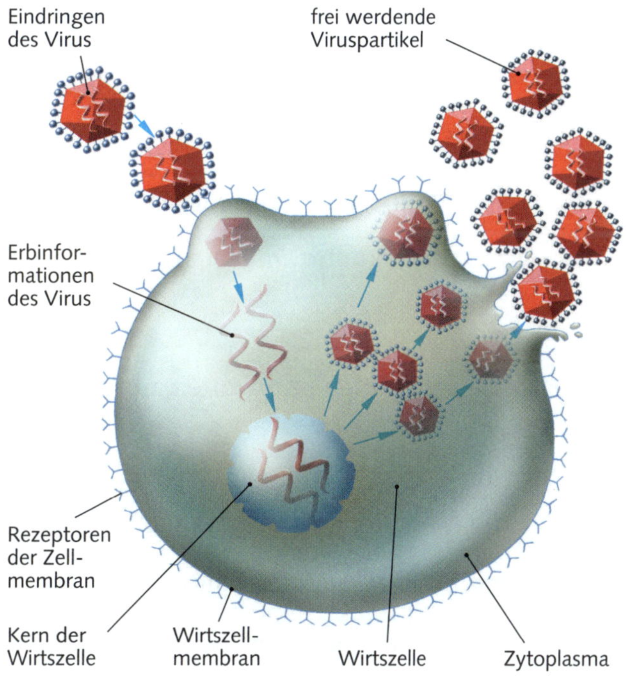

Erklären Sie, weshalb Viren als „Zellparasiten“ bezeichnet werden.

____

____

Kreuzen Sie die richtigen Antworten an:

Viren ...

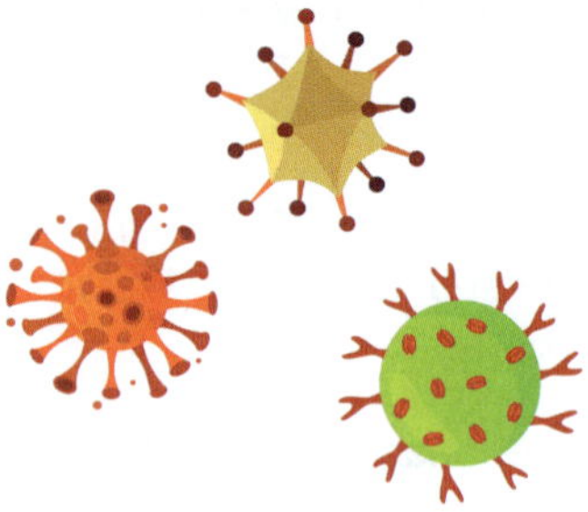

☐ ... sind resistent gegen Antibiotika.

☐ ... bestehen aus Zellbestandteilen.

☐ ... sind einzellige Mikroorganismen.

☐ ... können über Jahrzehnte in Körperzellen überleben.

☐ ... werden bei einer Infektion in unvorstellbar großer Anzahl neu gebildet.

☐ ... haben einen eigenen Stoffwechsel.

☐ ... haben keinen eigenen Stoffwechsel.

Kreuzen Sie die richtigen Antworten an:

Protozoen ...

☐ ... sind tierische Organismen.

☐ ... bestehen aus einer Zelle.

☐ ... bestehen aus mehreren Zellen.

☐ ... können durch verunreinigte Nahrung übertragen werden.

☐ ... können durch Insektenstiche oder direkten Kontakt übertragen werden.

☐ ... werden mittels Antimykotika bekämpft.

☐ ... verursachen unter anderem die Krankheit Malaria.

Kreuzen Sie die richtigen Antworten an:

Pilze ...

☐ ... sind Mikroorganismen mit pflanzlichen Merkmalen.

☐ ... sind Mikroorganismen mit tierischen Merkmalen.

☐ ... zählen zu den größeren Mikroorganismen.

☐ ... können z. B. die Krankheit Mundsoor verursachen.

☐ ... einige Arten vermehren sich durch Abschnüren von Tochterzellen.

☐ ... befallen in der Regel die Haut oder Schleimhaut.

☐ ... können allergische Reaktionen verursachen.

☐ ... einige Arten vermehren sich durch Sporen.

Vervollständigen Sie den Lückentext, indem Sie den Buchstabensalat entwirren.

__________ **iPnorne** sind krankmachende Eiweißmoleküle. Sie sind sehr ____________________ **grsetfwsdndäihai** gegen Hygienemaßnahmen. Prionen verursachen seltene Krankheiten des __________ **shinrGe**. Diese Erkrankungen sind ____________________ **gclditmhieepfl** gemäß § 6 Infektionsschutzgesetz.

Ordnen Sie zu:

1 – Krankheitserreger bestehen aus **einer** Zelle.
2 – Krankheitserreger bestehen **nicht aus** Zellen.
3 – Krankheitserreger bestehen aus **mehreren** Zellen.

☐ Protozoen

☐ Prionen

☐ Viren

☐ Bakterien

☐ Pilze

☐ Würmer

Sortieren Sie die oben genannten Mikroorganismen von klein nach „groß".

____

____

____

____

Welche Aussage ist richtig? Begründen Sie Ihre Entscheidung.

☐ Auf dem Bild ist der Karies verursachende Erreger Streptococcus mutans dargestellt.

☐ Auf dem Bild ist der Karies verursachende Erreger Lactobazillus dargestellt.

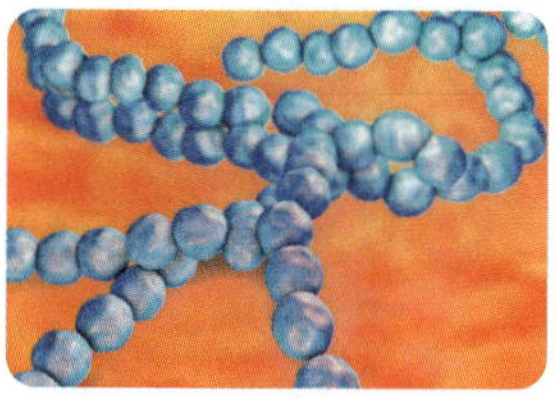

____

3 Infektionskrankheiten

Im Zusammenhang mit Infektionskrankheiten sind einige Begriffe von besonderer Bedeutung. Vervollständigen Sie die gesuchten Begriffe und weisen ihnen durch Striche die richtige Erklärung zu.

___ N ___ E ___ ___ ___ ___ ___	Verunreinigung, Verseuchung von Gegenständen, Oberflächen oder Personen mit Krankheitserregern
___ ___ ___ I G ___ ___	Mikroorganismus oder körperfremder Stoff, der vom Immunsystem als Krankheitserreger eingestuft wird
A ___ ___ ___ ___ Ö ___ P ___ ___	Abwehrstoff, den das Immunsystem bildet und gezielt gegen Krankheitserreger einsetzt
K ___ N ___ A ___ ___ N ___ T ___ ___ ___	Krankheitszeichen
___ Y ___ P T ___ ___	Eindringen und Vermehrung von Krankheitserregern in einem Lebewesen, Ansteckung

Bringen Sie den Verlauf einer Infektionskrankheit in die richtige Reihenfolge. Beschreiben Sie rechts die jeweiligen Krankheitsstadien

☐ Rekonvaleszenz ____________________________________

____

☐ Infektion ____________________________________

____

☐ Prodromalstadium ______________________________

____

☐ Inkubation ______________________________

____

☐ Infektionskrankheit ______________________________

____

Die Entstehung und der Verlauf einer Infektionskrankheit hängen von den Eigenschaften des Mikroorganismus und der Abwehrkraft des Befallenen ab. Welche Begriffe werden gesucht? Finden Sie die gesuchten Fachbegriffe in dem Buchstabengitter unten oder tragen Sie diese direkt ein.

G	W	H	E	K	Y	U	L	V	C	Y	U	E	B
P	A	T	H	O	G	E	N	I	T	Ä	T	M	V
X	O	Ü	M	V	L	Ö	N	R	U	T	R	C	G
H	J	D	O	D	I	M	M	U	N	I	T	Ä	T
D	N	C	Y	I	R	D	U	L	Ö	P	Q	S	S
Ä	G	R	E	S	I	S	T	E	N	Z	Ü	E	A
L	P	O	C	P	G	M	E	N	G	E	Y	H	W
K	H	Q	T	O	A	D	H	Z	U	N	F	I	E
L	U	H	Z	S	E	H	Ö	M	A	Y	I	Z	R
N	E	H	P	I	E	Y	M	Q	O	Q	S	P	E
Ö	Ä	Ö	Ä	T	I	X	R	I	U	M	A	L	H
Y	O	Z	Q	I	J	Ö	E	C	N	Ä	K	L	E
O	D	Ü	Q	O	E	Ä	Y	Ä	J	L	G	Ü	I
G	I	B	U	N	T	T	F	B	U	M	I	R	M

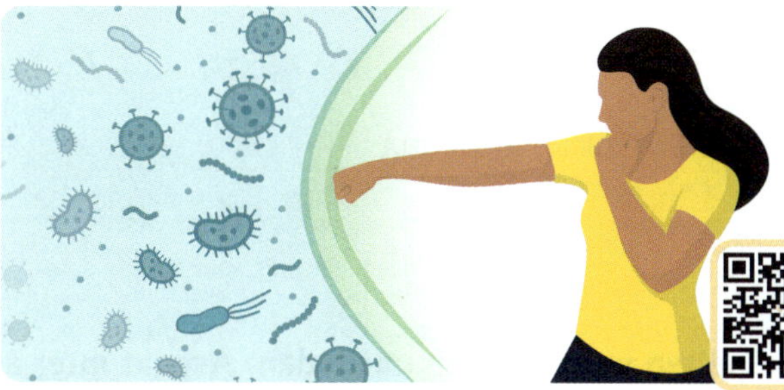

Hier gibt es Tipps zur Lösung.

vel.plus/afzahn1-11

__ __ __ __ __ __ __ __

Stärke der krankmachenden Wirkung eines Mikroorganismus

__ __ __ __ __ __ __ __ __ __ __ __

Fähigkeit der Mikroorganismen, Krankheiten hervorzurufen

__ __ __ __ __

Anzahl der übertragenen Krankheitserreger

__ __ __ __ __ __ __ __ __

Die Widerstandsfähigkeit des Körpers, gegen den Krankheitserreger anzugehen

__ __ __ __ __ __ __ __ __ __ __

Empfänglichkeit eines Menschen für Krankheiten – abhängig vom Alter, Geschlecht, Ernährungs- und Gesundheitszustand

__ __ __ __ __ __ __ __ __

Unempfindlichkeit eines Menschen für Krankheiten – erworben durch vorangegangene Erkrankung oder durch Impfung

Krankheiten können unterschiedlich verlaufen. Ordnen Sie zu:

1 – akut
2 – chronisch

☐ starke, heftige Symptome

☐ Die Krankheit entwickelt sich allmählich.

☐ lange andauernder Krankheitsverlauf

☐ asymptomatischer Krankheitsverlauf

☐ plötzlich auftretende Beschwerden

☐ Krankheitsverlauf mit weniger stark ausgeprägten Krankheitszeichen

☐ tödlicher Verlauf

☐ Heilung der Erkrankung

Krankheiten werden auch unter dem Aspekt ihrer Ausbreitung im Körper unterteilt. Welche Infektionen werden hier gesucht?

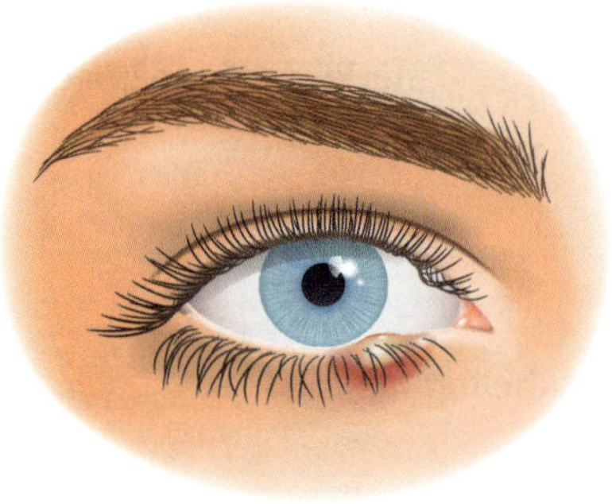

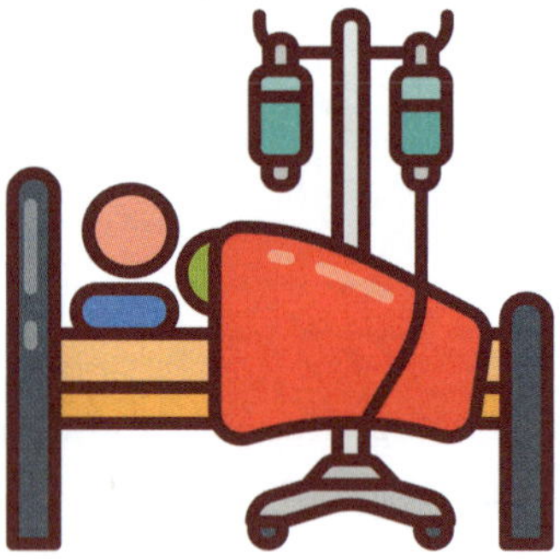

______________________	Die Symptome und die Erkrankung sind auf eine bestimmte Körperregion begrenzt, z. B. Pulpitis am Zahn 25.
______________________	Der gesamte Körper ist von der Erkrankung betroffen, z. B. grippaler Infekt.
______________________	Sehr schwerer, lebensbedrohlicher Verlauf einer Infektionskrankheit. Mikroorganismen dringen in den Blutkreislauf ein, der Körper reagiert mit einer überschießenden Abwehrreaktion, die zu Organschädigungen und Organversagen führen kann; deutscher Begriff: Blutvergiftung.

Hier gibt es Tipps zur Lösung

vel.plus/afzahn1-12

Welche Erreger verursachen welche Krankheit? Finden Sie die Paare und tragen Sie diese in die Tabelle ein.

Virus	Virus
Hepatitis	Mumps
Virus	Bakterien
Karies	Aids
Bakterien	Virus
Dentito difficilis	Candida albicans
Virus	Bakterien
Herpes labialis	Tuber-kulose
Pulpitis	Virus
Pilz	Bakterien
Corona	Influenza

Infektionskrankheit	Erreger

Vervollständigen Sie den Lückentext.

Hier gibt es Tipps zur Lösung

vel.plus/afzahn1-13

Dringen Erreger in den menschlichen Körper ein, reagiert dieser mit einer Reihe von ____________________. Stoffe die vom Immunsystem als fremd erkannt werden, bezeichnet man als ___________, das sind beispielsweise __________________, _________ oder _________.

Eine Abwehrmöglichkeit des menschlichen Immunsystems ist das Bilden von Antikörpern, die gezielt das Antigen bekämpfen. Spezielle Immunzellen, aus der Gruppe der weißen ________________ speichern den Bauplan des Antikörpers ab. Bei erneutem Kontakt mit dem Erreger reagiert der Organismus sehr _________ und es kommt gar nicht erst zur ____________.

Die ________________ eines Organismus gegen einen Krankheitserreger bezeichnet man als Immunität. Die Immunität kann __________ sein. Sie kann natürlich __________ sein, durch Kontakt mit den Erregern oder überstandener Erkrankung oder sie kann durch __________ künstlich erreicht werden.

Man unterscheidet verschiedene Möglichkeiten der Immunisierung durch Schutzimpfung. Ordnen Sie zu:
aktive Immunisierung
passive Immunisierung

Es werden fertige Antikörper geimpft.	
Der Impfschutz tritt nach einigen Wochen ein.	
Der erworbene Schutz hält Jahre an.	
Der Körper stellt selbst Antikörper her.	
Es werden spezifische Antikörper geimpft.	
Der Impfschutz hält Wochen bis Monate.	
Es werden abgeschwächte, abgetötete Erreger oder Erregerteile geimpft.	
RNA-Impfstoffe	
Impfschutz tritt sofort ein.	
Durch die Impfung wird eine Immunreaktion des Körpers ausgelöst.	
Es werden Gedächtniszellen gebildet.	
Der Impfschutz besteht nur für eine relativ kurze Zeit.	
Diese Art von Immunisierung wird zum Schutz gegen Hepatitis B durchgeführt.	
Diese Art von Immunisierung wurde gegen COVID-19 durchgeführt.	
Diese Art von Immunisierung wird unmittelbar nach einer möglichen Ansteckung durchgeführt.	

Erklären Sie, was eine Simultanimpfung ist und nennen Sie spezifische Vorteile dieser Schutzmaßnahme.

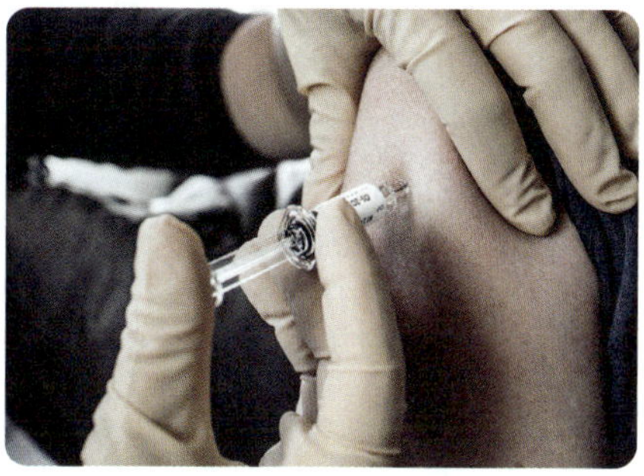

Welche Schutzimpfungen sind für die Tätigkeit als ZFA unbedingt zu empfehlen oder sind Pflicht?

- ☐ Hepatitis A
- ☐ Hepatitis B
- ☐ Masern
- ☐ Covid-19
- ☐ Tetanus
- ☐ Röteln
- ☐ Gelbfieber
- ☐ Hepatitis C

Lernnotiz: aktive und passive Impfung

Stellen Sie die beiden Schutzimpfungen gegenüber.

aktive Impfung	passive Impfung
wesentliche Inhaltsstoffe •	**wesentliche Inhaltsstoffe** •
Beteiligung des Immunsystems •	**Beteiligung des Immunsystems** •
Eintritt und Dauer der Schutzwirkung • •	**Eintritt und Dauer der Schutzwirkung** • •

Vervollständigen Sie den Lückentext, indem Sie die durcheinander geratenen Buchstaben entwirren.

Die Hepatitis ist eine schwerwiegende ______________ **nndEgzuütn** der ________ **reLbe**. Hepatitis B und Hepatitis C-______ **reVni** werden durch Kontakt mit ________________ **risrüepötkgnKilesfe** übertragen. In der Zahnarztpraxis besteht die Gefahr einer __________ **nkolinfet** mit Hepatitis B oder C durch ___________ **aBotuttklnk**, z. B. durch Verletzung mit einem ______ **ugbitl** verunreinigten Instrument. Die Ansteckung über Körperflüssigkeiten wie z. B. Speichel, wird nach heutigem Erkenntnisstand eher ausgeschlossen, weil die im Speichel enthaltene Menge der Erreger für eine _________ **eknftlion** nicht ausreicht.
Eine nicht ausgeheilte Hepatitis, kann zu schweren ____________ **Sendugähncgi** der Leber führen bis hin zu ___________ **ebrebreLks**.

Erklären Sie den Unterschied zwischen *HIV-positiv* und *Aids*.

____

____

____

____

____

Auf welchen Wegen findet <u>keine</u> HIV-Infektion statt? Was ist kein Übertragungsweg? Kreuzen Sie an:

Schlau wie Einstein!

- ☐ Benutzung der gleichen Toilette
- ☐ Kontakt mit Speichel einer infizierten Person
- ☐ Blutkontakt
- ☐ Insektenstiche
- ☐ Händeschütteln
- ☐ gemeinsame Benutzung von Gegenständen wie Kugelschreiber, Geschirr und Besteck
- ☐ ungeschützter Geschlechtsverkehr
- ☐ Verletzung mit einer Kanüle, die bei einem infizierten Patienten benutzt wurde

4 Infektionswege

Welche Infektionswege sind in den nachfolgenden Abbildungen dargestellt? Benennen Sie diese und beschreiben Sie kurz die Infektionsgefahr, die dabei besteht.

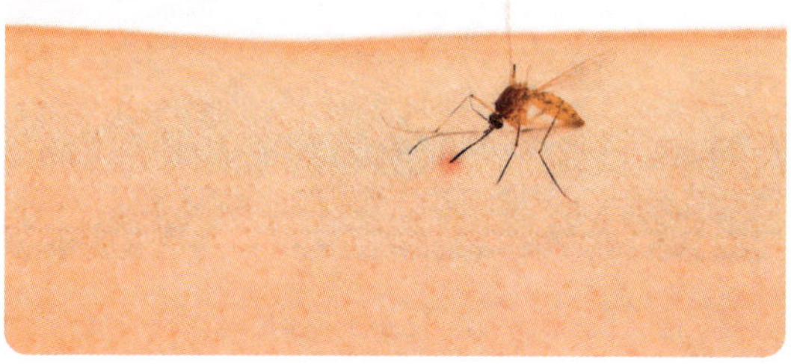

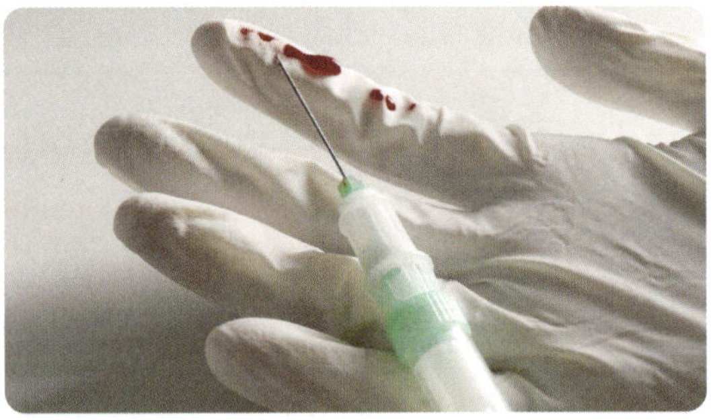

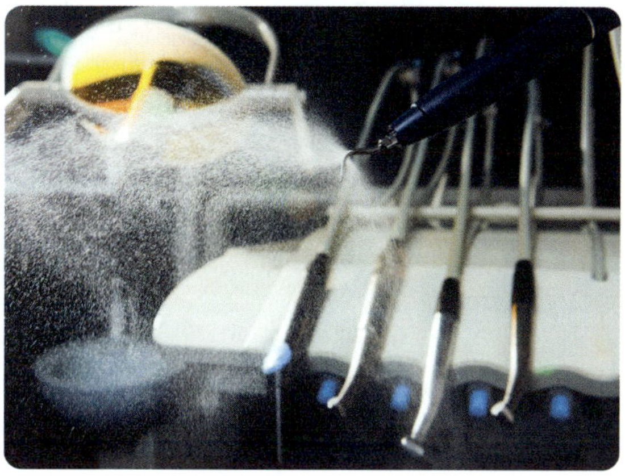

Bei zahlreichen Behandlungen entsteht durch die Wasserkühlung ein feiner Sprühnebel. Kennzeichnen Sie mit Bleistift in der Abbildung rechts, welche Bereiche von der Aerosolwolke kontaminiert werden.

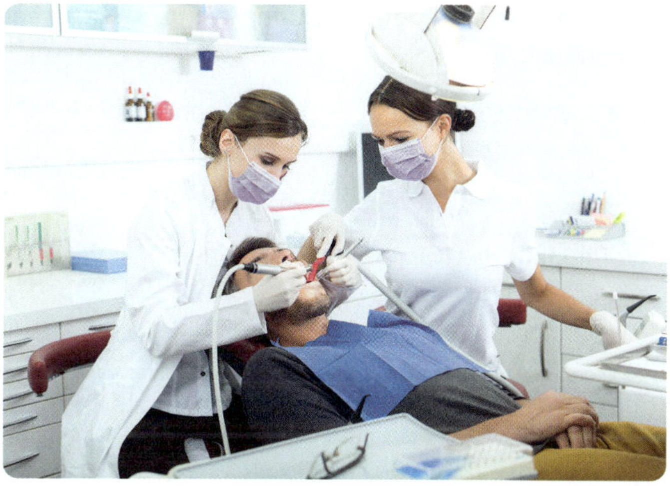

Setzen Sie die Begriffe an der richtigen Stelle ein.

- Schutzkleidung
- unterbrochen
- Krankheitserreger
- Desinfektion
- Körper
- Infektion
- nicht
- Übertragungsweg
- Infektionsquelle
- Infektionskette
- Schutzimpfung
- Sterilisation

Unter einer __________ versteht man, dass __________, ausgehend von einer __________, über einen __________ in den __________ gelangen. Wird die Infektionskette an einer Stelle __________, kommt es __________ zu einer __________. Durch __________ und __________ kann die Kette bereits an der Quelle unterbrochen werden. Den Übertragungsweg kann man durch __________ unterbrechen. Durch eine __________ wird die Infektion im Organismus gestoppt.

Wie lautet die Fachbezeichnung? Als Hilfestellung finden Sie die Silben der Begriffe im Kasten links.

TA	TION
FEK	NA
KON	TION
MI	IN

Besiedelung von Gegenständen mit Mikroorganismen: ______________________

Besiedelung eines lebenden Organismus mit Mikroben: ______________________

5 Verhalten bei Unfällen – Stich- und Schnittverletzungen

Ach so!

intra Wortteil mit der Bedeutung **während**, **innerhalb**; z. B. intraoperativ = während einer Operation

post- Wortteil mit der Bedeutung **nach**; z. B. postoperativ = nach einer Operation

Wofür steht das Kürzel PEP?

____

Was versteht man darunter?

____

____

____

Welche Maßnahmen sind einzuleiten, wenn Sie sich nach einer Behandlung mit einem benutzten Skalpell verletzt haben?

____

____

____

____

Welche Angaben müssen Sie im oben genannten Fall im Verbandbuch eintragen? Kreuzen Sie die richtigen Antworten an:

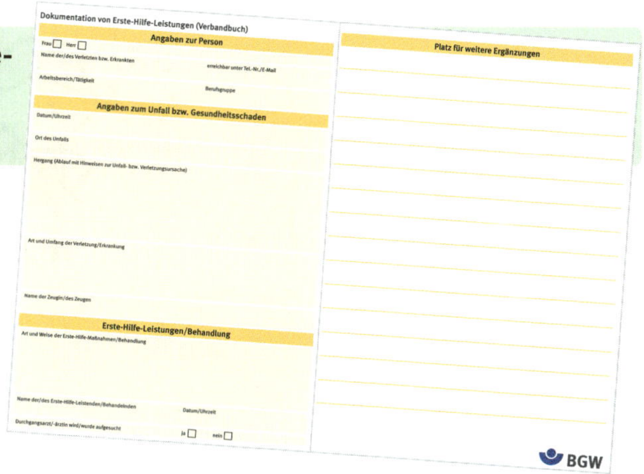
Dokumentation von Erste-Hilfe-Leistungen (Verbandbuch)

Angaben zur Person

Frau ☐ Herr ☐

Name der/des Verletzten bzw. Erkrankten

erreichbar unter Tel.-Nr./E-Mail

Arbeitsbereich/Tätigkeit

Berufsgruppe

Angaben zum Unfall bzw. Gesundheitsschaden

Datum/Uhrzeit

Ort des Unfalls

Hergang (Ablauf mit Hinweisen zur Unfall- bzw. Verletzungsursache)

Art und Umfang der Verletzung/Erkrankung

Name der Zeugin/des Zeugen

Erste-Hilfe-Leistungen/Behandlung

Art und Weise der Erste-Hilfe-Maßnahmen/Behandlung

Name der/des Erste-Hilfe-Leistenden/Behandelnden

Datum/Uhrzeit

Durchgangsarzt/-ärztin wird/wurde aufgesucht ja ☐ nein ☐

Platz für weitere Ergänzungen

BGW

- ☐ Ihren Namen
- ☐ Datum, Uhrzeit des Unfalls
- ☐ Unfallhergang
- ☐ Art/Umfang der Verletzung
- ☐ Welche Erste-Hilfe-Maßnahmen wurden durchgeführt?
- ☐ Wer kann die Angaben bezeugen?
- ☐ Welche weiteren Maßnahmen wurden durchgeführt?

Kreuzen Sie die richtigen Antworten an:

Ein Durchgangsarzt ...

- ☐ ... hat eine spezielle Zulassung von der Deutschen Gesetzlichen Unfallversicherung.
- ☐ ... ist in der Regel ein Facharzt für Chirurgie.
- ☐ ... übernimmt nach einem Arbeitsunfall die fachärztliche Erstversorgung.
- ☐ ... legt fest, welcher Arzt die Behandlung fortsetzt.
- ☐ ... erstellt bei jedem Patienten eine Unfallanzeige für die Berufsgenossenschaft.
- ☐ ... legt seine Sprechzeiten nach individuellen Bedürfnissen fest.
- ☐ ... benötigt keine besondere Praxisausstattung.
- ☐ ... benötigt nicht die eGK des Patienten.

6 Persönliche Hygiene und Schutzausrüstung

Woraus setzt sich die persönliche Schutzausrüstung zusammen?

Ordnen Sie zu:

1 – der Arbeitgeber,
2 – die ZFA

☐ stellt die PSA kostenfrei zur Verfügung.

☐ ist verpflichtet, die PSA in der vorgeschriebenen Form zu benutzen.

☐ belehrt und informiert über das Tragen der PSA.

☐ trägt die Kosten für die Reinigung der PSA.

☐ erhält Unterweisungen zum korrekten Tragen der PSA.

☐ legt fest, wann welche PSA getragen wird.

Wie müssen die nachstehenden Gegenstände beschaffen sein, damit sie ihre Funktion als Schutzausrüstung erfüllen. Erklären Sie auch, weshalb das so ist.

Arbeitsschuhe: ______________________________

____

Schutzbrille: ______________________________

____

Ihre Kollegin unterhält sich gerade mit der neuen Praktikantin über die persönliche Hygiene und die Schutzausrüstung. Sind folgende Aussagen sachlich richtig oder nicht? Begründen Sie Ihre Antwort.

Du hast schöne, lange Haare – die müssen zusammengebunden werden. Bei großen chirurgischen Eingriffen tragen wir eine Haube.

Das Tragen von Ringen, Armbändern oder Armbanduhren während der Arbeit ist kein Problem.

Die Fingernägel tragen wir kurz, nicht länger als die Fingerkuppe. Künstliche Fingernägel sind nicht erlaubt.

Wir tragen keinen Nagellack, außer er ist durchsichtig,

Beschreiben Sie in eigenen Worten die nachstehend aufgeführten Schutzhandschuhe und erklären Sie, wann diese getragen werden.

dünnwandige Handschuhe

Hier gibt es Tipps zur Lösung

vel.plus/afzahn1-14

dickwandige Handschuhe

sterile Handschuhe

lange Handschuhe

Durch welche Maßnahmen lassen sich Stichverletzungen vermeiden?
Nutzen Sie die Hinweise in den Abbildungen.

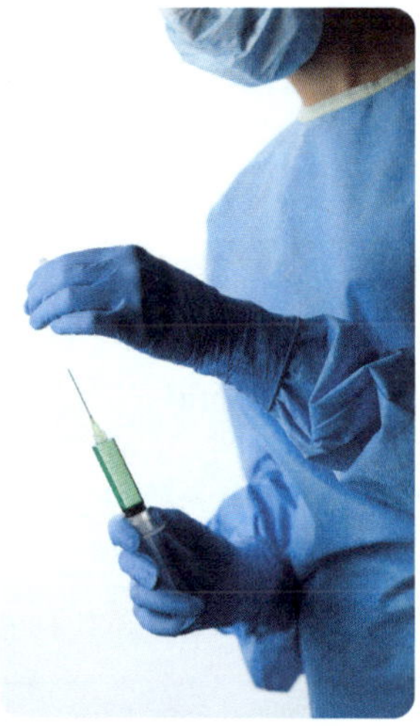

7 Hygienemaßnahmen in der Zahnarztpraxis

Weisen Sie den Begriffen die richtige Erklärung zu.

Kontamination	Verunreinigung, Verseuchung von Gegenständen, Oberflächen, Personen durch Krankheitserreger oder schädliche Substanzen
Reinigung	Maßnahmen zur Abtötung sämtlicher Mikroorganismen, so dass anschließend Keimfreiheit besteht
Desinfektion	Beseitigung von sichtbarem Schmutz oder Verunreinigung
Sterilisation	Maßnahmen zur Abtötung oder Inaktivierung von Keimen, so dass diese nicht mehr infizieren können

8 Händehygiene

Nice to know

Die menschliche Haut bildet die natürliche Barriere zur Umwelt.

Fläche: ca. 1,5–2 m² **Gewicht: ca. 3–5 kg** **Dicke: ca. 1–2 mm**

Schweißdrüsen produzieren ein wässriges Sekret, unter Normalbedingungen ca. **1 l/Tag**

Die meisten Schweißdrüsen findet man
- auf den Handflächen
- auf den Fußsohlen
- in den Achselhöhlen

Unsere natürliche Bodylotion

Talgdrüsen produzieren pro Tag etwa **1–2 g** öliges Sekret, welches die Haut geschmeidig hält.

Wird zu wenig Talg produziert, ist die Haut trocken und rau, wird zu viel davon produziert, glänzt die Haut speckig und die Haare sind fettig.

Durch die Kombination aus Schweiß und Talg entsteht auf der Haut ein dünner Wasser-Fett-Schutzfilm. Natürlich auf der Haut lebende Bakterien zersetzen diesen Film zu Fettsäuren, so dass der pH-Wert bei ca. 5 liegt, also leicht sauer ist. Umgangssprachlich wird dies als **Säureschutzmantel** der Haut bezeichnet.

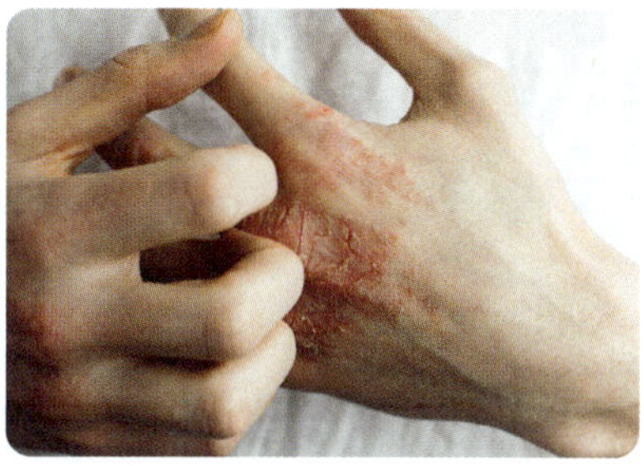

Wasser alleine löst ca. ein Viertel des Schutzfilmes auf. Gesunde Haut braucht ca. 2 Stunden, um diesen wiederherzustellen.

Was zerstört den Fettfilm der Haut?
- ☹ zu viel Feuchtigkeit
- ☹ Seife, Reinigungs- und Waschmittel
- ☹ warmes Wasser
- ☹ langes Tragen von Handschuhen
- ☹ Kontakt mit schädigenden Chemikalien, z. B. Flächendesinfektion

Welche Folgen hat das für die Haut?

Die Haut wird durchlässig für Schadstoffe und Mikroorganismen. Dies führt zu Reizungen bis hin zu chronischen Schäden der Haut.

Hauterkrankungen sind eine der häufigsten berufsbedingten Erkrankungen in Deutschland.

Ergänzen Sie den Lückentext.

Die Händehygiene bezweckt einerseits die ________________ **Vmeguriedn** von Infektionen, bei denen die Hände als ____________________ **lleikstqenlfneuo** dienen, andererseits sollen die Maßnahmen auch die Haut ___________ **edugns** erhalten und ________________ **ägdSuneihcng** vorbeugen. Indem Sie im Praxisalltag immer die erforderlichen Maßnahmen zur __________________ **äiyheHegnedn** sorgfältig durchführen, schützen Sie die

__________ **nPtetenai**, ihr __________ **xtariPaems** und __________ **hsci** sich selbst. Zur Händehygiene gehören die __________ **nRuigneig** der Hände, die __________ **iäenftknniddeeHos** und die richtige __________ **efgePl**.

Informieren Sie sich mit dem Lehrbuch und zusätzlich auf der Homepage der Berufsgenossenschaft für Gesundheitsdienst und Wohlfahrtspflege, www.bgw-online.de über die richtige Händehygiene.
Notieren Sie fünf Merksätze für einen besseren Hautschutz.

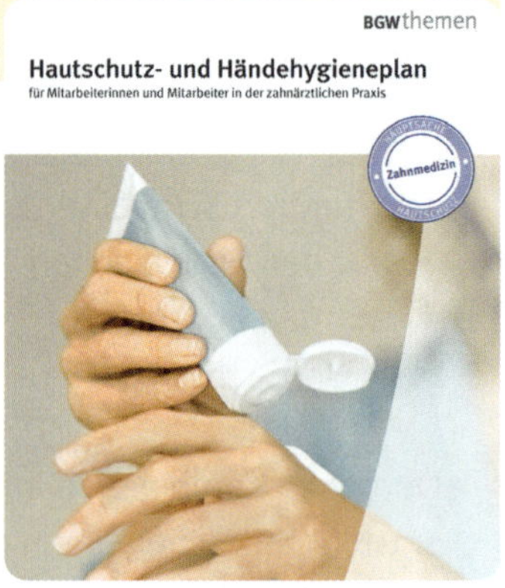

____

____

____

____

____

____

____

____

____

____

Hier gibt es Tipps zur Lösung

vel.plus/afzahn1-15

Woran kann man erkennen, dass dieser Waschplatz nicht im Behandlungsbereich einer Zahnarztpraxis ist?

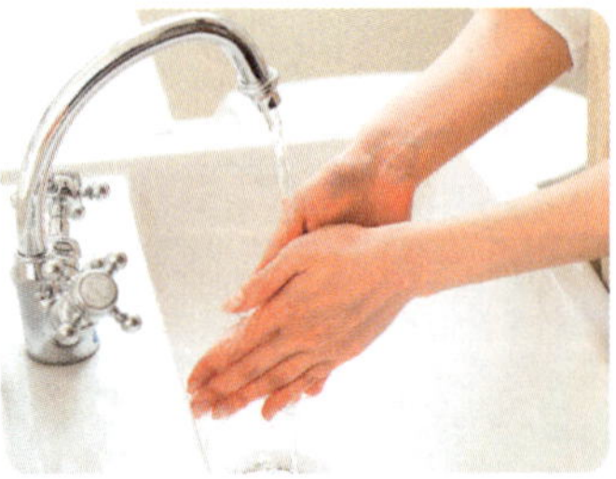

____

____

____

____

Schlau wie Einstein!

Nennen Sie vier Hygienevorrichtungen, die in unmittelbarer Nähe des Waschplatzes zu finden sind.

__________ __________

__________ __________

Welche Aussagen zur hygienischen Händedesinfektion sind richtig? Kreuzen Sie an.

- [ ] Die hygienische Händedesinfektion wird mittels alkoholischer Einreibelösungen durchgeführt.
- [ ] Das Desinfektionsmittel wird auf nasser oder trockener Haut aufgetragen.
- [ ] Die verwendete Menge Desinfektionsmittel liegt bei etwa 3–5 ml.
- [ ] Die Hände müssen während der angegebenen Einwirkzeit feucht gehalten werden.
- [ ] Das Desinfizieren der Hände dauert ca. 20 Sekunden.
- [ ] Die Desinfektionslösung muss DGHM oder VAH-gelistet sein.

Welche Bereiche müssen ausreichend mit Händedesinfektionslösung benetzt werden? Benennen Sie fünf.

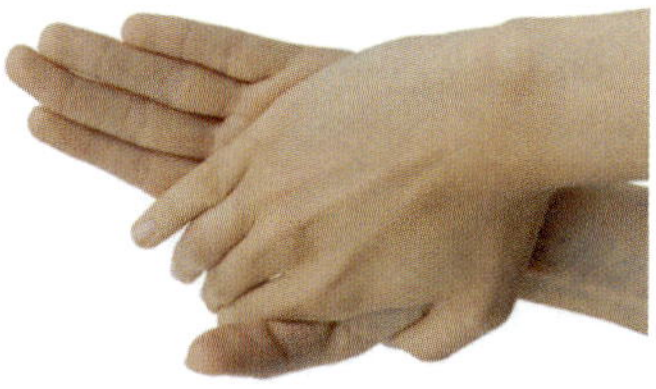

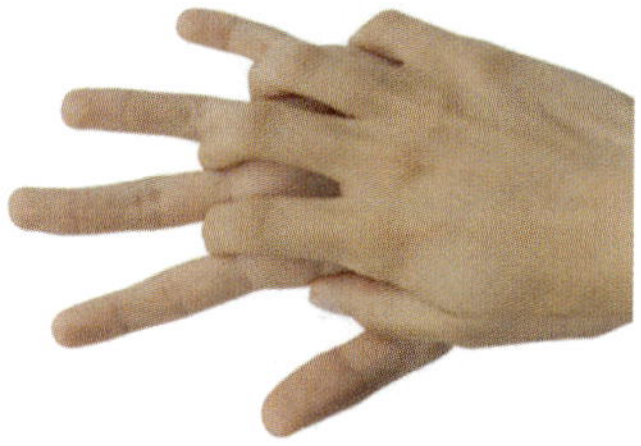

Bringen Sie die Schritte der chirurgischen Händedesinfektion in die richtige Reihenfolge.

___	Unterarme und anschließend Hände für insgesamt 1–3 Minuten mit Desinfektionslösung einreiben
___	Reinigung mit einer sterilen Nagelbürste
___	Hände und Unterarme trocknen an der Luft
___	Hände und Unterarme ca. 1 Min waschen
___	Abtrocknen mit Einwegtüchern
___	Anlegen der sterilen Handschuhe

Ordnen Sie zu:

1 – hygienische Händedesinfektion,
2 – chirurgische Händedesinfektion

- ☐ vor jeder Behandlung
- ☐ bevor der Arbeitsplatz vorbereitet wird
- ☐ vor größeren Zahnoperationen
- ☐ vor chirurgischen Eingriffen bei Patienten mit erhöhtem Infektionsrisiko
- ☐ nach dem Ausziehen der Handschuhe
- ☐ nach Kontakt mit Material, das infektiös sein könnte
- ☐ vor dem Entladen des Sterilisators
- ☐ vor einer Implantation
- ☐ am Arbeitsende
- ☐ nach dem Naseputzen

Wissens-Check

Welche Aussagen sind zutreffend? Stellen Sie falsche Aussagen richtig.

Aussage	☺	☹
Der Arbeitgeber ist verpflichtet, Hautschutz und Hautpflegemittel zur Verfügung zu stellen. Der Arbeitnehmer ist verpflichtet, die Hautschutzmittel anzuwenden.		
Der Arbeitgeber ist verpflichtet, einen Hautschutzplan zu erstellen und die Mitarbeiter in der richtigen Anwendung zu unterweisen.		
Schutzhandschuhe sind nur dann zu tragen, wenn Kontakt mit Blut oder Sekreten möglich ist.		
Schnell einziehende Cremes sind besonders zu empfehlen.		
Angenehm duftende Cremes sind besonders zu empfehlen, weil man sie dann auch gerne verwendet.		
Die Hände dann eincremen, wenn genügend Zeit ist, damit die Creme auch einwirken kann.		
Häufiges Eincremen ist im Praxisalltag die bessere Alternative, weil es die Haut vor Austrocknung schützt.		

9 Desinfektion und Sterilisation

Desinfektion oder Sterilisation? Testen Sie Ihren aktuellen Wissensstand. Entscheiden Sie, ob die nachstehenden Aussagen eine Desinfektion oder eine Sterilisation beschreiben oder voraussetzen. Testen Sie Ihr Wissen. Für jede richtige Antwort gibt es einen oder drei Sterne.

★

Vorgehen/gewünschtes Ziel	Desinfektion oder Sterilisation?	
Keimfreiheit		★
Keimarmut		★
Unschädlichmachen von Mikroorganismen		★
Abtöten von Mikroorganismen		★
Asepsis		★
Antisepsis		★
Hemmung von Krankheitserregern		★
Durchführung mittels chemischer Substanzen		★
Durchführung mittels physikalischer Verfahren		★★★
vollständiges Vernichten aller Mikroorganismen		★
größtmöglicher Schutz vor Infektionen		★
Inaktivierung der Mikroorganismen		★
erfolgt durch hohe Temperatur und Druck		★
erfolgt alleine durch hohe Temperatur		★
Durchführung manuell oder maschinell		★
Durchführung nur maschinell		★
Maßnahme zum Infektionsschutz auf Körperteilen		★
Durchführung auch mittels Strahlung möglich		★
Wie viele Sterne haben Sie geschafft? Zählen Sie nach und tragen Sie Ihr Ergebnis in das Kästchen ein.		

1–5 Sterne – da gibt es noch viel zu lernen   8–12 Sterne – befriedigende Leistung   16 und mehr Sterne – sehr gute Leistung, weiter so

Entwirren Sie den Buchstabensalat.
Die Aufbereitung ist immer in dieser Abfolge durchzuführen:

IINGRUEGN ____________________

IINEDTNEFSKO ____________________

TSAOILISNITRE ____________________

Lernnotiz: Desinfektion – Sterilisation

Vervollständigen Sie die Tabelle, vergleichen Sie die Maßnahmen zur Keimbekämpfung.

Desinfektion	Sterilisation
Bezeichnet: ____________________ ____________________ ____________________ Fachbegriff: A __ __ __ __ __ __ __ __ __	Bezeichnet: ____________________ ____________________ ____________________ Fachbegriff: A __ __ __ __ __ __
Was wird desinfiziert? ____________________ ____________________ ____________________ ____________________ ____________________ ____________________ ____________________ ____________________	Was wird sterilisiert? ____________________ ____________________ ____________________ ____________________ ____________________ ____________________ ____________________ ____________________
Womit wird in der Zahnarztpraxis die Desinfektion durchgeführt? ____________________ ____________________ ____________________	Womit wird in der Zahnarztpraxis die Sterilisation durchgeführt? ____________________ ____________________ ____________________

Hier gibt es Tipps zur Lösung

vel.plus/afzahn1-16

Welche der nachstehenden Desinfektionsverfahren werden in der Zahnarztpraxis durchgeführt? Kreuzen Sie die richtigen Antworten an und nennen Sie dazu ein Beispiel.

Desinfektionsverfahren	richtig?	Beispiel
Tauchbad		
Sprühdesinfektion		
Raumdesinfektion		
Thermodesinfektion		
mittels Ultraschall		
Wischdesinfektion		
Desinfektion von Abfällen		

Aus Schülerarbeiten

Prüfungsfrage: Nennen Sie die für die Zahnarztpraxis bedeutenden Infektionswege. Geben Sie je ein Beispiel dazu.

– Tröpfcheninfektion – husten, niesen
– Stich, Schnittinfektion
– Geschlechtsverkehr

Bei der letzten Unterweisung zum Thema Hygiene wurden häufig die Begriffe „Wirkungsspektrum“ und „Einwirkzeit“ verwendet. Was ist damit gemeint? Erklären sie die Begriffe.

Wirkungsspektrum

Einwirkzeit

Welche Konsequenzen sind zu erwarten, wenn die Einwirkzeit von Desinfektionsmitteln nicht eingehalten wird?

Einwirkzeit zu kurz

Einwirkzeit zu lang

Ordnen Sie zu, ob die Desinfektion in den folgenden Beispielen auf physikalischem Weg (1) oder auf chemischem Weg (2) erfolgt.

___	mittels Aldehyd
___	mittels Alkohol
___	mittels Hitze
___	mittels Säuren
___	mittels UV-Strahlen
___	mittels oberflächenaktiver Stoffe
___	mittels Halogenen
___	mittels Oxidationsmittel

Welche Merkmale zeigen einer ZFA, dass ein Desinfektionsmittel auf Wirksamkeit geprüft und zugelassen wurde?

- ☐ Nennung in der Liste der Deutschen Gesellschaft für Hygiene und Mikrobiologie
- ☐ Es wird von einem Dentaldepot in Deutschland vertrieben.
- ☐ Es wird von einer Firma in Europa vertrieben.
- ☐ Das Mittel ist VAH gelistet.
- ☐ Das Desinfektionsmittel wird seit mehreren Jahren in der Praxis verwendet.
- ☐ Das Desinfektionsmittel ist DGHM-gelistet
- ☐ Das Desinfektionsmittel wird im Hygieneplan namentlich genannt.
- ☐ Das Mittel wurde vom Verbund für angewandte Hygiene geprüft.

Finden Sie die passenden Begriffe mit derselben Bedeutung

Ä	L	S	P	T	V	K	E	I	M	F	R	E	I	H	E	I	T	X	S	I
N	J	R	Ä	E	Q	R	G	G	U	Q	Y	T	X	X	I	Y	U	U	L	M
A	U	T	O	K	L	A	V	A	Y	Ü	Z	S	S	N	F	J	Ö	Y	Ö	O
A	R	M	O	W	Q	N	N	N	F	Y	Z	T	B	U	J	T	C	T	J	D
N	W	M	G	R	Q	K	Ü	D	N	G	C	W	Ü	R	X	Z	B	J	D	B
Q	X	F	T	P	P	M	I	K	R	O	O	R	G	A	N	I	S	M	U	S
X	N	U	K	I	Ü	A	U	E	L	U	N	Z	V	V	O	N	Q	P	B	Q
W	N	O	Y	K	V	C	U	T	H	F	Y	V	G	K	S	Ä	S	H	P	A
H	L	K	S	Q	S	H	Ö	E	H	R	L	A	X	Q	Ü	H	F	T	Ü	U
Y	F	A	D	T	H	E	R	M	O	D	E	S	I	N	F	E	K	T	O	R
W	Ä	A	M	Ä	V	N	Ä	M	F	A	B	D	A	Q	Ä	Ä	C	B	B	N
V	X	W	C	B	P	D	W	Q	D	N	V	N	D	J	X	H	J	N	G	I

Asepsis = __________

Dampfstrahlsterilisator = __________

RDG = __________

Kleinstlebewesen = __________

pathogen = __________

Welche Geräte/Gegenstände sind abgebildet?
Nennen Sie auch, wofür diese Geräte verwendet werden.

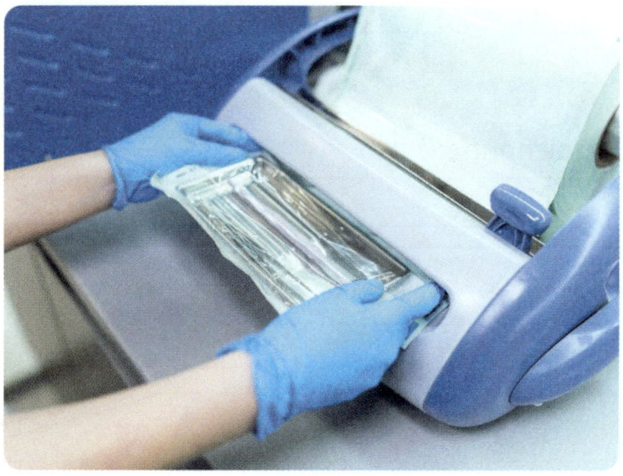

Bezeichnung: __________

Funktion: __________

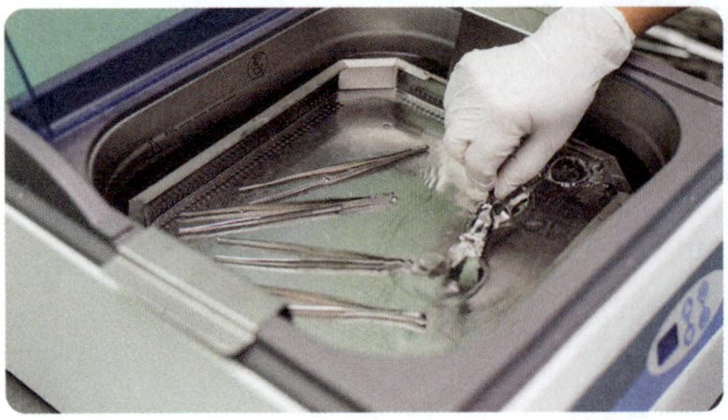

Bezeichnung: ______________________

____

Funktion: ______________________

____

____

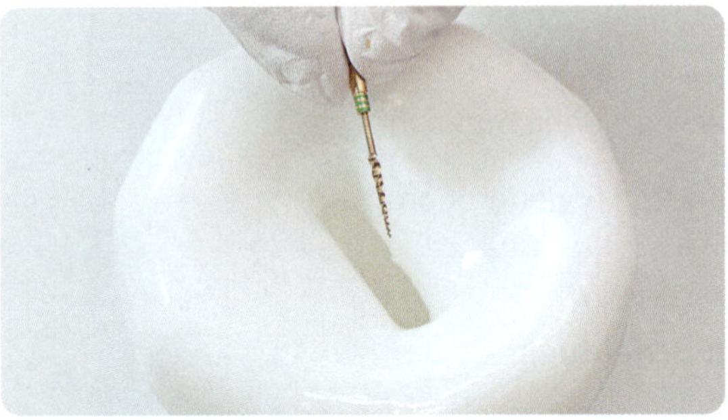

Bezeichnung: ______________________

____

Funktion: ______________________

____

____

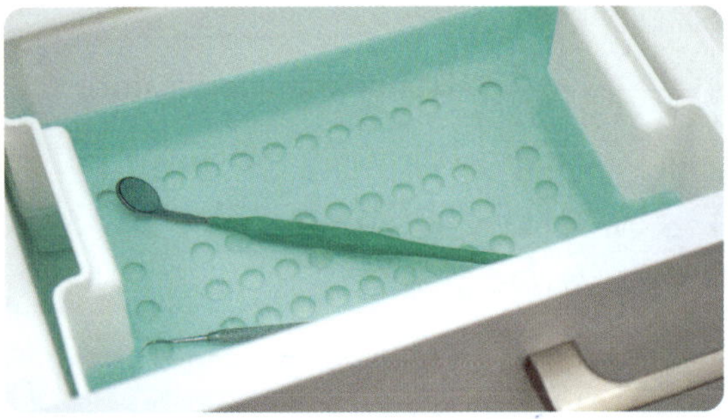

Bezeichnung: ______________________

____

Funktion: ______________________

____

____

Bezeichnung: ______________________

____

Funktion: ______________________

____

____

Bezeichnung: ______________________

____

Funktion: ______________________

____

____

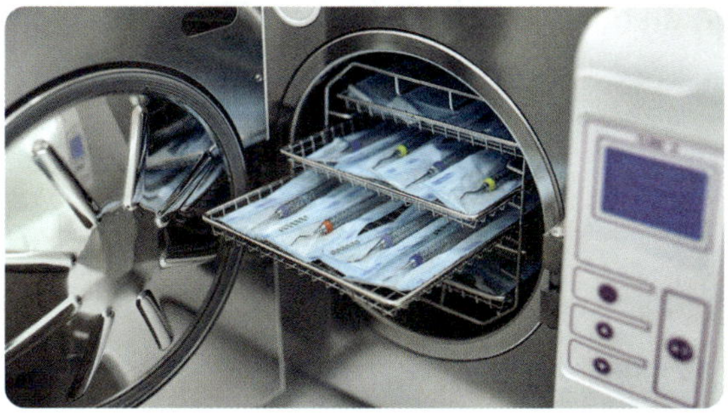

Bezeichnung:

Funktion:

Bezeichnung:

Funktion:

Welche Aussagen zum RDG sind zutreffend? Kreuzen Sie an:

☐ Die Instrumente werden gereinigt.

☐ Die Instrumente sind anschließend keimarm.

☐ Die Instrumente sind anschließend keimfrei.

☐ Die Aufbereitung ist ein validierter Prozess.

☐ Instrumente der Risikoklasse semikritisch müssen anschließend nicht sterilisiert werden.

☐ Eine sichere Desinfektion von Viren wird ab einem A0-Wert von 500 erreicht.

☐ Während der Aufbereitung wird eine Temperatur von 70 °C für 20 Minuten gehalten.

☐ Während der Aufbereitung wird eine Temperatur von 90 °C für 5 Minuten gehalten.

Vor der Desinfektion eines Instrumentes sind grobe Verschmutzungen zu entfernen. Warum?

Beim Ausräumen des RDGs verletzt sich eine ZFA an einer Schere. Besteht Infektionsgefahr? Begründen Sie Ihre Antwort.

____

____

____

Worauf ist beim Beladen des Thermodesinfektors zu achten? Kreuzen Sie die richtigen Aussagen an:

☐ Die Instrumente so einlegen, dass kein Spülschatten entsteht.

☐ Die Instrumente so einlegen, dass sie sich während des Spülvorganges nicht gegenseitig beschädigen können.

☐ Verpackte Instrumente gehören in die oberste Ablage.

☐ Anders als beim Sterilisieren können mittels RDG alle Materialien aufbereitet werden.

☐ Für einige Instrumentengruppen stehen Adapter, Aufsteckvorrichtungen und Körbchen zur Verfügung.

☐ Sorgfältig arbeiten, keine Hektik, während des Vorgangs besteht Infektionsgefahr.

Die Klasse hat alle Schritte einer Aufbereitung im Thermodesinfektor genannt. Bringen Sie diese nun in die richtige Reihenfolge

☐ Reinigung

☐ Spülung

☐ Vorreinigung

Trocknung ☐

Neutralisation ☐

Desinfektion ☐

Worauf ist bei der Wannendesinfektion zu achten? Kreuzen Sie die richtigen Aussagen an:

☐ Instrumente so einlegen, dass sie vollständig von Desinfektionslösung bedeckt sind.

☐ Beim Einlegen darauf achten, dass keine Spritzer entstehen.

☐ Beim Einlegen darauf achten, dass keine Beschädigungen entstehen.

☐ Die Wannendesinfektion ist ein validiertes Verfahren, daher müssen Instrumente anschließend nicht sterilisiert werden.

☐ Die Desinfektionslösung wirkt auch reinigend.

☐ Die Einwirkzeit ist abhängig vom Arbeitsaufkommen in der Praxis.

Vokabeltraining

Tragen Sie die richtigen Antworten in die Felder ein.

Lösungswort:
Fachbegriff, der völlige Keimfreiheit bedeutet

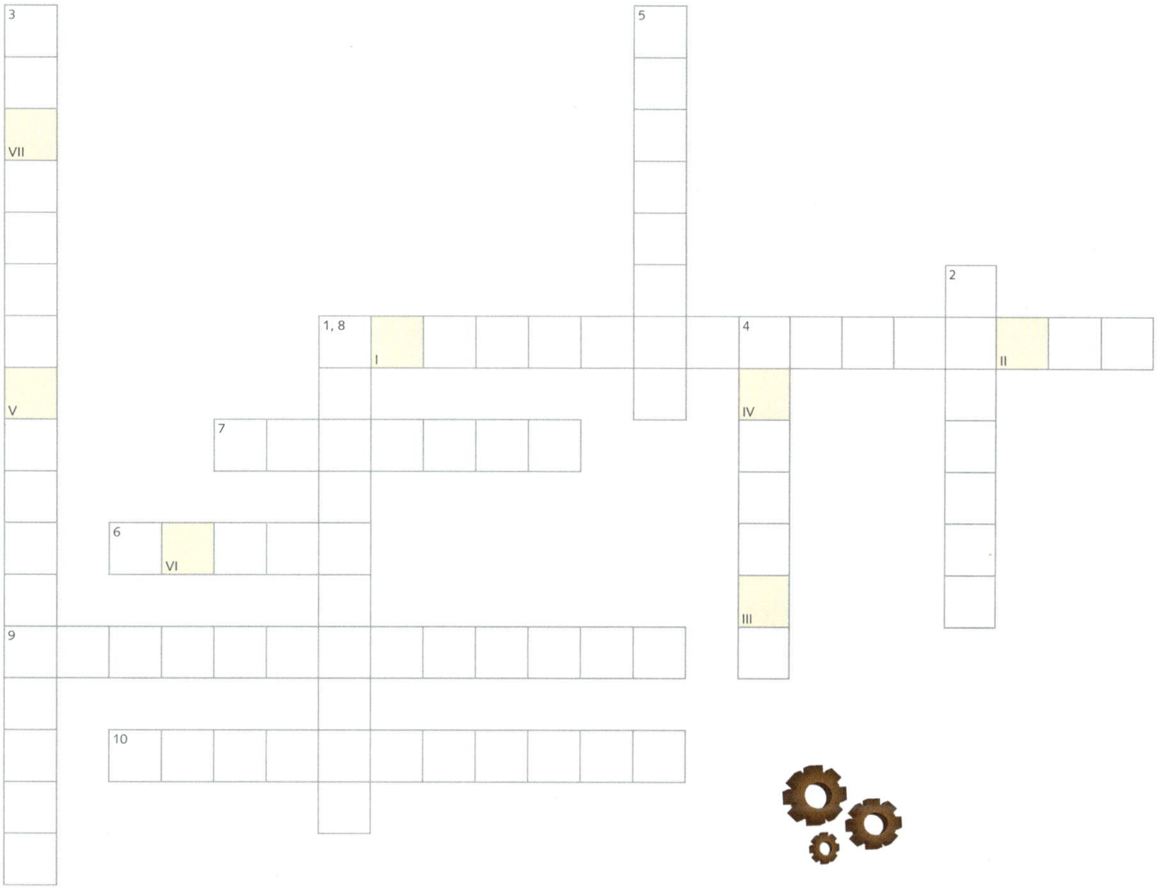

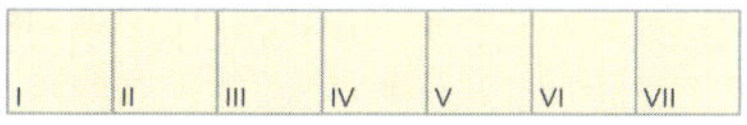

1. Bakterien abtötend
2. wirksam gegen Viren
3. Maßnahme zur Aufbereitung von Flächen
4. daraus entnimmt man Seife oder Desinfektionsmittel
5. wirksam gegen Pilze
6. physikalisches Verfahren zur Keimabtötung
7. Wirkstoff in vielen Desinfektionsmitteln, 70 % Konzentration
8. Bakterien hemmend
9. Verunreinigung
10. Dauer, die ein Desinfektionsmittel braucht, um die volle Wirkung zu erreichen.

Welche Aussagen zur Sterilisation/zu Sterilisatoren sind richtig? Kreuzen Sie an:

- [ ] Die Sterilisation wird mittels gespannten Wasserdampfs erreicht.
- [ ] Die Sterilisation wird mittels gesättigten Wasserdampfs erreicht.
- [ ] Je höher der Druck, desto höher die Dampftemperatur und desto kürzer die Abtötungszeit.

- [ ] Die Sterilisation in der Zahnarztpraxis erfolgt mittels feuchter Hitze.
- [ ] Bei 3,04 bar Druck, 134 °C Temperatur ist die Abtötungszeit im Autoklav fünf Minuten.
- [ ] Bei 2,05 bar Druck, 121 °C Temperatur ist die Abtötungszeit im Autoklav zwanzig Minuten.
- [ ] Autoklaven der B-Klasse erzeugen in der Kammer während der Sterilisation mehrmals ein Vakuum.
- [ ] Der Wassertank des Autoklavs wird mit destilliertem Wasser befüllt.
- [ ] Der Wassertank des Autoklavs wird mit demineralisiertem Wasser befüllt.
- [ ] Der Wassertank des Autoklavs wird mit kaltem Leitungswasser befüllt.
- [ ] Der Wassertank des Autoklavs wird mit vollentsalztem Wasser befüllt.

Ergänzen Sie den Lückentext. Alle fehlenden Wortteile finden Sie in den Kästen links

WIRK	STEL	JE
TRIEB	NACH	HER
DER	SAM	LA
TION	INSTAL	WEIS
LER	IN	BE

Unter **VALIDIERUNG** versteht man den dokumentierten ______________, dass ein Vorgang ______________ ist, und zwar bei ________ Durchführung. Man bezeichnet diesen Sachverhalt als reproduzierbare Wirksamkeit.

Die in der Desinfektion und Sterilisation eingesetzten Geräte wurden vom ______________ überprüft, sie werden bei der ________________ in der Praxis überprüft und anschließend im laufenden __________.

Welche Aussagen zum Sterilisationsvorgang sind richtig? Kreuzen Sie an:

- [ ] Instrumente können in Mehrwegverpackungen sterilisiert werden.
- [ ] Instrumente können in Klarsichtverpackungen sterilisiert werden.
- [ ] Instrumente können nur unverpackt sterilisiert werden.

- [ ] Bei geschützter Lagerung bleiben verpackte Instrumente länger als sechs Monaten steril.
- [ ] Die Sterilisation kann umgangen werden durch Verwendung von sterilen Einwegartikeln.

Bringen Sie die Arbeitsschritte eines Dampfsterilisators in die richtige Reihenfolge.

___	Aufheizphase
___	Druckablass
___	Trocknungsphase
___	Sterilisation
___	Belüftung
___	Entlüftungsphase

Wie stellt man fest, ob der Sterilisationsvorgang erfolgreich war?

____

____

____

____

____

____

____

____

____

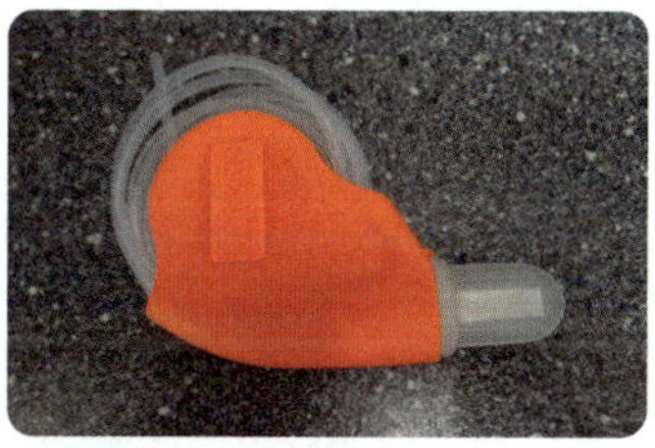

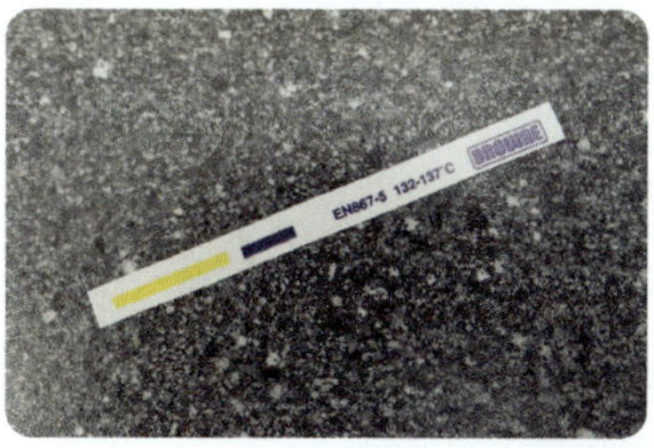

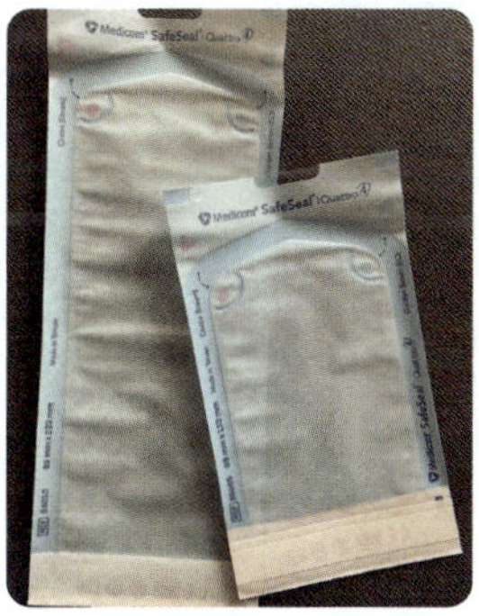

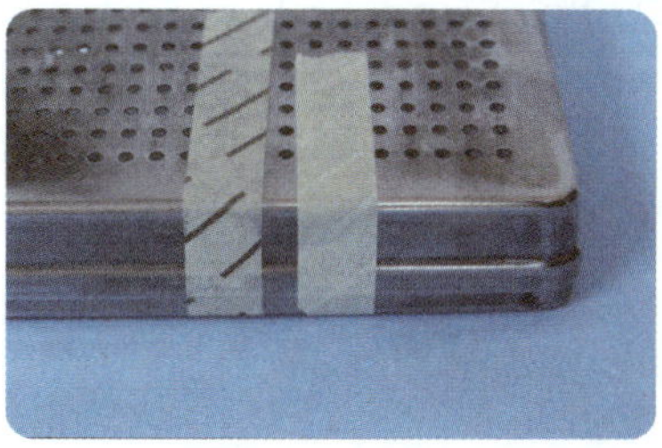

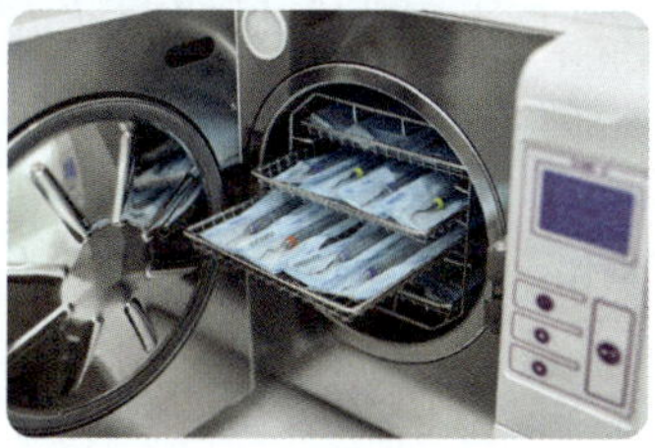

10 Aufbereitung von Medizinprodukten

Medizinprodukte werden in unterschiedliche Risikoklassen eingestuft. Stellen Sie aus den Satzteilen die jeweils richtige Definition der Risikoklasse zusammen.

krankhaft veränderter Haut • krankhaft veränderter Haut • erhöhte Anforderungen • erhöhte Anforderungen • inneren Geweben • inneren Geweben • unverletzter Haut • Blut • Blut • ohne besondere Anforderungen • ohne besondere Anforderungen • Wunden • Wunden • Schleimhaut • Schleimhaut • Schleimhaut • Schleimhaut • durchdringen Haut • durchdringen Haut

Unkritische Medizinprodukte	• kommen nur mit ____________ Haut in Kontakt.
Medizinprodukte **semikritsch A**	• kommen mit ____________ oder ____________ ____________ in Kontakt. • ____________ bei der Aufbereitung
Medizinprodukte **semikritsch B**	• kommen mit ____________ oder ____________ ____________, in Kontakt. • stellen ____________ bei der Aufbereitung.
Medizinprodukte **kritsch A**	• ____________ oder ____________, kommen in Kontakt mit ____________, ____________, ____________. • ____________ bei der Aufbereitung
Medizinprodukte **kritsch B**	• ____________ oder ____________, kommen in Kontakt mit ____________, ____________, ____________. • stellen ____________ bei der Aufbereitung.

Lernnotiz: Risikoeinstufung

Grundsätzlich lässt sich festhalten:

In die Kategorie A fallen Instrumente ____________ bei der Aufbereitung.

In die Kategorie B fallen Instrumente ____________, z. B.: ____________.

Kritische Instrumente werden immer ____________ sterilisiert.

Die Aufbereitung von Medizinprodukten erfolgt immer abgestimmt auf die zugeordnete Risikoklasse.
Entscheiden Sie, welche der nachstehenden Aufbereitungsschritte jeweils durchzuführen sind.

Sterilisation	Wannen-desinfektion	Verpackung	manuell
Reinigung und Desinfektion im RDG	Reinigung	Desinfektion manuell oder maschinell	

unkritische Instrumente

___

semikritische Instrumente

Variante 1

___

Variante 2

___

kritische Instrumente

___

Nennen Sie drei Behandlungen, für die sterile Instrumente benötigt werden.

___ ___ ___

Beurteilen Sie die nachstehenden Instrumente bezüglich ihrer Risikoklasse. Wenn keine besonderen Angaben gemacht werden, ist davon auszugehen, dass die Instrumente bestimmungsgemäß verwendet wurden.

1 unkritisch **2** semikritisch A **3** semikritisch B **4** kritisch A **5** kritisch B

☐ Grundbesteck, das beim Legen einer Füllung verwendet wurde

☐ Winkelstück, das beim Legen einer Füllung verwendet wurde

☐ Anmischspatel

☐ Heidemannspatel

1 unkritisch **2** semikritisch A **3** semikritisch B **4** kritisch A **5** kritisch B

☐ Sauger, der bei einer professionellen Zahnreinigung verwendet wurde

☐ Kürettenset bei einer Parodontalbehandlung

☐ Feilen zur Aufbereitung des Wurzelkanals

☐ Grundbesteck, das bei der operativen Entfernung eines Zahnes verwendet wurde

☐ chirurgischer Sauger

☐ Rosenbohrer zum Entfernen der Karies

☐ chirurgische Kugelfräse (sieht aus wie ein Rosenbohrer) zum Abtragen von Knochen

☐ Abformlöffel

☐ Aktivator für Glasionomerzement-Kapseln

☐ Winkelstück, das bei einer Wurzelspitzenresektion verwendet wurde

Was wird mittels Helix und Indikatorstreifen geprüft?

____

____

Wann ist die Überprüfung mittels Helix und Indikatorstreifen durchzuführen?

____

____

Aus Schülerarbeiten

Prüfungsfrage: Womit werden Instrumente sterilisiert?

____

____

____

Mit dem Autosklaven

11 Der Hygienekreislauf

Die Hygienekette umfasst je nach Risikoeinstufung der aufzubereitenden Instrumente mehrere Prozessschritte. Bringen Sie diese in die richtige Reihenfolge.

Transport • Verpackung • Freigabe und Dokumentation • Nutzung des Instrumentes • Vorbehandlung • Reinigung • Pflege und Instandsetzung • Lagerung • Sterilisation • Desinfektion • Prüfung auf Sauberkeit und Unversehrtheit • Funktionsprüfung

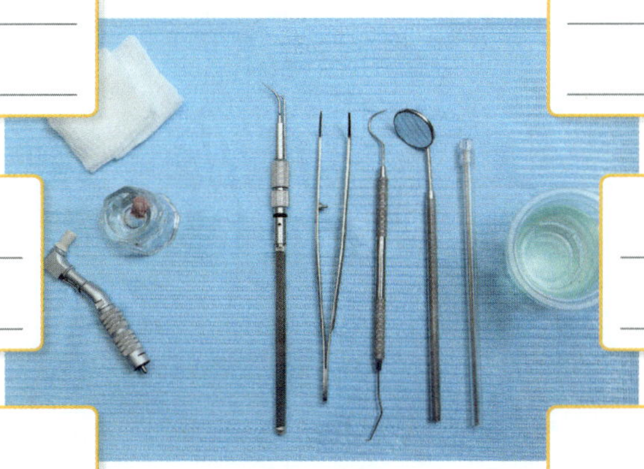

In der Aufbereitung von Medizinprodukten wird auch der Begriff „Kennzeichnung“ verwendet. Beschreiben Sie zwei Situationen, in denen eine Kennzeichnung erfolgt.

Lernnotiz: Verpackung von Sterilgut

Worauf ist bei der Verpackung von Instrumenten zu achten?

vor der Sterilisation	nach der Sterilisation

Wer darf aufbereitete Medizinprodukte freigeben?

- ☐ Zahnmedizinische Fachangestellte
- ☐ Personen mit Nachweis der erforderlichen Sachkunde
- ☐ Auszubildende im ersten Lehrjahr
- ☐ Auszubildende nach bestandener GAP I
- ☐ alle Mitarbeiter einer Zahnarztpraxis, die an der Hygieneunterweisung teilgenommen haben
- ☐ Sterilisationsassistenten

Was muss eine ZFA tun, bevor sie das RDG oder den Autoklaven ausräumt?

Wie ist vorzugehen, wenn die Lagerfrist eines verpackten Instrumentes abgelaufen ist?

Wie ist vorzugehen, wenn ein Instrument im Behandlungszimmer bereitgestellt, aber nicht benutzt wurde?

Worauf macht die nachstehende Abbildung aufmerksam? Erklären Sie den Sachverhalt.

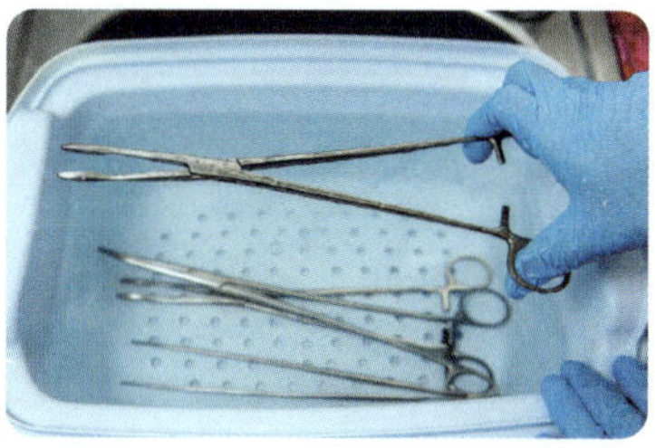

Nehmen Sie Stellung zu folgender Aussage:
„Thermodesinfektoren können anstelle von Sterilisatoren verwendet werden."

Zeichnen Sie den idealen Aufbereitungsraum unter hygienischen Gesichtspunkten. Bringen Sie in Ihrer Raumplanung folgende Arbeitsbereiche unter:

RDG	Verpackungsstation	Reinigungs- und Spülbecken
Autoklav	Freigabe und Chargendokumentation	Ultraschallgerät
Abfallentsorgung	Überprüfung auf Sauberkeit, Funktionstüchtigkeit und Pflege	Ablagefläche für Instrumententray

Kennzeichnen Sie in Ihrer Planung den reinen Abschnitt grün und den unreinen Abschnitt rot.

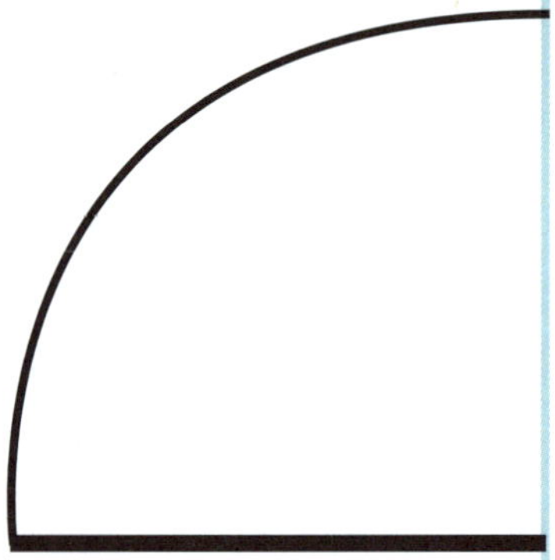

12 Der Hygieneplan

Was wird in einem Hygieneplan beschrieben und festgelegt?

Welche Aussagen zum Hygieneplan sind richtig? Kreuzen Sie an:

- ☐ Jede Zahnarztpraxis hat einen individuellen Hygieneplan.
- ☐ Der Hygieneplan muss für jede Mitarbeiterin immer einsehbar sein.
- ☐ Der Hygieneplan ist einmal im Kalenderjahr zu aktualisieren.
- ☐ Der Hygieneplan ist alle zwei Jahre zu aktualisieren.
- ☐ Der Hygieneplan ist der zuständigen BZK vorzulegen.
- ☐ Jeder medizinisch tätige Betrieb ist verpflichtet, einen Hygieneplan zu erstellen.
- ☐ Der Hygieneplan muss für Mitarbeiter und Patienten einsehbar sein.
- ☐ Im Hygieneplan ist der Name des Händedesinfektionsmittels eingetragen.
- ☐ Alle verwendeten Desinfektionsmittel und deren Einsatzbereich sind im Hygieneplan zu benennen.
- ☐ Der Hygieneplan ist nicht Teil des Praxis-Qualitätsmanagementsystems.
- ☐ Das Erstellungs- und Änderungsdatum ist im Hygieneplan einzutragen.

Lernnotiz: Vor- und Nachteile eines Hygieneplans

Welche Vorteile und welche Nachteile bringt ein Hygieneplan mit sich? Erstellen Sie eine Liste:

Vorteile	Nachteile

Hier gibt es Tipps zur Lösung

vel.plus/afzahn1-18

13 Gefahrstoffe

Welche Eigenschaften weisen Stoffe auf, die als Gefahrstoffe eingestuft wurden? Kreuzen Sie die zutreffenden Antworten an:

- ☐ sehr giftig
- ☐ giftig
- ☐ gesundheitsschädlich
- ☐ ätzend
- ☐ reizend
- ☐ sensibilisierend
- ☐ krebserzeugend
- ☐ fortpflanzungsgefährdend
- ☐ erbgutverändernd
- ☐ auf sonstige Weise chronisch schädigend
- ☐ explosionsgefährlich
- ☐ brandfördernd hochentzündlich
- ☐ leichtentzündlich
- ☐ entzündlich
- ☐ umweltgefährlich

Ordnen Sie den Begriffen die richtige Bedeutung zu.

ätzend	In Kontakt mit brennbaren Stoffen führt es zur Verstärkung eines Brandes.
erbgut-verändernd	kann sich bereits bei niedrigen Temperaturen selbst entzünden oder durch kurzzeitige Einwirkung von Feuer oder Funken in Brand geraten.
entzündbar	führt zu genetischen Änderungen und/oder genetischen Schädigungen
reizend	zerstört lebendes Gewebe, korrodiert feste Stoffe, hat eine zerfressende Wirkung
brand-fördernd	verursacht Entzündungen der Haut/Schleimhaut

Nennen Sie fünf unterschiedliche Produkte aus Ihrer Ausbildungspraxis, die mit mindestens einem Gefahrensymbol gekennzeichnet sind. Geben Sie jeweils auch die Verwendung des Produktes an.

Ihr Arbeitgeber informiert das Praxisteam über Gefahrstoffe, die im Praxisalltag zum Einsatz kommen, den richtigen Umgang damit und über geeignete Schutzmaßnahmen.
Kennen Sie Gefahrensymbole und deren Bedeutung? Ergänzen Sie die Tabelle.

Symbol	Bedeutung	Was ist im Umgang mit so gekennzeichneten Stoffen zu beachten.

Skizzieren Sie die Symbole für nachstehend beschriebene Gefahrstoffe.

	reizend gesundheitsschädlich	nicht einatmen, Berührung vermeiden
	entzündbar	Behälter dicht verschließen. Kontakt mit offenen Flammen, Wärmequellen vermeiden.
	gewässergefährdend	Entsorgungsvorschriften beachten. Nicht in den Abfluss, der Toilette oder den Boden entleeren.

Welche Aussagen zur Entsorgung von Abfällen sind für die Zahnarztpraxis zutreffend? Kreuzen Sie an:

☐ Die Entsorgung von Abfällen ist gesetzlich geregelt.

☐ Praxismüll wird in semikritisch und kritisch unterteilt.

☐ Benutzte Kanülen werden in durchstichsicheren Behältern in den Hausmüll entsorgt.

☐ Alle extrahierten Zähne können über den Hausmüll entsorgt werden.

☐ Extrahierte Zähne mit Amalgamfüllungen sind als gefährliche Abfallstoffe gesondert zu entsorgen.

☐ Benutzte Kanülen, spitze oder schneidende Gegenstände sind als Sondermüll zu entsorgen.

☐ Verbrauchte Röntgenchemikalien werden vom Hersteller zurückgenommen.

☐ Der Umgang mit Abfällen ist im Hygieneplan der Praxis dokumentiert.

Da schwirrt einem der Kopf ...
Was bedeuten die nachstehenden Abkürzungen?

DGHM

DAHZ

IfSG

RKI

PSA

MPDG

GefStoffV

VAH

PEP

Hier gibt es Tipps zur Lösung

vel.plus/afzahn1-21

WHO

RDG

FFP

Aus Schülerarbeiten

Prüfungsfrage: Geben Sie an, wie die Abkürzung RDG ausgeschrieben heißt.

Radio Desinfektions Gerät

14 Große Wiederholung der Fachbegriffe

aerob	
Aerosol	
Aids	
akut	
anaerob	
	Krankheitserreger, körperfremder Stoff
	körpereigener Abwehrstoff
	Desinfektion, Zustand der Keimarmut
	nicht krankmachend
	Keimfreiheit, Sterilität
aseptisch	
Autoklav	
bakteriostatisch	
bakterizid	
	langsam verlaufend, über lange Zeit andauernd
	Zustand der Keimarmut, Antisepsis
	Pilze abtötend
	Lehre von der Erhaltung und Förderung der Gesundheit
	Erzeugen einer Widerstandsfähigkeit, Impfung
Immunität	
Infektion	
Kokken	
Kontamination	
Mikroorganismus	
	durch einen Pilz ausgelöste Erkrankung
	Lebewesen
	Schmarotzer
	ein Lebewesen lebt auf Kosten/ zum Schaden eines anderen
	krankmachend

Pathologie	
perkutan	
Prophylaxe	
Rekonvaleszenz	
resistent	
	Widerstandsfähigkeit
	gleichzeitig
	keimfrei, aseptisch
	Lebensgemeinschaft zum gegenseitigen Nutzen
	Krankheitszeichen
thermisch	
Toxin	
Vakuum	
Virulenz	
viruzid	

Lernfeld 4 Kariestherapie begleiten

1 Zahn- und Gebissentwicklung

Vervollständigen Sie die Aussagen.

Hier gibt es Tipps zur Lösung

vel.plus/afzahn1-22

Der Zahndurchbruch wird mit dem Fachwort: ________________ bezeichnet.

Der Mensch hat __________ Dentitionen.

Zuerst bricht das ________________ durch.

Die darauffolgenden Zähne heißen ______________________________.

In der Zeit, in der sowohl Zähne der ersten Dentition als auch Zähne der zweiten Dentition nebeneinander im Mund vorhanden sind, spricht man vom ____________________.

Die Gebissentwicklung beginnt lange vor dem Zahndurchbruch. Wann genau beginnt die Gebissentwicklung?

____

____

In welchem Alter bricht der erste Zahn durch? Welcher Zahn ist das?

____

____

____

Bringen Sie die Entstehungsphasen eines Zahnes in die richtige Reihenfolge.

- [ ] Zahndurchbruch
- [ ] Ausbildung der Zahnanlagen
- [ ] Beginn der Wurzelbildung
- [ ] Reifung und abschließende Mineralisation
- [ ] Abschluss des Wurzelwachstums
- [ ] Entstehung der Zahnkrone

Wann brechen welche Milchzähne durch? Kennzeichnen Sie die Zähne in der Abbildung in den richtigen Farben, entsprechend ihren Durchbruchzeiten.

brechen ca. im 6. Lebensmonat durch.

brechen im 8.–12. Lebensmonat durch.

brechen im 12.–16. Lebensmonat durch.

brechen im 16.–20. Lebensmonat durch.

brechen im 20.–30. Lebensmonat durch.

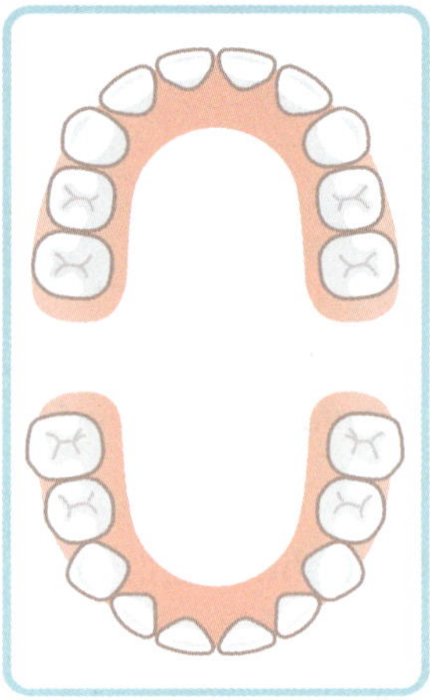

An welcher Stelle brechen die ersten bleibenden Zähne durch? Zeichnen Sie diese in der Abbildung rechts ein.

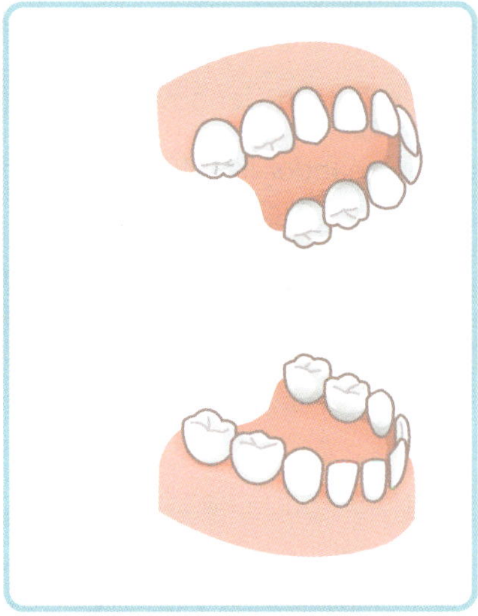

Benennen Sie die Zähne nach FDI-Schema.

____

Warum sind speziell diese Zähne stark kariesgefährdet?

- ☐ Der Durchbruch wird übersehen.
- ☐ Sie werden nicht als bleibende Zähne erkannt.
- ☐ Aufgrund ihrer Lage sind sie beim Putzen schwieriger zu erreichen.

Bringen Sie die Entwicklungsstadien des Milchgebisses in die richtige Reihenfolge. Notieren Sie für die erste und für die letzte Stufe jeweils auch das Alter des Kindes.

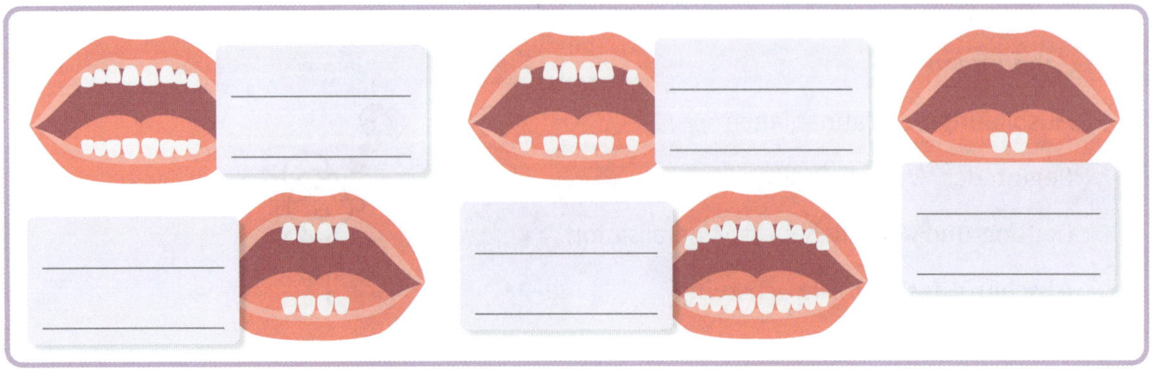

Ach so!

Resorption – beschreibt einen Vorgang im Körper, bei dem Stoffe aufgenommen oder im Körper aufgelöst werden.

In der Ausbildung wird einem dieser Begriff noch öfter begegnen, z. B. wenn über **Verdauung** und die Aufnahme der Nährstoffe gesprochen wird, oder **Rückbildung** der Milchzahnwurzeln oder als Bezeichnung einer bestimmten Art von **Nahtmaterial** in der Chirurgie, das nicht mehr entfernt werden muss, weil es vom Körper selbst aufgelöst wird.

Erklären Sie den Begriff „Wurzelresorption".

In welchem Alter beginnt die Resorption der Milchzahnwurzeln? Markieren Sie die korrekte Antwort.

- **3. Lebensjahr**
- **4. Lebensjahr**
- **5. Lebensjahr**
- **6. Lebensjahr**
- **7. Lebensjahr**

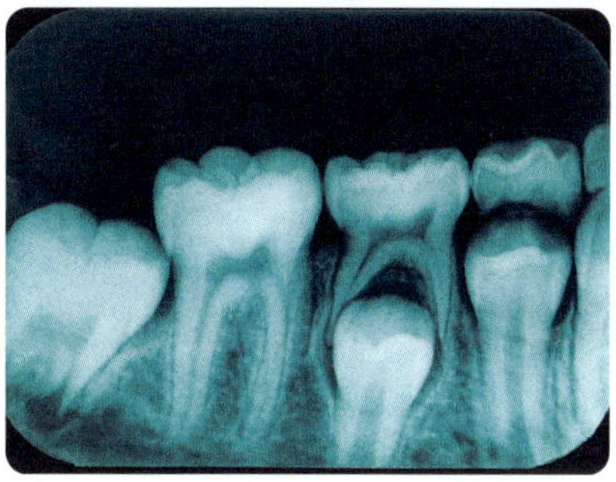

Ordnen Sie den bleibenden Zähnen ihre Durchbruchszeiten zu. Kennzeichnen Sie die Zähne in der passenden Farbe.

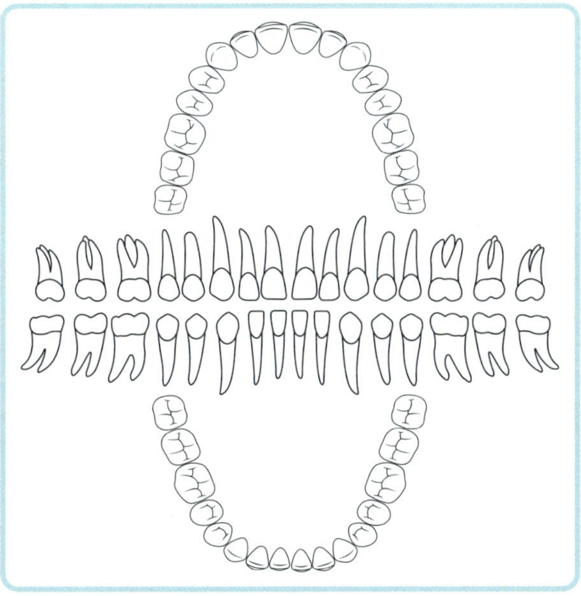

- **brechen im 6. Lebensjahr durch.**
- **brechen im 6.–8. Lebensjahr durch.**
- **brechen im 7.–9. Lebensjahr durch.**
- **brechen im 10.–12. Lebensjahr durch.**
- **brechen im 9.–12. Lebensjahr durch.**
- **brechen im 10.–12. Lebensjahr durch.**
- **brechen im 12.–13. Lebensjahr durch.**
- **brechen ab dem 16. Lebensjahr durch.**

Wie war das nochmal? Wie viele Wurzeln haben die nachfolgend aufgeführten Zähne?

- [ ] Schneidezähne
- [ ] Eckzähne
- [ ] OK – Milchmolaren
- [ ] UK – Milchmolaren
- [ ] OK-Molaren
- [ ] UK-Molaren

Ach so!

Alle bleibenden Zähne, die distal der Milchzähne durchbrechen, werden als **Zuwachszähne** bezeichnet.

Die bleibenden Zähne, die an Stelle der Milchzähne durchbrechen, werden **Ersatzzähne** genannt.

Kennzeichnen Sie die Ersatzzähne mit einem E und die Zuwachszähne mit einem Z.

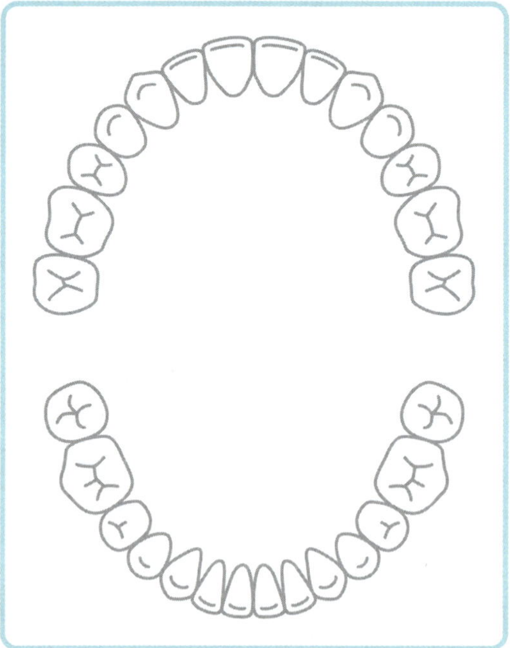

Benennen Sie alle Zuwachszähne nach dem FDI-Schema.

Welches sind Ersatzzähne? Kreuzen Sie die richtigen an.

☐ 18	☐ 17	☐ 16	☐ 15	☐ 14	☐ 13	☐ 12	☐ 11
☐ 28	☐ 27	☐ 26	☐ 25	☐ 24	☐ 23	☐ 22	☐ 21
☐ 38	☐ 37	☐ 36	☐ 35	☐ 34	☐ 33	☐ 32	☐ 31
☐ 48	☐ 47	☐ 46	☐ 45	☐ 44	☐ 43	☐ 42	☐ 41

Welche Zähne sind nur im bleibenden Gebiss vorhanden und kommen im Milchgebiss nicht vor?

____

Lernnotiz: Milchzähne und bleibende Zähne

Vervollständigen Sie die Tabelle

Milchzähne	Bleibende Zähne
Die ersten Milchzähne brechen durch im Alter von ca. ______________ Monaten.	Die ersten bleibenden Zähne brechen durch im Alter von ______________ Jahren.
Die ersten Milchzähne, die durchbrechen, sind in der Regel die ______________ ______________ im ______________.	Die ersten bleibenden Zähne, die durchbrechen, sind die ______________ ______________ im ______________.
Der Durchbruch der Milchzähne ist im Alter von ca. ______________ Jahren abgeschlossen.	Das bleibende Gebiss, ausgenommen die Weisheitszähne, ist vollständig durchgebrochen etwa im Alter von ______________ Jahren.

Was wurde in der Abbildung rechts fehlerhaft dargestellt? Finden Sie den Fehler?

Schlau wie Einstein

____

____

____

____

____

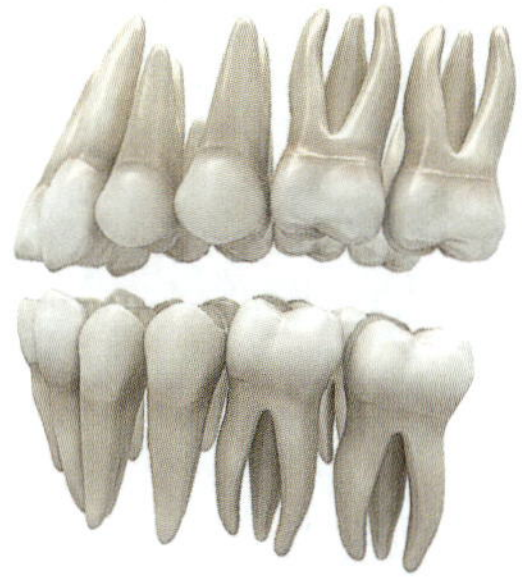

2 Der innere Aufbau der Zähne

Vervollständigen Sie den Lückentext.

Zahnschmelz ist die äußere Schicht im Bereich der ______________. Der Zahnschmelz besteht aus Hydroxylapatit, welches in Form von sechskantigen ____________ angeordnet ist. Die Schmelzschicht ist ____________ bzw. ____________ besonders dick. Am ______________ läuft die Schmelzschicht dünn aus.

Das Cementum befindet sich als sehr ____________ äußere Schicht im Bereich der ______________.

Unterhalb von Schmelz und Wurzelzement liegt das ____________. Es stellt die Hauptmasse eines Zahnes dar und wird komplett von ______________ durchzogen.

Die __________ ist Weichgewebe und befindet sich im ____________ des Zahnes, in der sogenannten ________________, die von __________ umgeben ist.

Stellen Sie die Informationen aus der Aufgabe 1 zeichnerisch dar. Folgen Sie den Anweisungen in den nachstehenden Tabellenfeldern. Zeichnen Sie jeweils die Lage und die Ausdehnung der einzelnen Zahngewebe.

Wo befindet sich der Zahnschmelz? Zeichnen Sie in dieser Abbildung die Lage und die Ausdehnung des Zahnschmelzes ein. 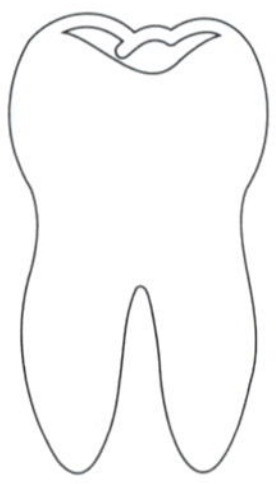	**Wo befindet sich die Pulpa?** Zeichnen Sie in dieser Abbildung die Lage und die Ausdehnung der Pulpa ein. 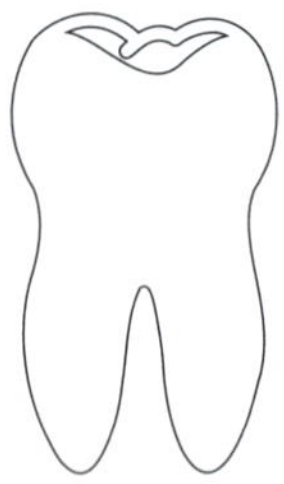
Wo befindet sich das Dentin? Zeichnen Sie in dieser Abbildung die Lage und die Ausdehnung des Dentins ein. 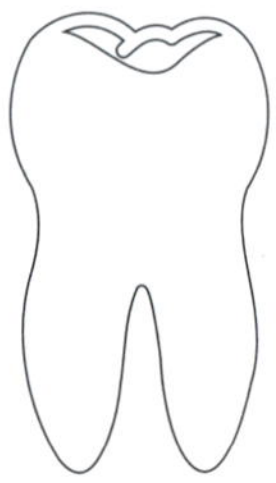	**Wo befindet sich das Wurzelzement?** Zeichnen Sie in dieser Abbildung die Lage und die Ausdehnung des Wurzelzementes ein. 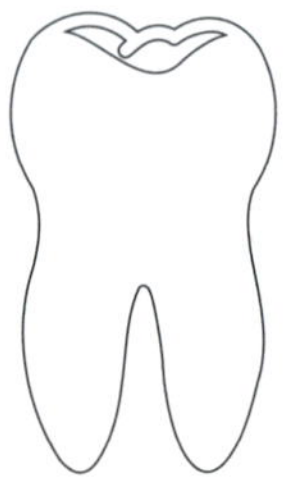

Wissens-Check

Welche Aussagen zur Zahn-Anatomie sind richtig, welche falsch? Kreuzen Sie an:

Aussage		
Die Schmelzschicht ist am Zahnhals besonders dünn.		
Wurzelzement ist weicher als Schmelz, aber härter als Dentin.		
Schmelz besteht zu 99 % aus Mineralien.		
Hydroxylapatit ist im Schmelz in Form von sechskantigen Kristallprismen angelegt.		
Wurzelzement befindet sich nur im Bereich der Zahnwurzel und kann zeitlebens nachgebildet werden.		
Dentin befindet sich nur im Bereich der Krone.		
Die Fortsätze der Odontoblasten werden Tomes-Fasern genannt.		
Pulpa und Dentin bilden zusammen das Endodont.		
Schmelz ist die zweithärteste Körpersubstanz.		
Wurzelzement hat von der Masse her den kleinsten Anteil am Zahn.		
Im Wurzelzement sind die Sharpey-Fasern eingewachsen.		
Dentin enthält mehr anorganische Substanz als Schmelz.		
Tomes-Fasern befinden sich in den Dentintubuli.		
Sharpey-Fasern befinden sich im Parodontalspalt.		

Erstellen Sie eine eigene Zeichnung von einem Molaren oder einem Prämolaren. Verdeutlichen Sie in der Zeichnung den inneren Aufbau eines Zahnes.

a) Zeichnen Sie die einzelnen Zahngewebe in unterschiedlichen Farben ein.
b) Verdeutlichen Sie die Lage und die Ausdehnung der einzelnen Zahngewebe.
c) Beschriften Sie jede einzelne Zahnsubstanz mit der deutschen Bezeichnung und dem Fachbegriff.

Überprüfen Sie, ob in Ihrer Zeichnung alle Angaben aus vorangegangenen Lückentext-Aufgabe erkennbar dargestellt wurden.

Ordnen Sie die Begriffe den richtigen Zahnsubstanzen zu.

Nervenfasern • Tomesfasern • Tubuli • Cementoblasten • Hörner • Odontoblasten • Pulpa • Bindegewebe • Dentin • Hydroxylapatit • Sharpey-Fasern • Blutgefäße • Liquor • anorganische Substanz • Lymphgefäße • Prismen

Zahnschmelz	Zahnbein	Wurzelelement	Zahnmark

Die Abbildungen aus dem Heft Ihrer Kollegin sind leider auf Englisch. Tragen Sie die deutschen Bezeichnungen darunter oder daneben ein.

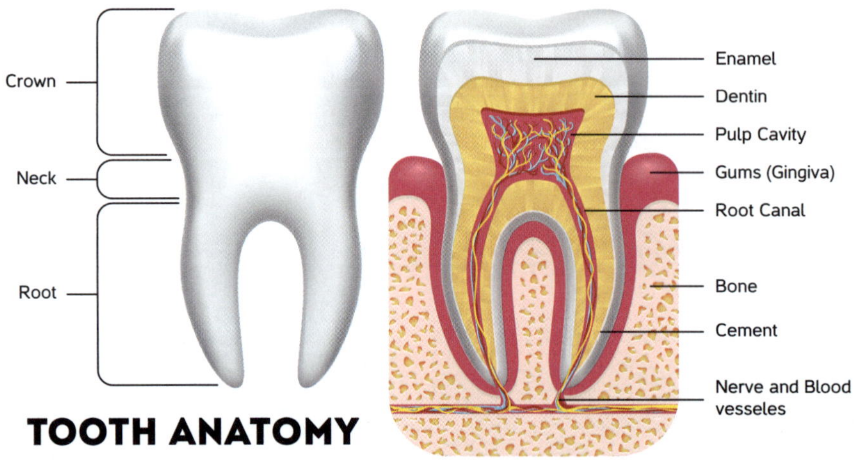

Ordnen Sie zu:

Ameloblasten bilden	**Dentin**
Odontoblasten bilden	**Pulpa**
Zementoblasten bilden	**Wurzelzement**
Fibroblasten bilden	**Schmelz**

Was trifft zu? Kreuzen Sie die richtigen Antworten an.

- ☐ Die Pulpa zählt zu den Zahnhartgeweben.
- ☐ Die Pulpa verträgt erhöhte Temperaturen sehr schlecht.
- ☐ Die Pulpa steht in direktem Kontakt zu Schmelz und Wurzelzement.
- ☐ Die Pulpa wird von Dentin umgeben.
- ☐ Die Pulpa wird mit zunehmendem Alter kleiner.

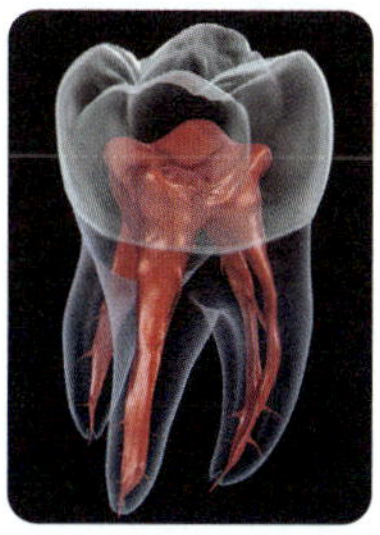

Was ist nicht Bestandteil der Pulpa?

- ☐ Blutgefäße
- ☐ Lymphgefäße
- ☐ Nervenfasern
- ☐ Ameloblasten
- ☐ Odontoblasten
- ☐ Bindegewebe
- ☐ Hydroxylapatit

Wie lautet die Fachbezeichnung?

Dentin, das nach Abschluss des Wurzelwachstums gebildet wird.

____

Dentin, das während der Zahnentwicklung entsteht.

____

Dentin, das als Reaktion auf einen schädigenden Einfluss entsteht.

____

Vokabeltraining

Tragen Sie in den Feldern die Übersetzung der rechts genannten Begriffe ein. Das Lösungswort bezeichnet einen Teilbereich der Medizin.

1. knöchernes Zahnfach
2. Parodontium
3. mineralisch, nicht belebt
4. Tertiärdentin
5. Pulpahöhle
6. Dentin bildende Zellen
7. Dentinkanälchen
8. Zellen, die Gewebe abbauen
9. Wurzelspitzenloch
10. Schmelz bildende Zellen

Lehre von den Geweben des Körpers

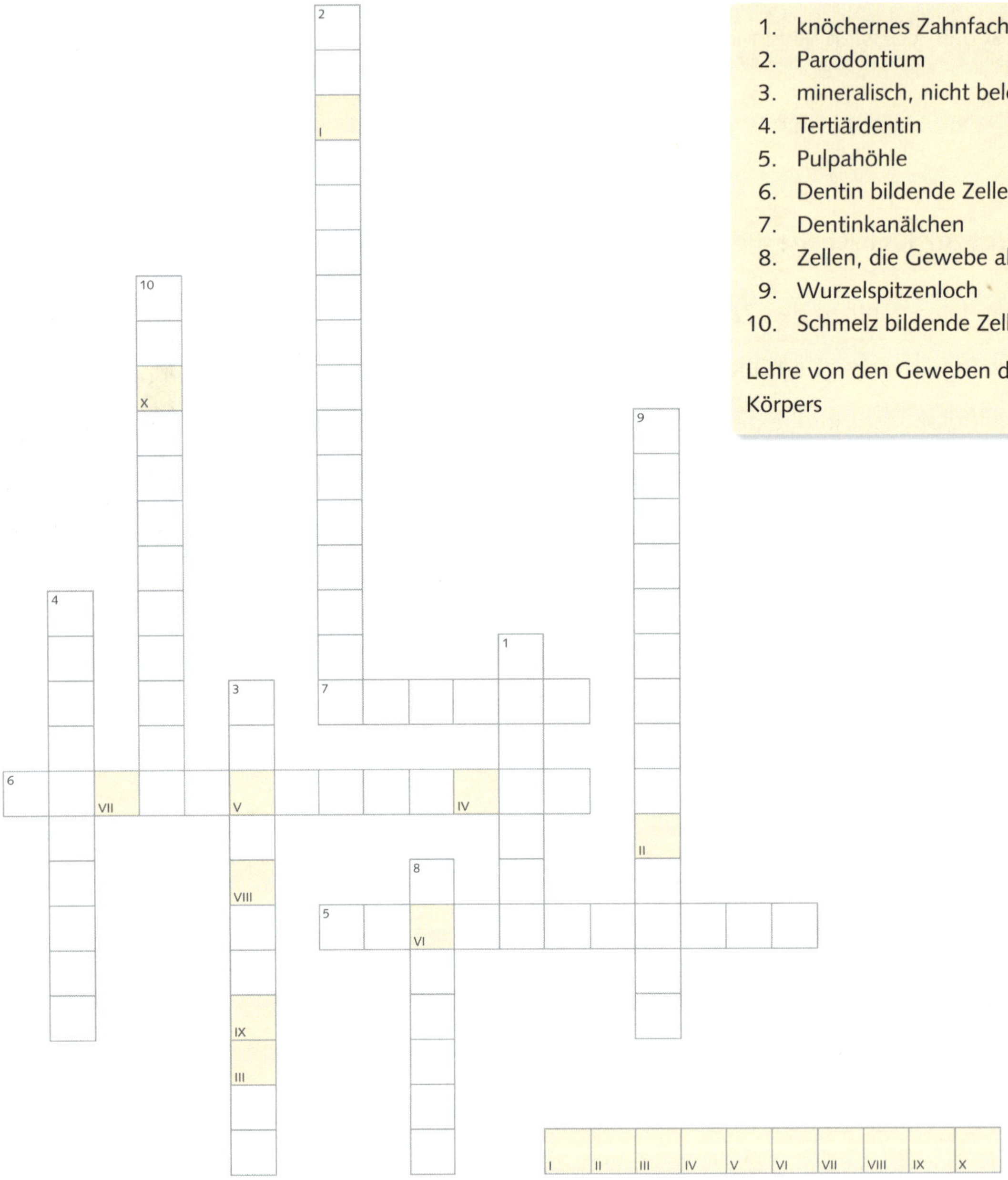

3 Schädigungen der Zahnhartsubstanz

Zahnschäden können auf unterschiedliche Ursachen zurückgeführt werden. Ordnen Sie richtig zu und vervollständigen Sie die Bezeichnungen:

E __ __ S __ __ N	Zahnfäule, Zerstörung der Zahnhartsubstanz durch Säure aus dem bakteriellen Stoffwechsel.
__ __ __ __ M A	Verlust von Zahnhartsubstanz durch mechanischen Abrieb.
A T T __ __ __ __ __ __	Verlust von Zahnhartsubstanz verursacht durch Säureeinwirkung ohne bakterielle Beteiligung.
__ A __ I __ __	Abrieb von Zahnhartsubstanz durch Pressen oder Knirschen.
__ __ __ __ S I O __	Verlust von Zahnhartsubstanz durch Gewalteinwirkung.

Nice to know

Der **pH-Wert** gibt an, ob eine wässrige Lösung **sauer** oder **basisch (alkalisch)** ist.

pH steht für „potentia hydrogenii"
potentia = Kraft Hydrogenium = Wasserstoff
Anders erklärt: Der pH-Wert beschreibt, wie aktiv die Wasserstoffionen in einer Lösung sind.

Der pH-Wert lässt sich recht einfach mittels **Indikatorpapier** feststellen.
Bringt man das Indikatorpapier in Kontakt mit einer Lösung, verändert sich die Farbe des Teststreifens. Anhand einer Farbskala kann man nun den pH-Wert der getesteten Lösung ermitteln.

Die Skala geht von 1–14. Als **neutral**, also weder sauer noch alkalisch ist der mittlere Wert **7**. Der saure Bereich liegt unterhalb von 7, alles darüber ist basisch.

Der pH-Wert sagt auch etwas darüber aus, wie stark oder schwach eine Lösung ist. **Je weiter weg der pH-Wert von 7** liegt, **desto stärker** ist die betreffende **Säure** oder **Base**

Damit Vorgänge im menschlichen Körper richtig funktionieren, sind bestimmte pH-Bereiche optimal.

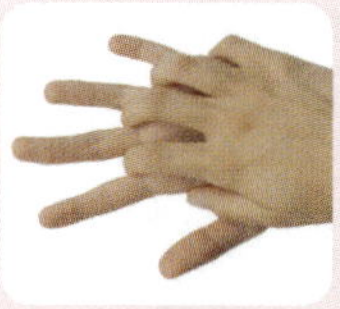

Diese können, je nach Körperregion, sehr unterschiedlich ausfallen. Während auf der **Haut** ein **leicht saurer pH-Wert** von etwa **5,5** herrscht, sind im Magen Werte von 1–2 normal, Blut hat einen pH-Wert von ca. 7,4.

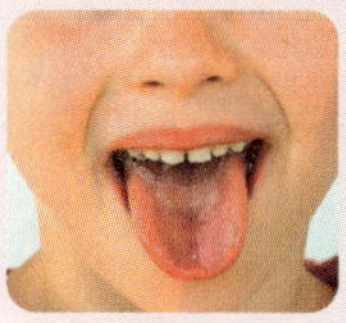

Der pH-Wert des **Mundspeichels** schwankt und liegt zwischen **6,5–7,4**.

Kennzeichnen Sie auf der Skala: <u>neutral</u>, <u>sauer</u> und <u>basisch</u>. Notieren Sie dabei auch die genauen pH-Werte.

Welche Aussagen zur Demineralisation sind zutreffend? Kreuzen Sie die richtigen Antworten an.

☐ Demineralisation ist der Einbau von Kalzium und Phosphat in den Zahn.

☐ Demineralisation ist der Abbau von Kalzium und Phosphat aus dem Zahn.

☐ Demineralisation ist eine Schädigung der Zahnhartsubstanz.

☐ Demineralisation ist das Herauslösen von Mineralien aus Schmelz, Dentin oder Wurzelzement.

☐ Säuren verursachen eine Demineralisation.

☐ Säuren verursachen eine Remineralisation.

Wann findet Demineralisation in der Mundhöhle statt? Wie ist zu diesem Zeitpunkt der pH-Wert?

____

____

____

Schmelz wird demineralisiert, wenn der pH-Wert unter __________ liegt.

Dentin wird demineralisiert, wenn der pH-Wert unter __________ liegt.

Wann ist der pH-Wert im Mund sauer? Nennen Sie zwei Beispiele aus dem Alltag.

____

____

____

____

Welche der abgebildeten Lebensmittel/Getränke haben aus zahngesundheitlicher Sicht einen problematischen pH-Wert? Kreuzen Sie diese an.

☐ 

☐ 

☐ 

☐ 

☐ 

☐ 

☐ 

Joghurt gehört mit einem pH-Wert von ca. 4 zu den sauren Lebensmitteln. Warum wird beim Verzehr dennoch keine Demineralisation der Zahnsubstanz hervorgerufen?

- ☐ Das enthaltene Fett legt sich wie ein Schutzfilm um den Zahn.
- ☐ Der hohe Kalziumanteil sorgt zugleich für einen Mineralüberschuss im Mund.
- ☐ Joghurt verbleibt viel zu kurz im Mund, als dass Schäden entstehen könnten.
- ☐ Die in Milchprodukten enthaltenen Proteine wirken antibakteriell.

Kreuzen Sie die richtigen Aussagen an und berichtigen Sie die falschen.

- ☐ Säuren remineralisieren den Zahnschmelz.
- ☐ Während und unmittelbar nach dem Essen sinkt der pH-Wert im Mund.
- ☐ Während und unmittelbar nach dem Essen steigt der pH-Wert im Mund.
- ☐ Säuren demineralisieren die Zahnhartsubstanz.
- ☐ Remineralisation findet statt, wenn der pH-Wert im Mund bei 4 liegt.
- ☐ Speichel führt zur Demineralisation der Zähne.
- ☐ Säuren greifen die Hydroxylapatit-Kristalle an.
- ☐ Das Kauen von zuckerfreiem Kaugummi nach einer Mahlzeit ist nicht zu empfehlen.
- ☐ Sind die Zähne nur kurze Zeit der Demineralisation ausgesetzt, entstehen keine Schäden.

Vokabeltraining

Vervollständigen Sie die Tabelle.

	Fachbegriff	Wortbedeutung	Welcher Begriff bezeichnet das Gegenteil?
1.	**vital**		
2.	**anorganisch**		
3.	**reversibel**		
4.	**kariogen**		
5.	**exogen**		
6.	**Hypodontie**		
7.	**Mikrodontie**		
8.	**Mineralisation**		

Schutzfaktor Speichel

Ach so!

Speichel spielt eine sehr wichtige Rolle für die Zahngesundheit. Frischen Sie Ihre Kenntnisse zu diesem Thema auf und nutzen Sie dafür Ihr Lehrbuch.

Die passenden Stellen in einem Lehrbuch finden Sie am schnellsten, wenn Sie den Begriff „Speichel" im **Sachwortverzeichnis** am Ende des Buches suchen.

Das **Sachwortverzeichnis**, auch **Stichwortverzeichnis** genannt, ist alphabetisch geordnet.

Vervollständigen Sie den Lückentext.

Speichel ist ein Körper-**S** ___ **k** ___ ___ ___, welches eine wichtige schützende Wirkung auf Zähne und Mundhöhle hat. Durch seinen Mineraliengehalt kann Speichel in gewissem Umfang Schäden, die durch Demineralisation entstehen, wieder ___ ___ **p a** ___ ___ ___ ___ **e n**. Diesen Vorgang nennt man ___ ___ ___ ___ ___ ___ ___ ___ ___ ___ ___ ___ ___ ___ ___ ___, er kann erst dann stattfinden, wenn der pH-Wert im Mund wieder ___ ___ **u** ___ ___ ___ ___ ist. Auch diesbezüglich erfüllt Speichel eine wichtige Rolle. Inhaltsstoffe im Speichel können

Säuren **n** __ __ **t** __ __ __ __ **s** __ __ __ __ __, auch __ __ **ff** __ __ __ genannt, und somit den sauren pH-Wert ausgleichen. Speichel hilft die Mundhöhle __ __ __ __ __ __ zu halten und **s** __ __ __ __ verbliebene Speisereste weg. Speichel hält Zähne und Mundschleimhaut __ __ **u** __ __ __.

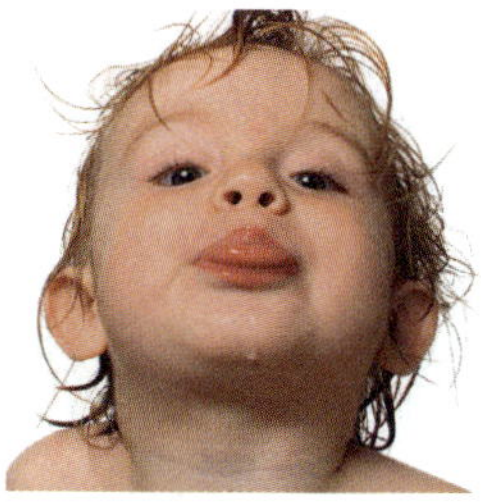

Welche Aussagen sind richtig? Kreuzen Sie an.

- [ ] Im Speichel sind gelöste Mineralien enthalten.
- [ ] Der Speichel im Mund enthält Bakterien.
- [ ] Speichel enthält antibakterielle Substanzen.
- [ ] Im Speichel ist das Verdauungsenzym Pepsin enthalten.
- [ ] Vermehrter Speichelfluss wird Xerostomie genannt.
- [ ] Schon der Gedanke an Nahrung kann die Speichelproduktion anregen.
- [ ] Eine herabgesetzte Speichelmenge in der Mundhöhle ist schädlich für die Zähne.
- [ ] Verminderten Speichelfluss bezeichnet man als Hypersalivation.

Wissens-Check

Welche Aussagen über Speichel treffen zu, welche nicht? Kreuzen Sie an.

	Aussage	😊	☹
1.	Die Unterzungenspeicheldrüse hat mehrere Ausführungsgänge.		
2.	Die Unterkieferspeicheldrüse hat mehrere Ausführungsgänge.		
3.	Die Ohrspeicheldrüse ist die zweitgrößte Speicheldrüse.		
4.	Der Speichelfluss steigt bei Stress.		
5.	Der Speichelfluss sinkt bei Müdigkeit.		
6.	Der Speichelfluss steigt bei Berührung.		
7.	Der Speichelfluss steigt bei Kaureizen.		
8.	Der Mensch hat insgesamt: ☐ 4 ☐ 6 ☐ mehr als 6 Speicheldrüsen	richtige Antwort bitte ankreuzen	
9.	Speichel besteht zu 90 % aus Wasser.		
10.	Die Speichelmenge eines Erwachsenen beträgt 0,5–1,5 l pro Woche.		
11.	Der Speichel hat einen pH-Wert von ca. 5,0.		
12.	Mundtrockenheit verursacht Mundgeruch.		

4 Karies

Vervollständigen Sie die Grafik, indem Sie die Hauptfaktoren bei der Entstehung von Karies benennen.

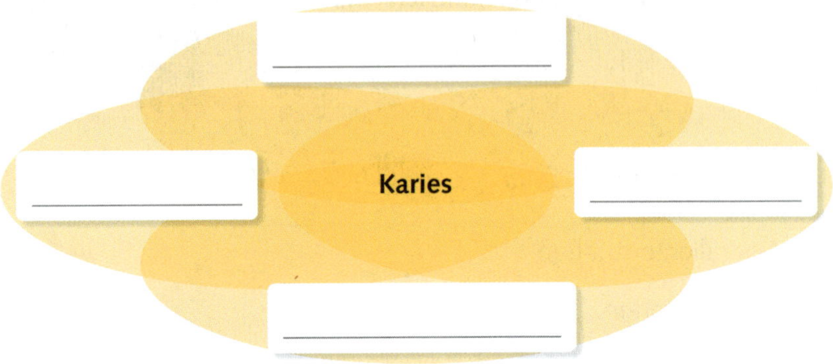

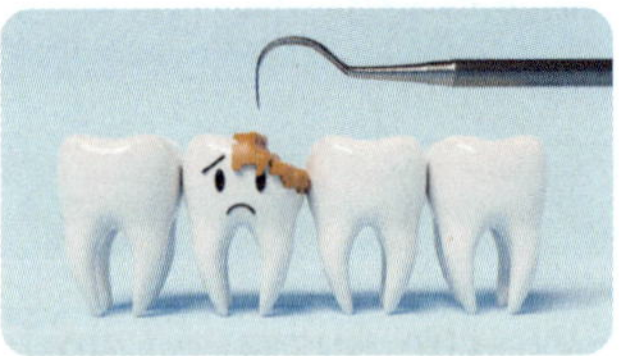

Belag auf der Zahnoberfläche verändert sich mit der Zeit. Bringen Sie die unterschiedlichen Beläge in die Reihenfolge ihrer Entstehung.

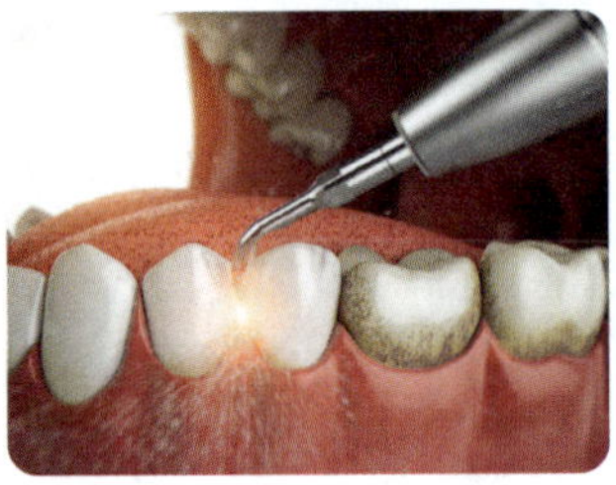

Zahnstein

Plaque

Speisereste

Materia alba

Pellikel

______ ➤ ______ ➤ ______ ➤ ______ ➤ ______

Lernnotiz: Karies

Vervollständigen Sie den Text und verwenden dabei die nachstehenden Begriffe:

Säure • Erkrankung • längere • Entkalkung • Speisereste • Mikroorganismen • Säure • Zahnhartsubstanz • zuckerhaltige • Zeit • Säure

Karies
Karies ist eine ____________ der ____________.
Karies entsteht, wenn ____________ ____________ für ____________ auf dem Zahn verbleiben.
____________ in der Mundhöhle, zersetzen den Zucker aus den Speiseresten zu ____________. Diese ____________ verursacht eine ____________ der Zahnhartsubstanz.

Welche Aussagen sind richtig? Kreuzen Sie an.

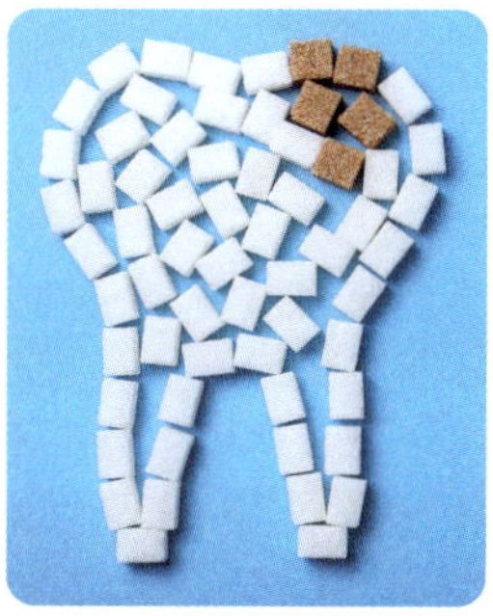

- ☐ Zucker ist immer schädlich für die Zähne.
- ☐ Werden nach dem Konsum von Süßigkeiten die Zähne gründlich geputzt, entsteht keine Karies.
- ☐ Zuckeraustauschstoffe sind nicht Karies verursachend.
- ☐ Süßstoffe sind Karies fördernd.
- ☐ Zucker ist nicht schädlich für die Zähne, wenn er in kleinen Mengen, z. B. ein Gummibärchen, verzehrt wird.
- ☐ Häufiges Naschen von Süßigkeiten ist Karies verursachend.
- ☐ Zucker ist schädlich für die Zähne, wenn er längere Zeit dort verbleibt.
- ☐ Einfach-, Zweifach- und Mehrfachzucker sind im gleichen Maß Karies verursachend.

Ach so!

Achtung Verwechslungsgefahr! Klingen ähnlich, haben unterschiedliche Bedeutungen.

Saccharide – Oberbegriff für alle Arten von Zucker

Saccharose – Bezeichnung für den Haushaltszucker, eine Zuckerart, die zu den Zweifachzuckern zählt

Ordnen Sie den Fachbegriffen die richtige Bedeutung zu.

Disaccharide	Mehrfachzucker
Cellulose	Traubenzucker
Laktose	Zucker, die aus einem Molekül bestehen
Glukose	Rüben- oder Rohrzucker
Polysaccharide	Zweifachzucker
Monosaccharide	Mehrfachzucker, pflanzliche Stärke
Saccharose	Milchzucker

Kennen Sie sich mit Zucker aus? Kennzeichnen Sie alle Wolken mit Zweifachzucker mit Rot und alle Wolken mit Zuckeraustauschstoffen mit Grün.

Buchstabensalat, hier ist etwas durcheinandergeraten. Stellen Sie richtig:

Die beiden Karies verursachenden Bakterien sind:

jskkuS tttkoanemupso	solalbziatkLu
______________________	______________________
______________________	______________________
______________________	______________________

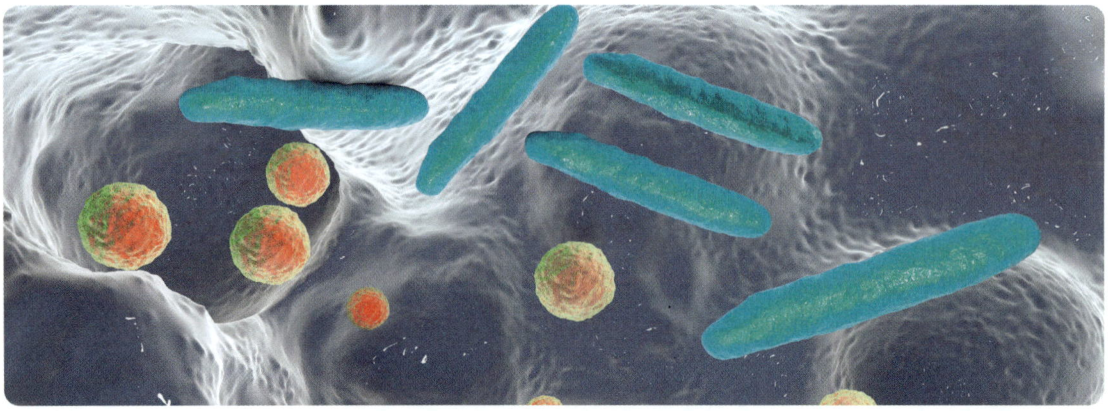

Kennzeichnen Sie mittels eines Pfeiles das jeweilige Bakterium in der Abbildung. Erklären Sie, woran Sie diese erkannt haben?

Beurteilen Sie die nachstehend aufgezählten Umstände und entscheiden Sie, ob diese das Kariesgeschehen begünstigen oder nicht. Begründen Sie jeweils Ihre Entscheidung.

Aussage	Karies fördernd oder nicht? JA/NEIN	Erklärung
Müsliriegel als kleine Zwischenmahlzeit		
Kauen von zuckerfreiem Kaugummi		
Verminderter Speichelfluss		
Tiefe Fissuren in den Molaren		
Limonaden und Energydrinks		
Zähne einmal täglich putzen		
Verwenden einer fluoridhaltigen Zahnpasta		

Das muss eine ZFA wissen! Vervollständigen Sie den Lückentext, einige Hinweise finden Sie in den Abbildungen.

Plaque ist ein ______________, und ________________ Zahnbelag.

Plaque besteht zu einem großen Anteil aus ________________.

Plaque ist ____________________. 

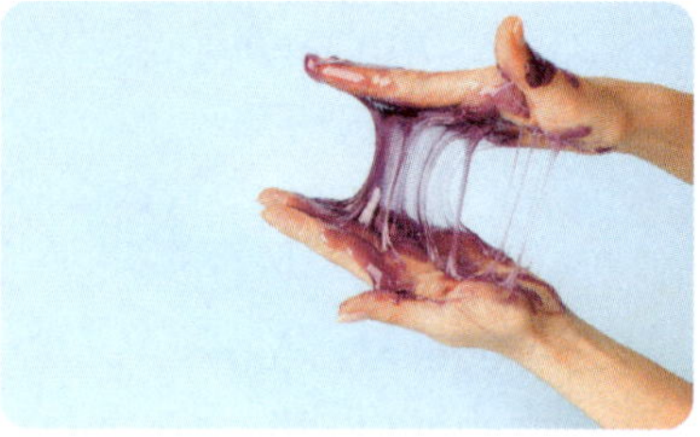

Wie gut kennen Sie sich mit Karies verursachenden Mikroorganismen aus? Vervollständigen Sie das Mindmap.

Hier gibt es Tipps zur Lösung

vel.plus/afzahn1-26

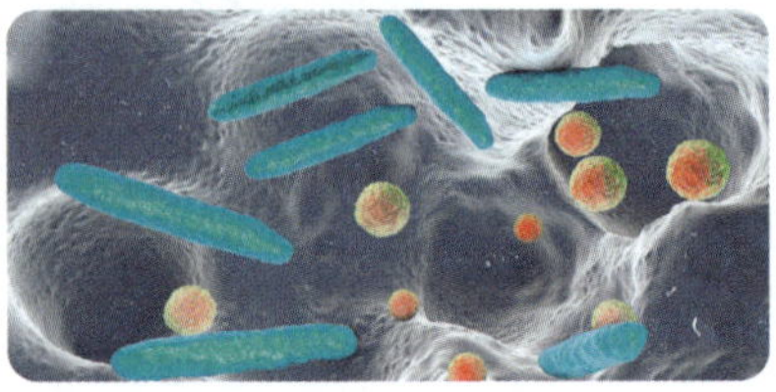

Karies verursachende Bakterien

Allgemeine Eigenschaften

____
____
____
____
____
____

Spezifische Eigenschaften

____
____
____
____
____
____
____

Hauptvertreter

____
____
____

Bekämpfung

____
____
____

Kariesverlauf

Vervollständigen Sie den Lückentext.

Karies entsteht bevorzugt an Stellen, an denen sich **P** ___ ___ **q** ___ ___ ansammeln kann und schwer zu entfernen ist. Man bezeichnet diese als **P** ___ **ä** ___ ___ ___ ___ **k** ___ ___ ___ ___ ___-Stellen.

Zeichnen Sie drei dieser Stellen in der Abbildung rechts ein und benennen Sie diese.

____

____

____

____

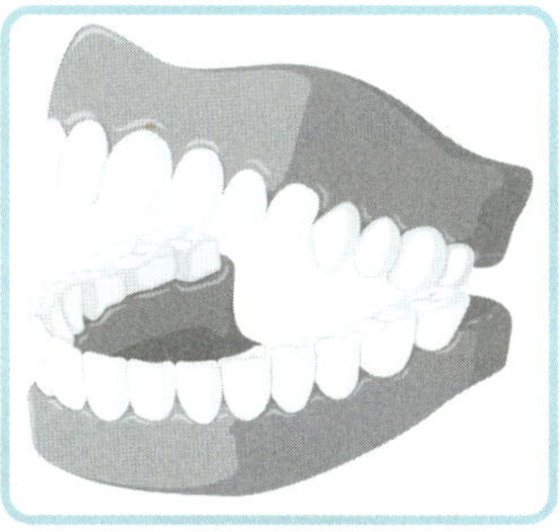

Benennen Sie weitere Stellen im Gebiss, die anfällig für Karies sind und die auf der Zeichnung oben nicht dargestellt werden.

____

____

Vervollständigen Sie den Lückentext.

Die Bakterien im **Z** ___ ___ ___ **b** ___ ___ ___ ___ verstoffwechseln ___ ___ ___ ___ ___ ___ aus der Nahrung und bilden dabei ___ **ä** ___ ___ ___ ___.
Diese **d** ___ **m** ___ **n** ___ ___ ___ ___ ___ ___ ___ ___ ___ ___ ___ die Zahnsubstanz.

Bringen Sie die Stadien des Kariesverlaufs in die richtigen Reihenfolge.

- [ ] Dentinkaries
- [ ] tiefe Karies
- [ ] Kreidefleck
- [ ] Schmelzkaries

Benennen Sie die Stadien des Kariesverlaufs mit dem Fachwort und zeichnen Sie in den nachstehenden Abbildungen jeweils die Ausdehnung der Karies ein. Verdeutlichen Sie dabei, welche Zahnsubstanzen in den einzelnen Stadien jeweils betroffen sind.

Hier gibt es Tipps zur Lösung

vel.plus/afzahn1-27

1

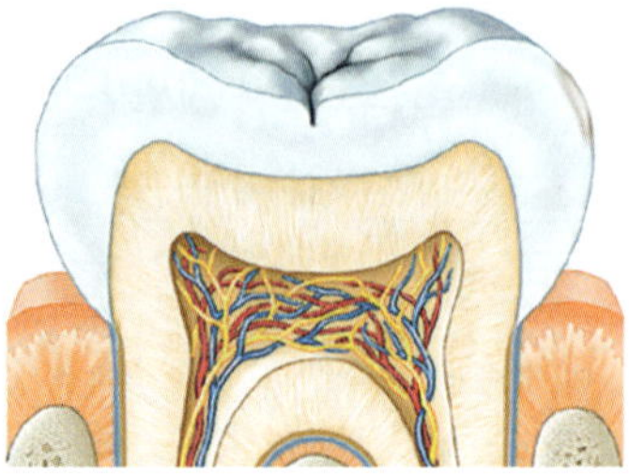

____

2

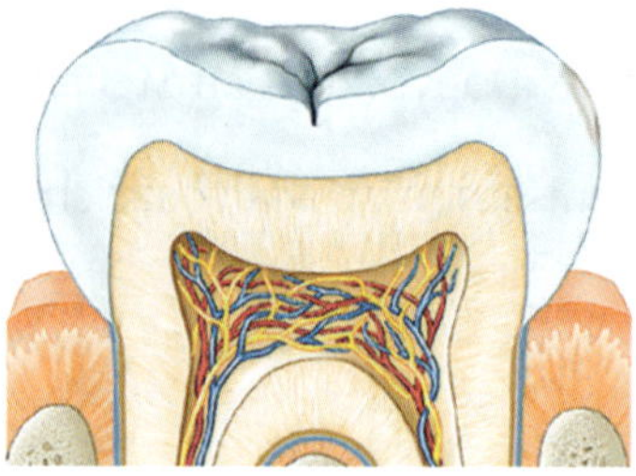

____

3

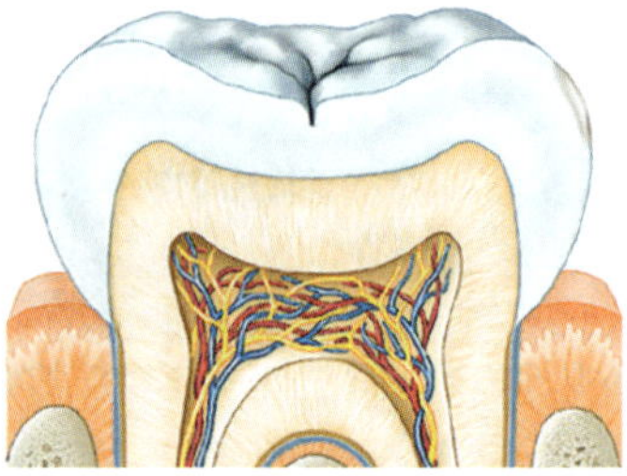

____

4

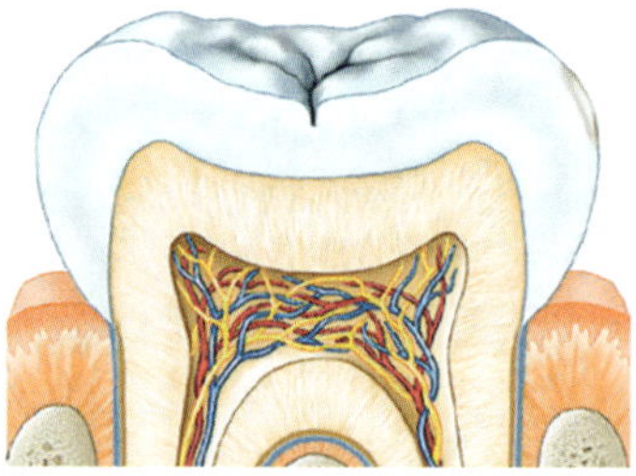

____

Wissens-Check

Richtig oder falsch? Welche Aussagen treffen zu? Kreuzen Sie an.

	Aussage		
1.	Schmelzkaries verursacht keine Schmerzen.		
2.	Bei einer mittleren Dentinkaries ist kein Loch in der Zahnoberfläche festzustellen.		
3.	Caries initialis ist umkehrbar, kann ausheilen.		
4.	Bei einer tiefen Dentinkaries hat sich die Zerstörung im Schmelz und im Dentin ausgebreitet.		
5.	Eine mittlere Dentinkaries kann therapiert werden.		
6.	Caries superficialis kann durch Remineralisation zurückgehen.		
7.	Empfindlichkeiten und Schmerzen treten auf, wenn das Dentin beteiligt ist.		
8.	Empfindlichkeiten und Schmerzen treten in allen Kariesstadien auf.		
9.	Eine aktive Karies ist immer von Plaque überzogen.		
10.	Der matte weißliche Fleck ist das zweite Stadium einer Karies.		

11.	Karies breitet sich im Schmelz viel schneller aus als im Dentin.		
12.	Bei einer Caries profunda ist die Pulpa kariös.		
13.	Kariöse Stellen fühlen sich beim Sondieren hart und rau an.		
14.	Gesunder Zahnschmelz ist glänzend und nicht matt.		

Vokabeltraining

Finden Sie die Wörter mit gleicher Bedeutung und tragen Sie diese unten ein.

Haushaltszucker	pathogen	Monosaccharide	Zucker
Zweifachzucker	Karies	Saccharide	Disaccharide
Zahnfäule	Saccharose	Sekret	Kohlenhydrate
kariogen	Pellikel	Einfachzucker	Schmelz-oberhäutchen
Karies verursachend	krank machend	Absonderung	

5 Kariesdiagnostik

Vokabeltraining

Kennen Sie die Methoden zur Feststellung von Karies? Wie lautet das Lösungswort?

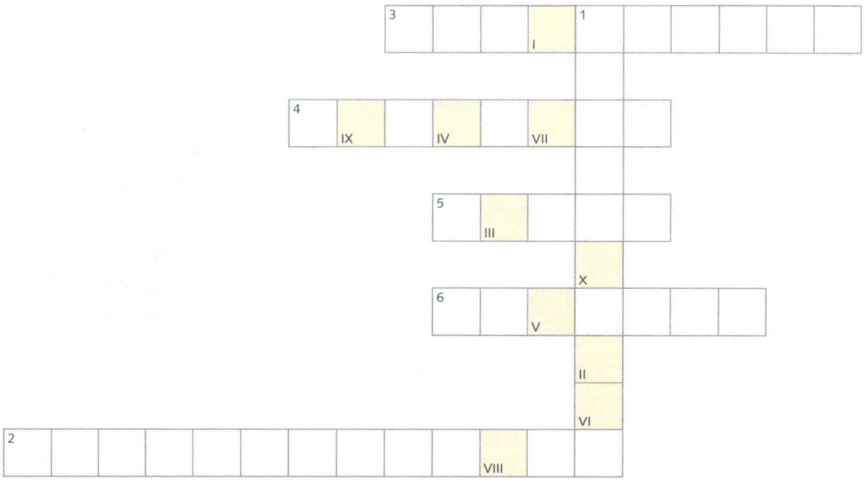

Untersuchungsmaßnahmen zur Erkennung einer Krankheit.

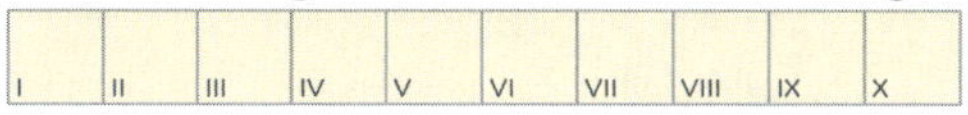

1. (senkrecht) visuelle Kontrolle/Untersuchung durch betrachten
2. Betrachten der Frontzähne im Gegenlicht der Polymerisationslampe
3. Abtasten mit einem geeigneten Instrument aus dem Grundbesteck
4. Erkennen und Benennen einer Krankheit
5. Gerät zur Durchführung der Fluoreszenzmessung
6. Methode zum Erstellen von Bissflügelaufnahmen

Worüber geben Röntgenaufnahmen Auskunft? Kreuzen Sie die richtigen Antworten an.

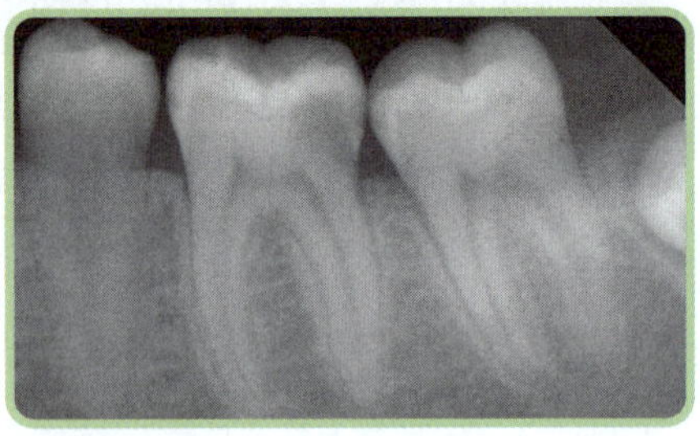

- [ ] Lage einer Karies
- [ ] Ausdehnung einer Karies
- [ ] Vitalität der Pulpa
- [ ] Abstand der Karies zur Pulpa
- [ ] Zustand des Antagonisten

Welche Aussagen treffen auf eine Bissflügelaufnahme zu? Kreuzen Sie die richtigen Antworten an.

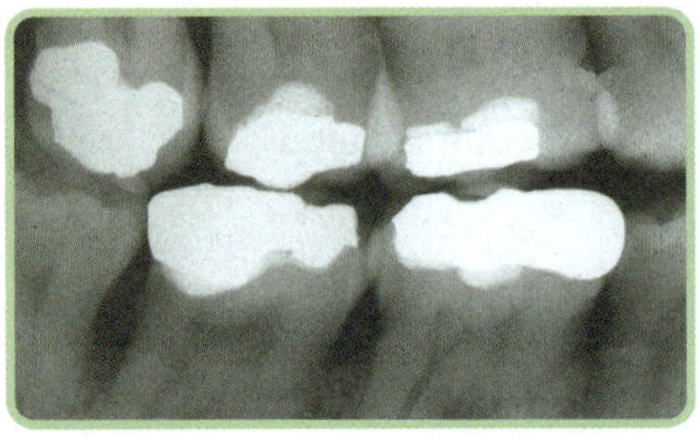

- [ ] Auf der Aufnahme sind Zahnkrone, Zahnhals und Wurzel dargestellt.
- [ ] Auf der Aufnahme sind Zahnkrone und Zahnhals zu erkennen.
- [ ] Auf der Aufnahme sind nur die Zahnkronen zu erkennen.
- [ ] Auf einer Aufnahme werden sechs und mehr Zähne dargestellt.
- [ ] Auf einer Aufnahme werden nur drei nebeneinanderstehende Zähne dargestellt.
- [ ] Diese Aufnahmen werden nur von Seitenzähnen gemacht.
- [ ] Auf einer Aufnahme sind Zähne aus dem Ober- und dem Unterkiefer zu sehen.

Welche Begriffe wurden falsch übersetzt? Tragen Sie die jeweils richtige Übersetzung ein.

- [ ] Transillumination – Durchleuchten
- [ ] Abtasten – Inspektion
- [ ] Beklopfen – Palpation
- [ ] Lochbildung – Kavität
- [ ] Fluoreszenz – Aufleuchten

Schlau wie Einstein!

Kariestherapie

Beim Legen einer Füllung wird unabhängig vom verwendeten Material die Behandlung in einer bestimmten Abfolge durchgeführt. Die Arbeitsschritte sind durcheinandergeraten. Tragen Sie diese in die richtige Reihenfolge ein.

1. ______________________________
2. ______________________________
3. ______________________________
4. ______________________________
5. ______________________________
6. ______________________________
7. ______________________________

Ausformen der Füllung

Einbringen des Füllungsmaterials

Karies exkavieren

Überprüfen der Okklusion

Politur

Trockenlegung des Arbeitsfeldes

Präparation der Kavität

Instrumente zur Kariestherapie

Ergänzen Sie den Lückentext.

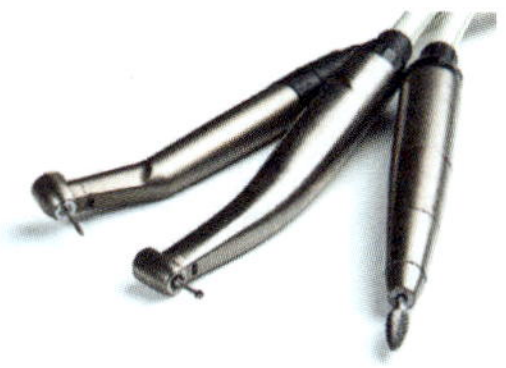

Turbine, Winkelstück und Handstück werden auch als Übertragungsinstrumente bezeichnet. Während eine Turbine durch **D r** __ **c k** __ __ **f** __ angetrieben wird, sorgt ein **M** __ **k** __ **o** __ **o** __ **o** __ für den Antrieb der Winkel- und Handstücke.

In die Übertragungsinstrumente werden kleine **r o** __ __ __ __ __ __ __ __ Instrumente eingespannt. Dazu zählen:

__ __ **ä s** __ __, __ __ **a** __ __ __ __ **s** __ **h** __ __ __ **f** __ __,

__ __ __ **i e** __ __ **r**, **S t** __ __ __ __ **h** __ __ und **P o** __ __ __ __ __ **r**.

Turbinen erreichen sehr __ __ __ __ Drehzahlen. Winkelstücke arbeiten mit unterschiedlichen Drehzahlen. Bei der Arbeit mit hochtourig rotierenden Instrumenten entsteht viel Reibungswärme. Damit die __ __ __ __ __ keinen Schaden nimmt, muss auf ausreichende **W** __ __ __ __ __ **k ü** __ __ __ __ __ geachtet werden.

Bei der Präparation der Kavität wird mit __ __ __ __ __ Drehzahlen gearbeitet. Je näher an der Pulpa gearbeitet wird, desto __ __ __ __ __ __ __ __ __ ist die Drehgeschwindigkeit einzustellen. Die Kariesexkavation erfolgt mit __ __ __ __ __ __ __ __ __ Drehzahl, dabei kann auch auf die **W** __ __ __ __ __ **k ü** __ __ __ __ __ verzichtet werden.

Hier gibt es Tipps zur Lösung

vel.plus/afzahn1-28

Tragen Sie die Begriffe an der richtigen Stelle ein.

Unter- **sehr niedrige** **Übersetzung** **sehr hohe**

Winkelstücke arbeiten mit ______________ und ____________________.

So können sowohl ________________ als auch ____________________ Drehzahlen erreicht werden.

Woran erkennt eine ZFA in welchem Drehzahlenbereich ein Winkelstück arbeitet? Welche Kennzeichnung gibt darüber Aufschluss?

____

Kennzeichnen Sie in der Abbildung:

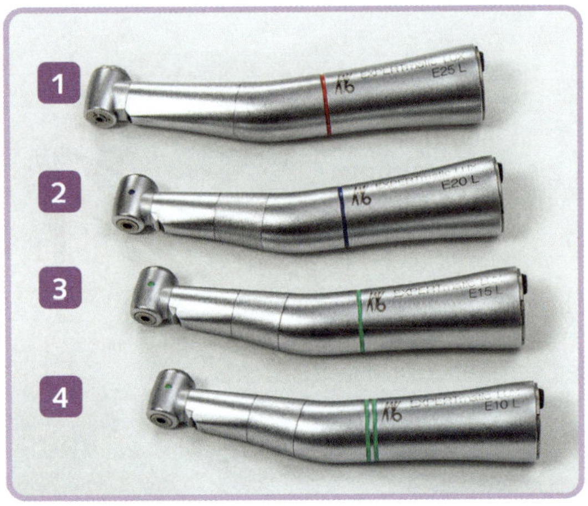

- ☐ niedrige Drehzahlen
- ☐ Schnellläufer, sehr hohe Drehzahlen
- ☐ sehr niedrige Drehzahlen
- ☐ mittlere/hohe Drehzahlen

Weisen Sie den Instrumenten das passende Einsatzgebiet zu.

Fräsen	Glätten von Füllungen als letzter Schritt
Polieren	Entfernen von Kronen
Diamantschleifer	Feinbearbeitung von Füllungen
Finierer	Präparation der Zahnsubstanz
Steinchen	Glätten von aufgerauten Präparationsrändern

Benennen Sie die Instrumentengruppe und die Form der abgebildeten Instrumente.

Beschreiben Sie den Unterschied zwischen Hartmetallfräsen und Diamantschleifer.

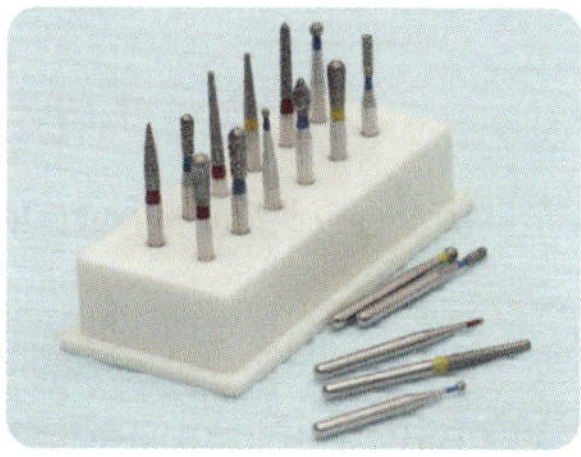

Ach so!

Das Beschreiben ist einfacher, wenn man die richtigen Bezeichnungen kennt.
Die „Kanten" z. B. eines Rosenbohrers, mit denen die Zahnhartsubstanz wegpräpariert, d. h. abgetragen wird, heißen **Schneiden**.

Zeichnen Sie in roter Farbe die Schneiden des Instrumentes nach.

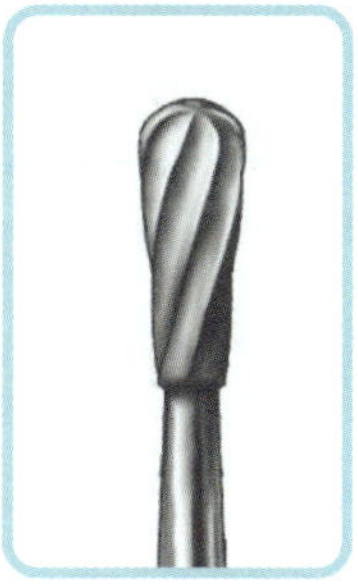

Wie lassen sich Finierer von Fräsen auseinanderhalten? Beschreiben Sie den Unterschied.

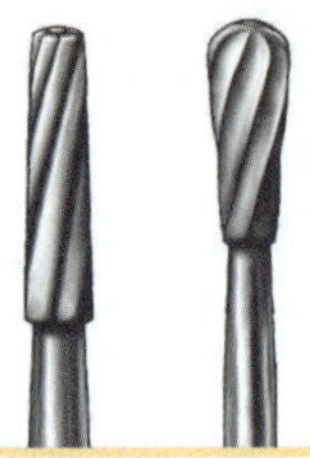

____

____

____

____

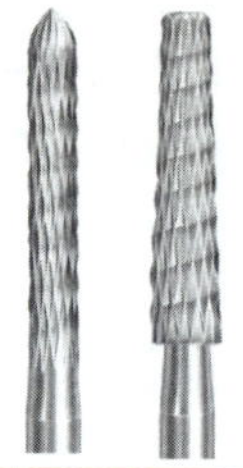

Merke:

FRESSE

FRÄSE

Wird in Klassenarbeiten soooo oft falsch geschrieben ...

Kreuzen Sie die richtigen Aussagen an.

Bei der Assistenz während der Kavitätenpräparation hat die ZFA darauf zu achten, dass ...

- ☐ ... beim Absaugen ausreichend Wasser das rotierende Instrument und die Zahnsubstanz kühlt.
- ☐ ... durch geeignete Absaugtechnik die Aerosolausbreitung eingeschränkt wird.
- ☐ ... das Arbeitsfeld für den Behandler nicht unter Wasser liegt.
- ☐ ... der Sauger nicht schmerzhaft auf das Weichgewebe drückt.
- ☐ ... nicht unbeabsichtigt der Würgereiz ausgelöst wird.

Welche Formen haben die abgebildeten rotierenden Instrumente?

____

____

____

____

____

____

____

____

___

___

___

___

___

___

___

___

Weitere Instrumente und Hilfsmittel

Ergänzen Sie den Lückentext.

Alle Füllungsmaterialien sind empfindlich gegen ___________. Daher ist die Trockenlegung in der Füllungstherapie besonders wichtig. Man verwendet zwei Methoden.

Die ___________ Trockenlegung, dabei wird die Feuchtigkeit bedingt, in ausreichendem Maße vom Arbeitsfeld ferngehalten und die ___________ Trockenlegung, dabei wird der Zahn ___________ von der restlichen Mundhöhle isoliert.

Für die absolute Trockenlegung werden folgende Materialien und Hilfsmittel benötigt: ___________, ___________, ___________ sowie zum Fixieren des Spanngummis ___________ und eine ___________.

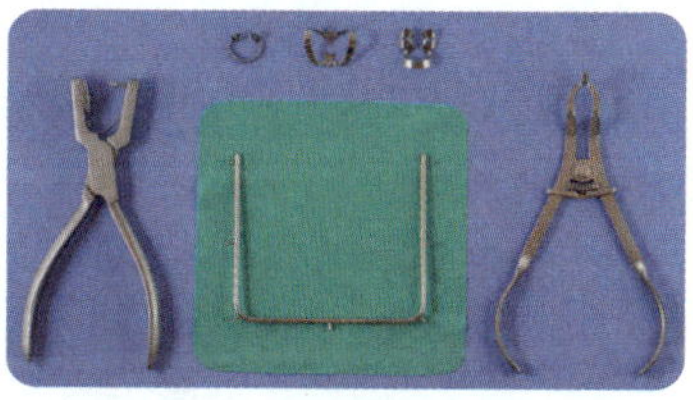

Zusätzlich kann mit ___________ oder ___________ der Halt des Spanngummis verbessert werden.

Benennen Sie die abgebildeten Hilfsmittel und geben Sie jeweils an, ob diese für die relative oder absolute Trockenlegung eingesetzt werden.

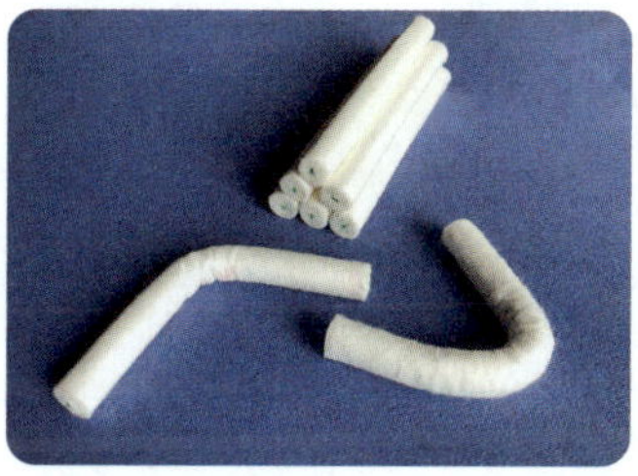

___

___

___

___

___

___

___

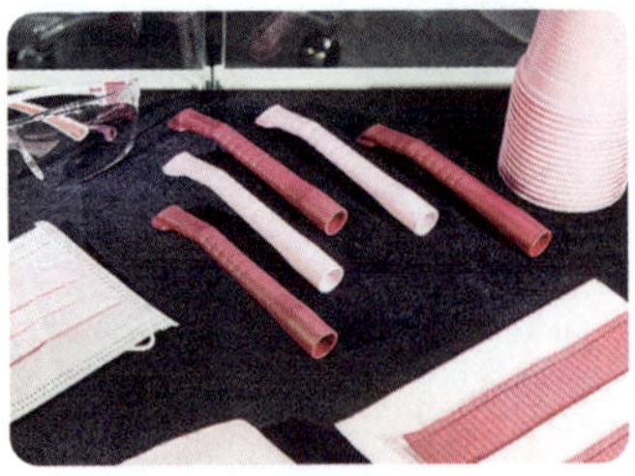

___

___

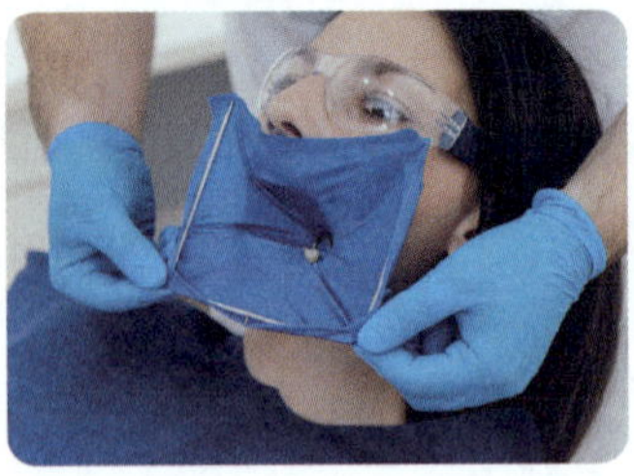

___

___

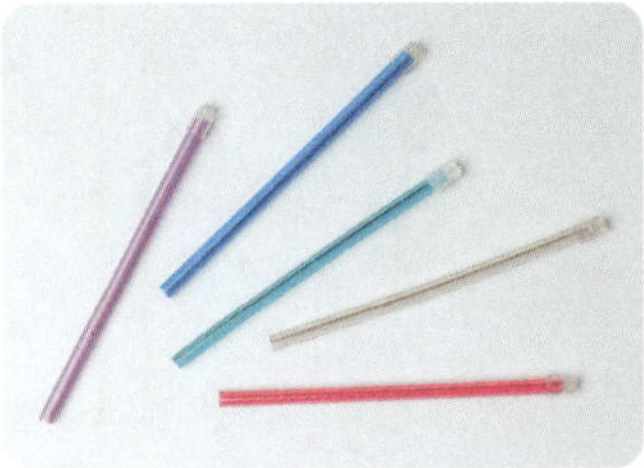

___

___

Keile erfüllen zwei Funktionen, vervollständigen Sie den Lückentext.

Keile drücken Nachbarzähne leicht auseinander.

Diesen Schritt nennt man **S** ___ ___ ___ **r** ___ **e** ___ ___ ___. Wenn der Keil entfernt wird, gibt es einen **K** ___ ___ ___ ___ **k** ___ **p** ___ ___ **k** ___ zum Nachbarzahn.

Keile helfen die ___ **a** ___ ___ ___ **z** ___ an den Zahn anzupressen, damit beim Füllen kein Material in den ___ **p p** ___ ___ ___ ___ ___ ___ ___ **r** ___ ___ ___ überpresst wird.

Benennen Sie die abgebildeten Hilfsmittel. Nennen Sie zu jedem einen unterschiedlichen Vorteil.

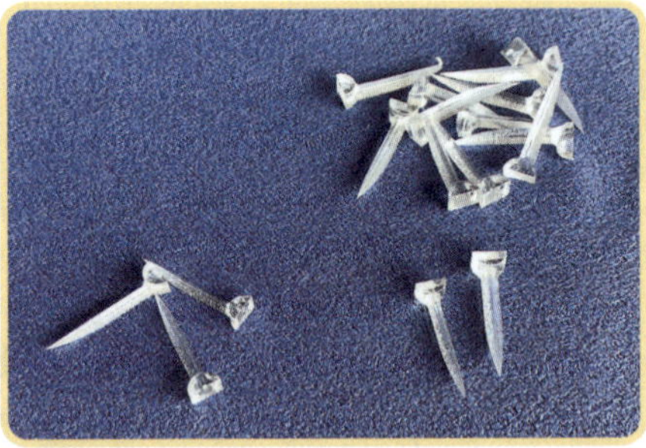

Hier gibt es Tipps zur Lösung

vel.plus/afzahn1-29

Bezeichnung:	**Bezeichnung**
___	___
___	___
Vorteil:	**Vorteil:**
___	___
___	___
___	___

Vervollständigen Sie den Lückentext.

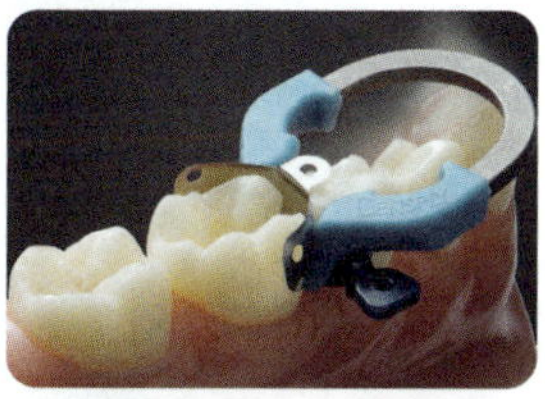

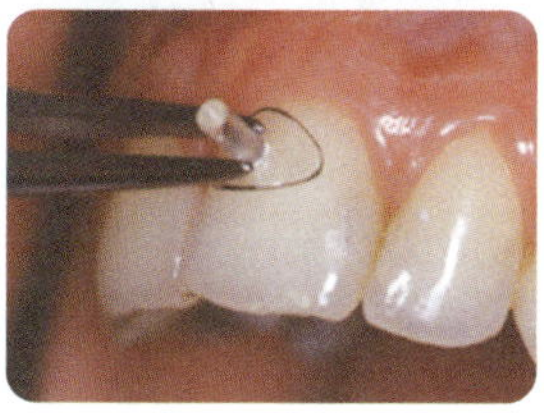

Matrizen werden als ____________ verwendet, wenn ganze Zahnwände fehlen. Sie verhindern, dass ________________ vor dem Aushärten aus der Kavität ausläuft, außerdem vereinfachen sie die Gestaltung der ____________ Füllung.

Viele Matrizensysteme bestehen aus einem ________________ und dem ______________. Die Matrize kann aus __________ oder aus ____________ gefertigt sein. Für Zahnhalsfüllungen stehen sogenannte ________________ zur Verfügung.

Vervollständigen Sie die Tabelle.

Abbildung	Bezeichnung des Instrumentes	Verwendung
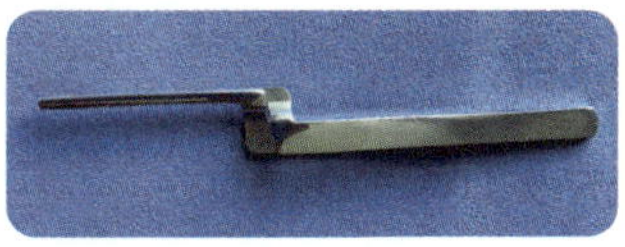		
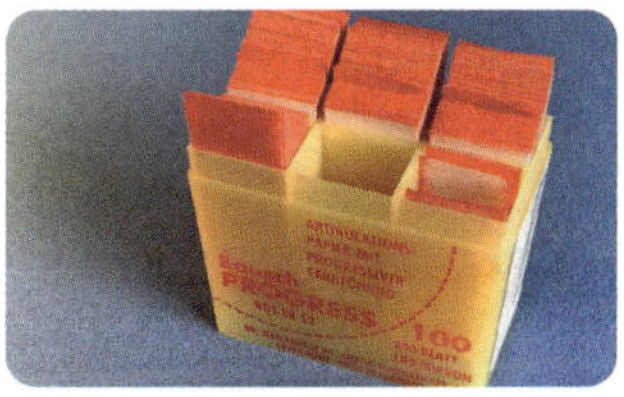		
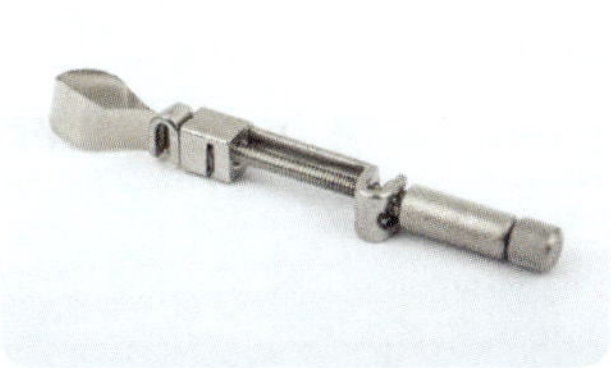		
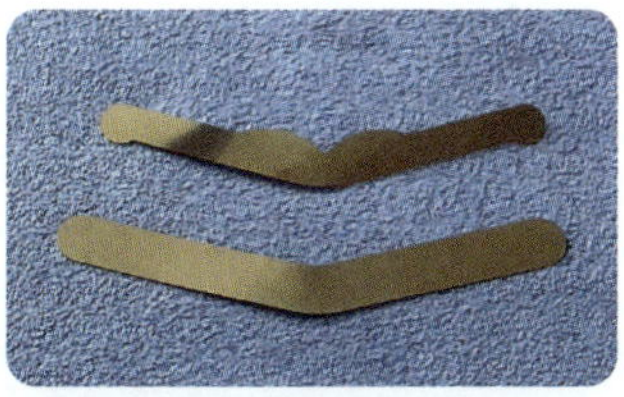		
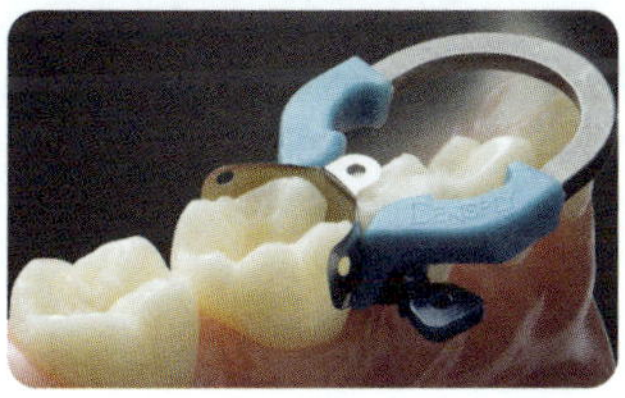		

Abbildung	Bezeichnung des Instrumentes	Verwendung
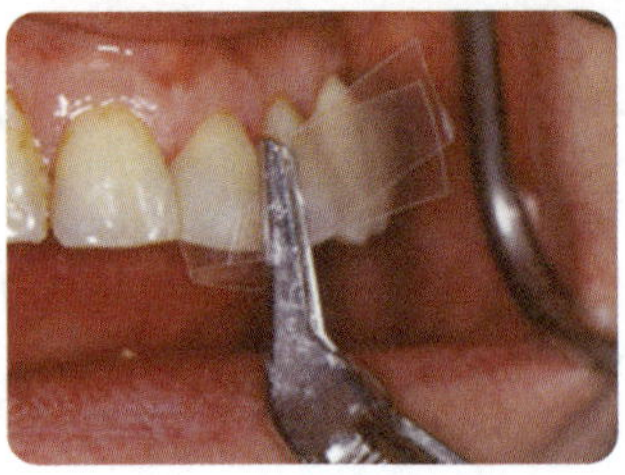		

Füllungsmaterialien

Welche der nachstehenden Anforderungen sollten definitive Füllungsmaterialien erfüllen?

- ☐ Haltbarkeit
- ☐ Ästhetik, natürliches Aussehen
- ☐ gute Haftung am Zahn
- ☐ sollen durch Abrieb nicht beschädigt werden
- ☐ Biokompatibilität
- ☐ Widerstandsfähigkeit gegen chemische Einwirkungen
- ☐ Verträglichkeit mit anderen Werkstoffen
- ☐ Sichtbarkeit in Röntgenaufnahmen
- ☐ sollen nicht schrumpfen oder quellen
- ☐ sollen Druckkraft gut widerstehen
- ☐ Wirtschaftlichkeit

Weisen Sie den Begriffen ihre Bedeutung zu, indem Sie die Kästchen-Paare in derselben Farbe ausmalen.

Biokompatibilität	Sinn für Schönheit
Wirtschaftlichkeit	Langlebigkeit, Strapazierfähigkeit
Ästhetik	Verträglichkeit, nicht schädlich für den Organismus
Haltbarkeit	Eigenschaft, finanziell günstig zu sein

Füllungsmaterialien lassen sich in verschiedene Gruppen einteilen. Welches sind diese?

nach Materialbeschaffenheit:	nach Haltbarkeit

Hier gibt es Tipps zur Lösung

vel.plus/afzahn1-30

Welche Materialien sind als Unterfüllung geeignet? Markieren Sie die richtige Antworten grün.

Zinkoxid-Eugenol-Zement	Komposite	Glasionomer-Zement
Amalgam	Zinkphosphat-Zement	Carboxylat-Zement

Was sind Zemente? Verwenden Sie in Ihrer Erklärung folgende Begriffe:

plastisch Pulver Füllungsmaterialien Säure

Aus welchen Bestandteilen werden die nachstehenden Füllungsmaterialien angemischt? Ordnen Sie zu, indem Sie die Bestandteile in derselben Farbe markieren, wie das Füllungsmaterial.

Füllungsmaterial	Bestandteile
Zinkphosphat-Zement	Polyacrylsäure
	Kunststoffgrundmasse
Glasionomer-Zement	Polyacrylsäure
	Zinkoxid
Carboxylat-Zement	Zinkoxid
	Eugenol
Zinkoxid-Eugenol-Zement	Silikatglas
	Phosphorsäure
Komposite	Zinkoxid
	Füllkörper

Wo findet in der Zahnheilkunde Phosphorsäure Verwendung?

Einige der nachstehenden Füllungsmaterialien können die Pulpa reizen. Wissen Sie, welche das sind? Erklären Sie jeweils den Grund, warum das so ist.

Hier gibt es Tipps zur Lösung

vel.plus/afzahn1-31

Füllungsmaterial	Pulpareizung		Begründung
	ja	nein	
Zinkphosphat-Zement			
Glasionomer-Zement			
Gold			
Komposite			
Carboxylat-Zement			

Was trifft für die Handhabung von zahnärztlichen Zementen zu? Kreuzen Sie die richtigen Antworten an.

- ☐ Höhere Temperaturen beeinflussen deutlich die Abbindezeit des Materials.
- ☐ Werden Pulver und Säure von Hand angemischt, so ist auf eine pulverreiche Verarbeitung zu achten.
- ☐ Für die Befestigung von Kronen und Brücken werden Zemente in einer sehr dünnen Konsistenz angemischt.
- ☐ Beim Anmischen entsteht Wärme. Damit die Abbindezeit dadurch nicht verkürzt wird, empfiehlt es sich das Material auf einer Glasplatte zu verarbeiten.

Bringen Sie die Arbeitsschritte beim Legen einer Kompositfüllung in die richtige Reihenfolge.

Bonding • Okklusions- und Artikulationskontrolle • Dentinpriming • Politur • Lichthärtung • Komposit schichtweise einbringen • verblasen • Kavitätenpräparation • Lichthärtung • mit Wasser abspülen und trockenpusten • Konditionierung • Kariesexkavation • Trockenlegung

Arbeitsschritte beim Legen einer Kompositfüllung

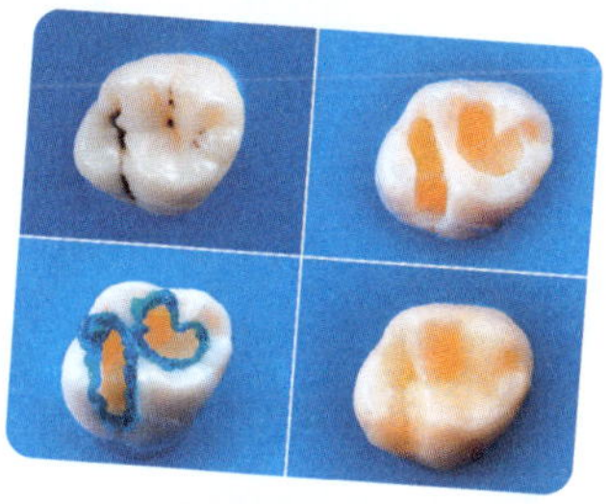

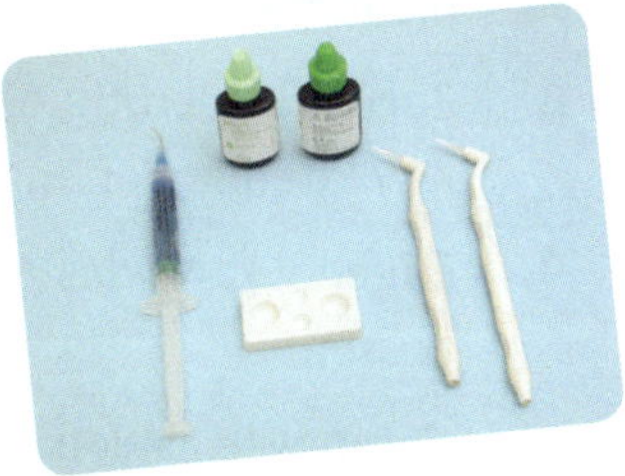

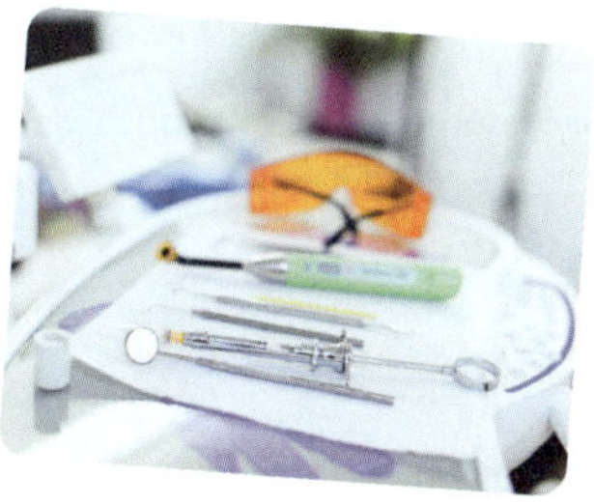

Welche der oben genannten Arbeitsschritte werden bei sogenannten Zwei-Komponenten-Systemen zu einem einzigen zusammengefasst?

Welche Arbeitsschritte werden bei den Ein-Komponenten-Systemen (all-in-one) zusammengefasst?

Richtig oder falsch? Testen Sie Ihr Wissen über Komposite und sammeln Sie für richtige Antworten Sterne.

	Aussage	🙂	🙁	
1.	Die in der Füllungstherapie verwendeten Komposite sind Autopolymerisate.			★
2.	Das Licht der Polymerisationslampe ist schädigend für die Augen.			★
3.	Das Priming ist im Schmelz und im Dentin erforderlich.			★
4.	Das Ätzen ist die gezielte Demineralisation der Zahnhartsubstanz.			★
5.	Beim Legen der Füllung ist die Reihenfolge: Priming-Konditionieren-Bonding einzuhalten.			★
6.	In kleinen, flachen Kavitäten muss nicht in Mehrschichttechnik gearbeitet werden.			★
7.	Eine konditionierte Zahnoberfläche ist größer als sie es vorher in nicht geätztem Zustand war.			★
8.	Zur Verbesserung der Ästhetik und der Haftung werden die Kavitätenränder angeschrägt.			★
9.	Eugenol kann das Aushärten von Kompositen negativ beeinflussen.			★
10.	Komposite zählen zur Gruppe der starren Füllungsmaterialien.			★
Wie viele Sterne haben Sie geschafft? Tragen Sie Ihr Ergebnis in das Kästchen ein.				

1–3 Sterne – da gibt es noch viel zu lernen 5–6 Sterne – befriedigende Leistung 8–10 Sterne – sehr gute Leistung, weiter so

Vokabeltraining

Finden Sie die Wörter mit gleicher Bedeutung und tragen Sie diese unten ein.

drehend	Bondingflüssigkeit	temporär	Kleber
vorübergehend	dual	zweifach	applizieren
auftragen	provisorisch	rotierend	schwingend
Adhäsiv	oszillierend	doppelt	konditionieren
einbringen	Primer	ätzen	Haftvermittler

Vervollständigen Sie die Tabelle, indem Sie die Instrumente benennen und ihre Verwendung beschreiben.

Abbildung	Bezeichnung des Instrumentes	Verwendung
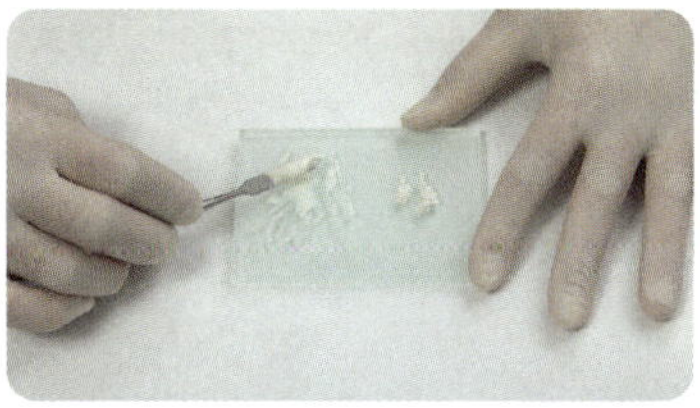		
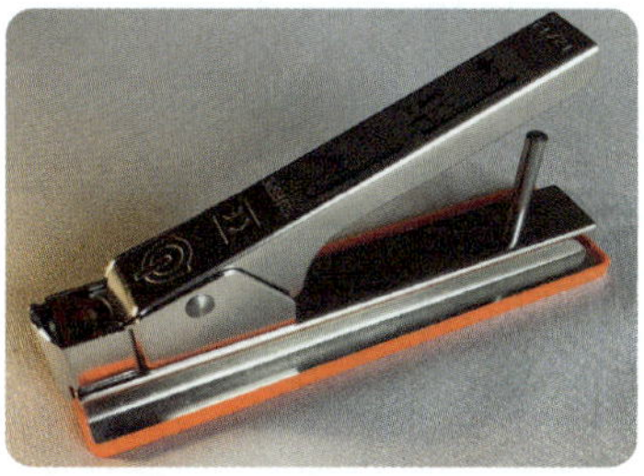		
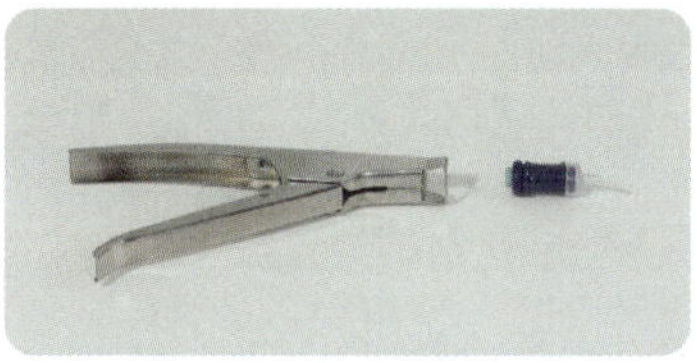		
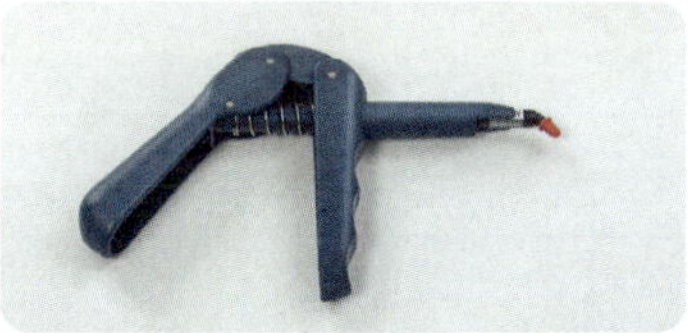		

Ergänzen Sie den Lückentext, indem Sie den Buchstabensalat auflösen.

Inlays sind ____________ **raesrt** Füllungen, die aus einer ____________________ **eGuggirelodlnl** oder aus ______________ **krmiaeK** gefertigt werden. Sie werden auch ________________________ **afnnüleigEnugel** oder ____________________ **nGuselügsunfl** genannt.

Die Fertigung dieser Füllungen ähnelt dem Ablauf bei der Herstellung von _____________ **ernKno**.

Inlays werden so wie festsitzender Zahnersatz _________________ **bluearaßh** des Mundes gefertigt. Sie werden entweder im ________________ **brtDonaella** von einem Zahntechniker gemacht oder mittels ______________ **C-AMACD** Technik in der Praxis selbst hergestellt. Dieses Vorgehen wird auch chair-side-Technik genannt. Die fertige Einlagefüllung wird schließlich in den Zahn ______________ **tegnbelkei** oder ________________ **ttnrenezieiem**.

Inlays sind eine ________________ **rhceoewgith** und ______________ **agglliebne** Versorgung.

Die Instrumente und Materialien für die Herstellung eines Goldinlays sind durcheinandergeraten. Ordnen Sie den jeweiligen Arbeitsschritten die richtigen Instrumente und Materialien zu.

Mehrfachnennungen sind möglich. Die Liste ist beispielhaft und nicht abgeschlossen. Möglicherweise verwenden Sie in Ihrer Ausbildungspraxis weitere Instrumente und Hilfsmittel, diese können Sie gerne in die Tabelle eintragen.

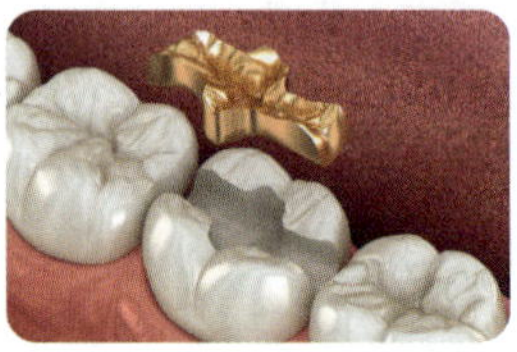

Halter und Okklusionsfolie • Polierkelch • Zahnseide • Watterollen • Grundbesteck • Auftragszettel, Abformungen und ggf. Modell • Spritze, Kanüle, Karpule • Abformlöffel • Zement • Wattepellets • H_2O_2 oder NaOCl oder CHX oder Alkohol • Diamantschleifer • Handspiegel • Abformmasse • Mundspiegel • Sonde • Heidemannspatel • Glasplatte • Anmischspatel • provisorisches Befestigungsmaterial oder provisorisches Füllungsmaterial • Hartmetallfräse • Polierbürstchen • Kugelstopfer • Scaler • Aufbiss-Spatel • Sonde • Arkansassteinchen • Kamera für digitale Abformung

1. Sitzung	
Anästhesie	
Kavitätenpräparation	
Abformungen	
Provisorische Versorgung	

Versand ins Dentallabor ________________

2. Sitzung	
Entfernen des Provisoriums und Säubern der Kavität	
Einprobe des Inlays	
Eingliederung und definitive Befestigung	
Entfernen der Überschüsse	
Okklusionskontrolle und ggf. Korrektur	
Politur	

Instrumenten-Quiz

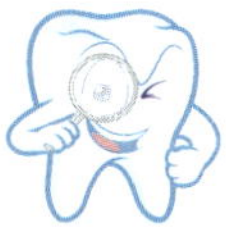

Auf den Abbildungen liegen einige der benötigten Instrumente auf dem Tray.
Kennen Sie die Namen aller Instrumente und Hilfsmittel?
Erkennen Sie anhand der Instrumente auf den Trays, welches Füllungsmaterial hier verarbeitet wird?

1. Benennen Sie die Instrumente und Hilfsmittel auf dem Tray.

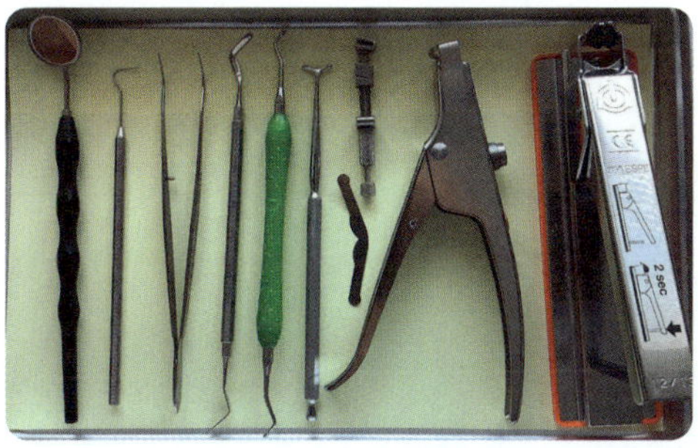

„Verräter“:

Ach so!

Auf jedem Tray gibt es einen oder mehrere „Verräter“, d. h. Instrumente/Hilfsmittel, die speziell für die Verarbeitung eines bestimmten Füllungsmaterials gebraucht werden. Markieren Sie diese, sobald Sie sie erkannt haben.

2. Welches Füllungsmaterial wird damit verarbeitet?

3. Benennen Sie die Instrumente und Hilfsmittel auf dem Tray.

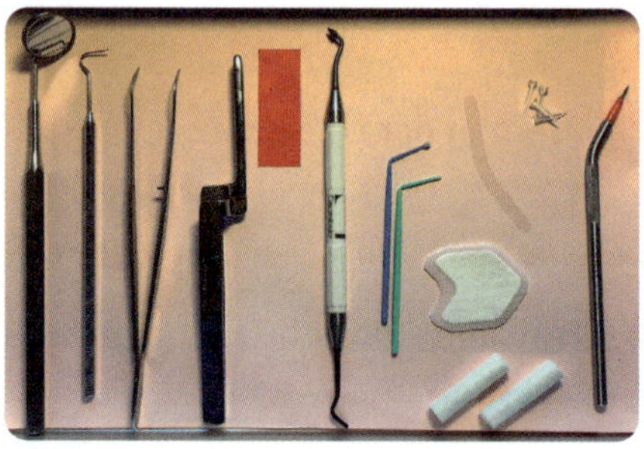

„Verräter“:

4. Welches Füllungsmaterial wird damit verarbeitet?

5. Benennen Sie die Instrumente und Hilfsmittel auf dem Tray.

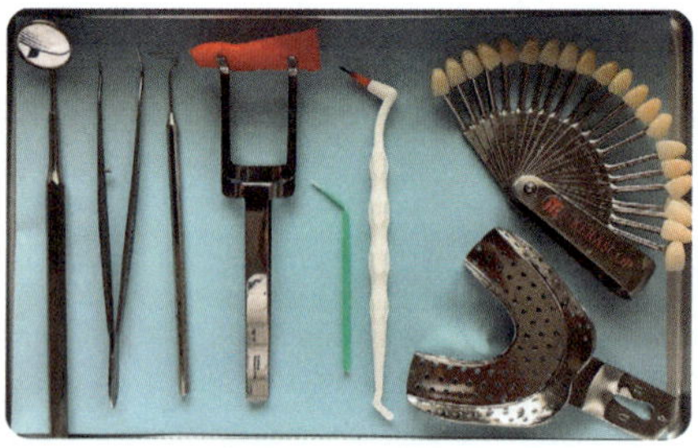

„Verräter“:

6. Welche Art von Füllung wird hier hergestellt

6 Hygiene lernfeldspezifisch

Welche Risikoklassen kommen für Instrumente infrage, die bei der Kariestherapie verwendet wurden?

- [ ] Die Instrumente sind als kritisch B einzustufen.
- [ ] Die Instrumente sind als semikritisch B einzustufen.
- [ ] Die Instrumente sind als kritisch A einzustufen.
- [ ] Die Instrumente sind als semikritisch A einzustufen.
- [ ] Die Instrumente sind als unikritisch einzustufen.

Beschreiben Sie stichpunktartig die hygienische Aufbereitung der Instrumente, die beim Legen einer Füllung verwendet wurden.

Sie haben beim Legen einer Kompositfüllung assistiert. In welche Risikoklasse stufen Sie die nachfolgend genannten Instrumente ein? Ordnen Sie zu:

1 = unkritisch 2 = semikritisch A 3 = semikritisch B 4 = kritisch A 5 = kritisch B

- [ ] Pistole für Kompositkompulen
- [ ] Winkelstück
- [ ] Speichelsauger
- [ ] Kofferdamlochzange
- [ ] Kugelstopfer
- [ ] Rosenbohrer

7 Große Wiederholung der Fachbegriffe

Abrasion	
absolut	
Adhäsiv	
Ameloblasten	
Anodontie	
	auftragen, aufbringen
	Zahnzwischenraum
	Sinn für Schönheit
	Verlust von Zahnsubstanz durch Pressen oder Knirschen
	Verträglichkeit, nicht schädlich für den Organismus
Bonding	
Cementoblasten	
Cementum	
definitiv	
Demineralisation	
	Zahnbein
	Flüssigkeit in den Dentinkanälchen
	Kanälchen im Dentin
	Zahndurchbruch
	Verfahren und Untersuchungsmaßnahmen zur Erkennung einer Krankheit
Disaccharide	
Enamelum	
Erosion	
Exkavation	
Fruktose	
	Traubenzucker
	Zahnunterzahl durch Nichtanlage
	Zahnüberzahl
	Angezeigte Maßnahme, Anwendungsgebiet
	eindringen
Inlay	
Inspektion	
irreversibel	
Karies	
kariogen	

	Hohlraum, präparierte Hohlform
	verdichten
	ätzen
	Beschaffenheit von Stoffen in Bezug auf ihre Festigkeit
	Schädigung
Legierung	
minimalinvasiv	
Monosaccharide	
mukös	
Muzine	
	Dentin bildende Zellen
	Schlussbisslage, Kontaktbeziehung der Zähne
	schwingend
	Schmelzoberhäutchen
	formbar
polymerisieren	
Polysaccharide	
Prädilektionsstelle	
Präparation	
provisorisch	
	Zahnmark
	bedingt, verhältnismäßig
	auflösen, aufnehmen
	Wiederherstellung, wiederherstellende Maßnahme
	umkehrbar
rotierend	
Saccharide	
Saccharose	
Sekret	
serös	
Sondierung	
	Nahrung, Nährboden
	vorübergehend
	Gewalteinwirkung
	Fließfähigkeit
	Mundtrockenheit

Lernfeld 5

Patienten bei endodontischen Behandlungen begleiten

1 Knochenaufbau

Kaum zu glauben

DAS SKELETT ...

... wird allgemein als Symbol für den Tod angesehen –

aber es lebt!

Wahrheit oder Fake? Wie beurteilen Sie diese Aussage? Begründen Sie Ihre Antwort. Geheimtipp: Sie finden in Ihrem Lehrbuch die richtigen Hinweise.

____

____

Ach so!

Folgende Bezeichnungen für „Knochen" kennt eine ZFA:

os (lateinisch) = **Bein** (deutsch) = **bone** (englisch)

In zusammengesetzten Wörtern steht **osteo-** für Knochen.

Geben Sie ein Beispiel für jeden dieser Begriffe.

____

Benennen Sie die Knochenzellen und geben Sie an, welche Aufgaben sie erfüllen.

____

____

Der Oberkiefer heißt mit Fachwort:

- [ ] Mandibula
- [ ] Matrix
- [ ] Muzin
- [ ] Medulla
- [ ] Maxilla

Der Unterkiefer heißt mit Fachwort:

- [ ] Makula
- [ ] Maxilla
- [ ] Mandibula
- [ ] Medulla
- [ ] Mesiodens

Zeichnen Sie schematisch ein, wo die unterschiedlichen Gewebe des Knochens liegen.

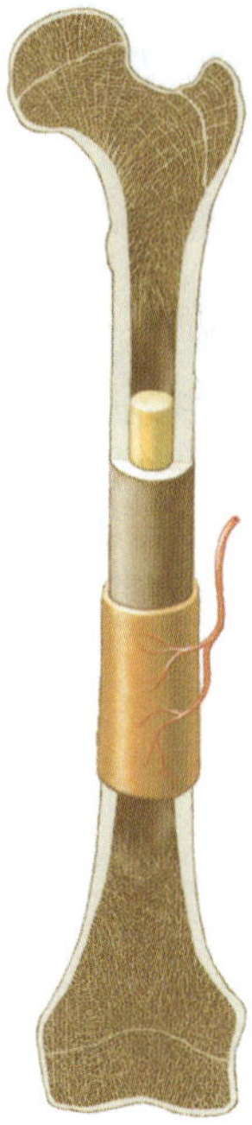

Periost – rosa
Kompakta – braun
Spongiosa – orange gepunktet
rotes Knochenmark – rot gepunktet
gelbes Knochenmark – gelb
Gelenkknorpel – grün

Hier gibt es Tipps zur Lösung

vel.plus/afzahn1-32

Finden Sie die Wörter mit gleicher Bedeutung und tragen Sie diese unten ein.

Maxilla	Kortikalis	Knochenloch	Spongiosa
Knochenmark	Periost	Myelon	Knochenrinde
Oberkiefer	Knochenhaut	Foramen	Zahnfortsatz
Unterkiefer	Mandibula	schwammartige Knochenschicht	Processus alveolaris
Kompakta			

Die Knochen des Skeletts werden, je nach Form, in unterschiedliche Gruppen zusammengefasst. Ordnen Sie die nachstehenden Beispiele der richtigen Kategorie zu.

Scheitelbein • Unterkiefer • Handwurzelknochen • Rippe • Schulterblatt • Schienbein • Stirnbein • Oberkiefer • Wirbel • Fingerknochen • Speiche

Röhrenknochen	
platte Knochen	
würfelförmige Knochen	
unregelmäßige Knochen	
luftgefüllte Knochen	

Lesen Sie aufmerksam den nachstehenden Text.

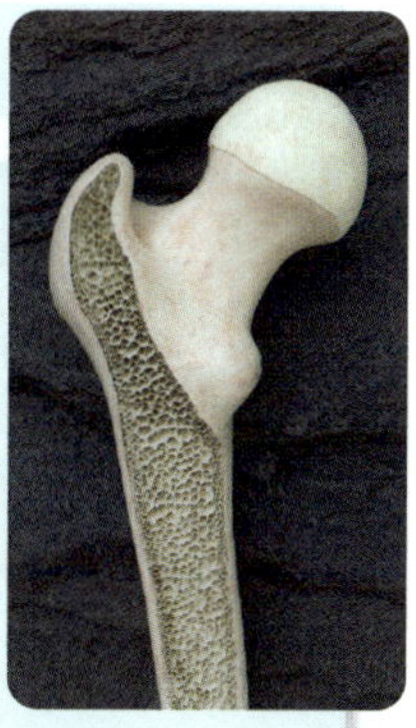

Die äußere Schicht des Knochens wird **Kompakta** oder Kortikalis, auf Deutsch Knochenrinde, genannt und das Gewebe ist sehr dicht und fest. Die Knochen im menschlichen Skelett haben eine unterschiedlich dicke Kompakta-Schicht. So ist zum Beispiel im Unterkiefer die Kompakta sehr viel dicker als im Oberkiefer. **Spongiosa** bezeichnet den Teil eines Knochens, der eine schwammartige Aufbaustruktur hat. Diese besondere „Leichtbauweise" verleiht dem Knochen hohe Stabilität bei gleichzeitig verhältnismäßig geringem Gewicht. Die Spongiosa befindet sich im Inneren eines Knochens.

Lernnotiz: Kompakta und Spongiosa

Notieren Sie in der Tabelle wichtige Schlüsselbegriffe zu den beiden Knochensubstanzen.

Kompakta	Spongiosa

Welche anatomischen Strukturen sind richtig übersetzt?
Kreuzen Sie die richtigen Aussagen an und schreiben Sie bei den falsch übersetzten Begriffen die korrekte Bezeichnung dazu.

- ☐ Medulla ossium – Schleimhaut ______________________
- ☐ Knochenrinde – Spongiosa ______________________
- ☐ Periost – Knochenhaut ______________________
- ☐ knochenbildende Zellen – Osteoklasten ______________________
- ☐ Knochen – body ______________________
- ☐ Knochenzellen – Osteozyten ______________________

Wissens-Check

Welche Aussagen sind richtig, welche falsch?

Aussage	☺	☹
Das Periost ist sehr schmerzempfindlich.		
Der Oberkiefer hat eine sehr dicke Kompakta.		
Die größten Nasennebenhöhlen sind die Stirnbeinhöhlen.		
Der Fachbegriff für die Kieferhöhle lautet „Sinus mandibularis".		
Oberhalb der Zahnreihen befinden sich im Oberkiefer die beiden Kieferhöhlen.		
Die Knochenlamelle zwischen Kieferhöhle und den Wurzeln der oberen Seitenzähne ist manchmal sehr dünn.		
Eine Entzündung der Nasennebenhöhlen bezeichnet man als Sinusitis.		
Der Unterkiefer hat eine sehr dicke Kompakta.		

Benennen Sie die gekennzeichneten Abschnitte des Unterkiefers auf Deutsch und mit Fachbegriff.

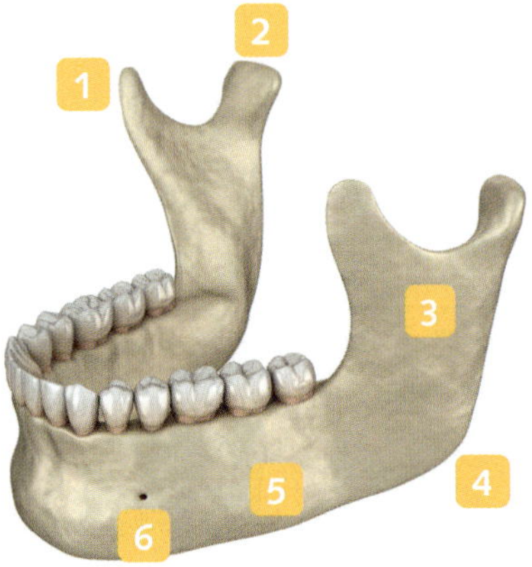

1. ______________________
2. ______________________
   ____
3. ______________________
4. ______________________
5. ______________________
6. ______________________

Zeichnen Sie in die vorherige Abbildung des Unterkiefers folgende Strukturen ein:

- **das Unterkieferloch – Foramen mandibulae**
- **den Unterkieferkanal, in dem der Nervus alveolaris inferior verläuft.**

Welche Aussagen über das Kiefergelenk sind zutreffend?

- [ ] Zwischen Gelenkpfanne und Gelenkkopf befindet sich eine knorpelige Gelenkscheibe.
- [ ] Das Kiefergelenk befindet sich unmittelbar vor dem äußeren Gehörgang.
- [ ] Wenn man an dieser Stelle die Finger auflegt und den Unterkiefer bewegt, kann man die Lage des Kiefergelenkes genau ermitteln.
- [ ] Das Kiefergelenk führt eine Drehbewegung durch.
- [ ] Das Kiefergelenk führt eine Gleitbewegung durch.
- [ ] Die Gelenkpfanne liegt im Schläfenbein.
- [ ] Der Gelenkkopf ist Teil des Unterkiefers.

2 Schädelknochen

Schädelpuzzle – Das Foto aus dem Heft Ihrer Kollegin ist leider auf Englisch. Tragen Sie die deutschen Bezeichnungen in die Tabelle ein. Welche Knochen zählen zum Gesichtsschädel, welche zum Hirnschädel?

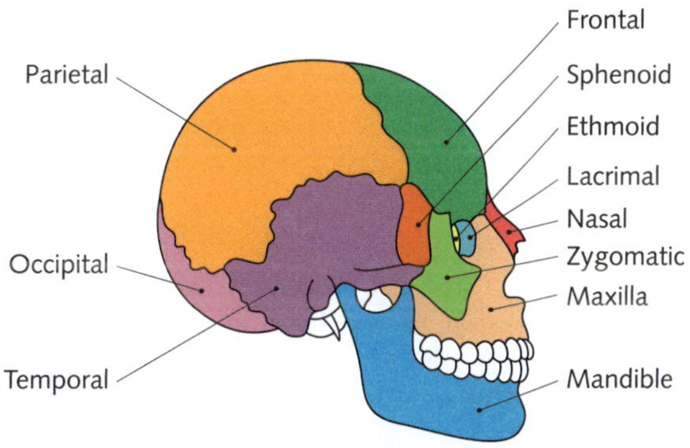

Hirnschädel	Gesichtsschädel

Welche Knochen des Gesichtsschädels fehlen in der Zeichnung?

____

____

Es wird ein Knochen gesucht

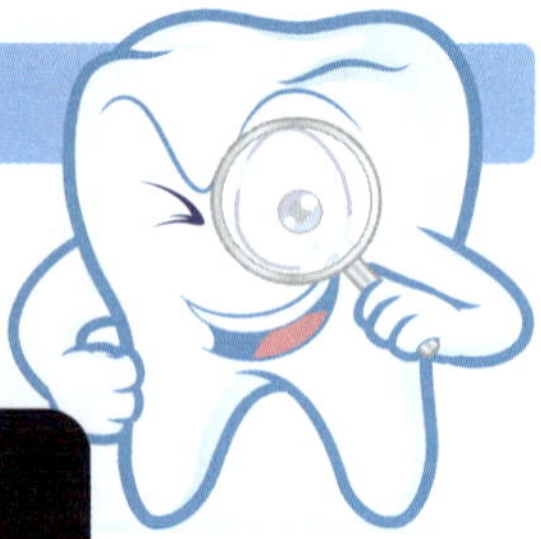

Er hat eine gebogene Form.

Er ist eher klein.

Er ist nicht mit dem restlichen Skelett verbunden.

Sein Name beinhaltet das alte deutsche Wort für Knochen.

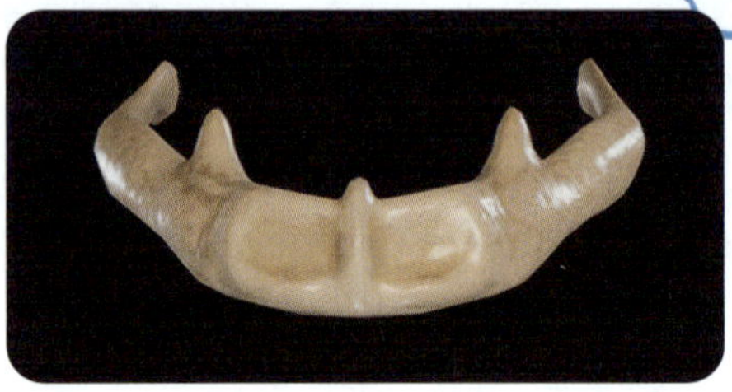

Wie heißt dieser Knochen? ______________________________

Wo befindet er sich? ______________________________

Was ist härter? Markieren Sie die richtige Antwort.

Schmelz	**Knochen**	**Wurzelzement**
Knochen	**Dentin**	**Knochen**

Nice to know

Kalzium ist ein wichtiger Bestandteil des Knochens.
Der Mensch benötigt Kalzium für zahlreiche Vorgänge im Körper.

Damit Kalzium in den Knochen eingebaut werden kann, benötigt der menschliche Körper **Vitamin D.**

Die Knochen dienen auch als Vorratsspeicher, ist im Blut nicht ausreichend Kalzium vorhanden, wird es aus den Knochen abgebaut.

Unter **Sonnenlicht** bildet die menschliche Haut Vitamin D.

Der Körper braucht **Bewegung**, um Kalzium in die Knochen einzulagern.

Ein Mangel an Vitamin D führt zu Wachstumsstörungen, die Krankheit heißt Rachitis.

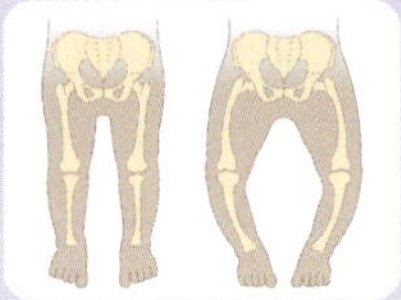

Heutzutage ist die Krankheit nur noch selten.

Wie heißt der einzige bewegliche Skelett-Teil des Schädels?

____

Welches Vitamin wird benötigt, um gesundes Knochenwachstum zu ermöglichen?

____

Wie heißt die Krankheit, die durch Mangel dieses Vitamins hervorgerufen wird?

____

Vervollständigen Sie den Lückentext, indem Sie die nachstehenden Begriffe verwenden.

- ab • Osteoklasten • Kieferorthopädie • baut • Zug
- Druck • hin • Osteoblasten • wächst

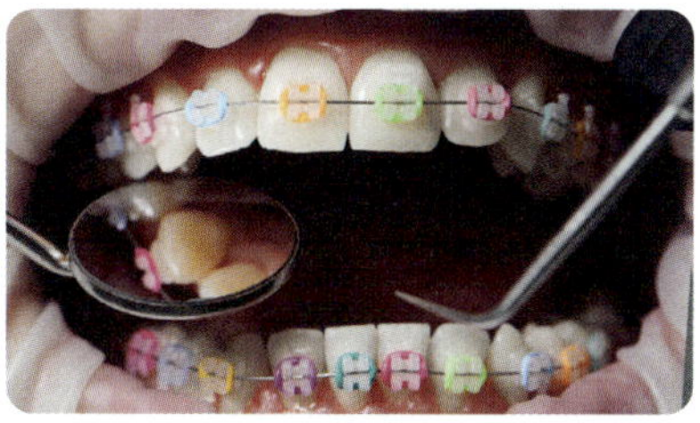

Knochenmasse wird lebenslang auf- und abgebaut. Diese Tatsache hat auch in der zahnmedizinischen Behandlung große Bedeutung, z. B. in der ____________________. Wird ____________ auf den Knochen ausgeübt, ____________ sich Knochensubstanz _______. Dort wo _______ auf den Knochen ausgeübt wird, ___________ Knochensubstanz _______. Die Knochenzellen, die diese Aufgaben übernehmen, heißen ______________ und ______________.

3 Muskulatur des Schädels

Ordnen Sie zu

Ansatz	bezeichnet die Stelle, von der ein Muskel ausgeht.
Ursprung	bezeichnet die Stelle, an der Muskeln einen Knochen bewegen.
Kontraktion	Anspannung, sich zusammenziehen
Relaxation	Entspannung, Erschlaffen eines Muskels

Kreuzen Sie die richtigen Aussagen an.

Der Musculus masseter ...

- ☐ zählt zu den Mundöffnern.
- ☐ ist der kräftigste Muskel im menschlichen Körper.
- ☐ zieht den Unterkiefer nach oben und schließt den Mund.
- ☐ hat seinen Ursprung am Unterkiefer.
- ☐ kann den Unterkiefer leicht seitwärts bewegen.
- ☐ wird als großer Kaumuskel bezeichnet.

Zu den Mundschließern zählen ...

- ☐ Musculus mylohyoideus
- ☐ Musculus temporalis
- ☐ innerer Flügelmuskel
- ☐ Musculus masseter
- ☐ Musculus pterygoideus medialis
- ☐ Schläfenmuskel

Mundöffner ...

- ☐ zählen zur Mundbodenmuskulatur.
- ☐ zählen zur Kaumuskulatur.
- ☐ ziehen den Unterkiefer nach oben.
- ☐ ziehen den Unterkiefer nach unten.
- ☐ gehören zur mimischen Muskulatur.

Zu den Mundöffnern zählen nicht ...

- ☐ Musculus mylohyoideus
- ☐ Musculus geniohyoideus
- ☐ Musculus temporalis
- ☐ zweibäuchiger Muskel
- ☐ Musculus masseter
- ☐ Kinn-Zungenbein-Muskel

Schlau wie Einstein!

Wissens-Check

Welche Aussagen sind richtig, welche falsch?

Aussage		
Die mimische Muskulatur ist für Bewegungen des Unterkiefers zuständig.		
Bewegungen der mimischen Muskulatur verändern den Gesichtsausdruck.		
Für ein Lächeln arbeiten 17 Muskeln.		
Um böse zu schauen müssen viel mehr Gesichtsmuskeln arbeiten als für ein Lächeln.		
Die Muskulatur um den Mund und die Augen ist ringförmig.		
Der Nervus trigeminus steuert die mimische Muskulatur.		
Eine Gesichtslähmung entsteht durch die Schädigung des Nervus facialis.		
Im Gesicht hat der Mensch ca. 50 Muskeln.		

Das Aufeinanderpressen der Zähne oder das Knirschen geschieht unter Anspannung der Kaumuskulatur. Man bezeichnet diese Überfunktion mit dem Fachwort

___ ___ ___ ___ ___ ___ ___ ___ ___.

Welche Folgen kann das Zähneknirschen nach sich ziehen?

Die Abbildungen aus dem Heft Ihrer Kollegin sind leider auf Englisch. Können Sie die abgebildeten Muskeln auf Deutsch benennen?

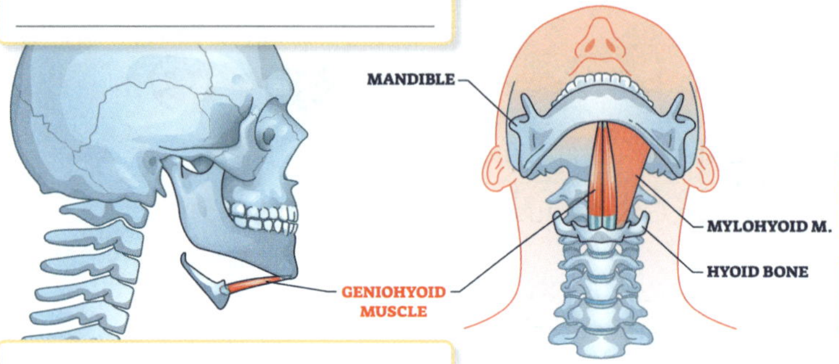

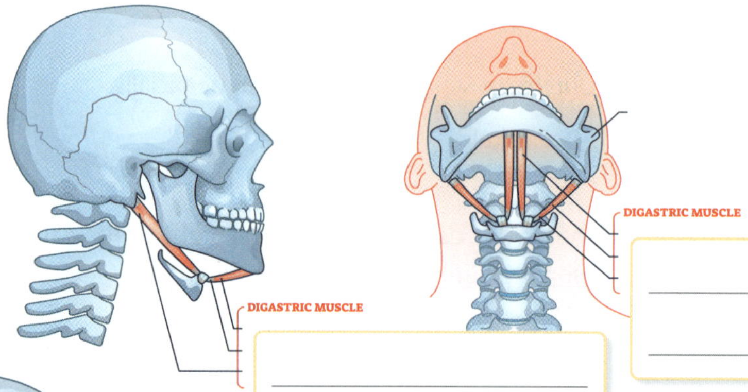

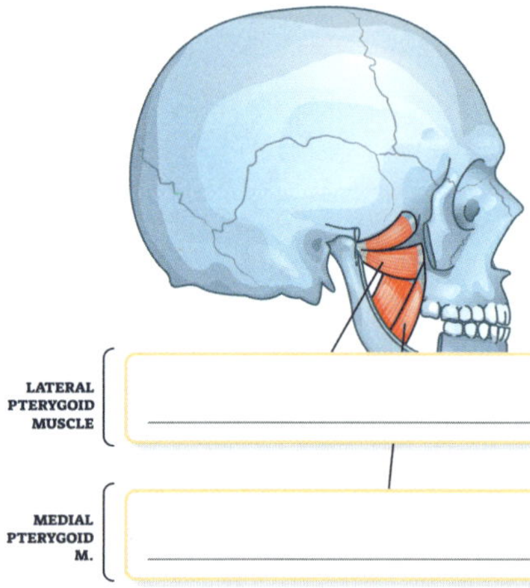

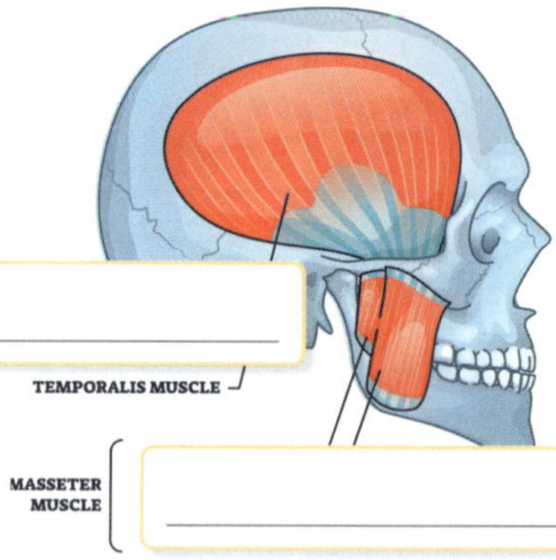

Ordnen Sie die oben abgebildeten Muskeln in die richtige Tabellenspalte ein.

Mundschließer	Mundöffner	keines von beiden

Zeichnen Sie die Lage der nachstehend genannten anatomischen Strukturen in die Abbildung ein. Verwenden Sie die entsprechenden Farben.

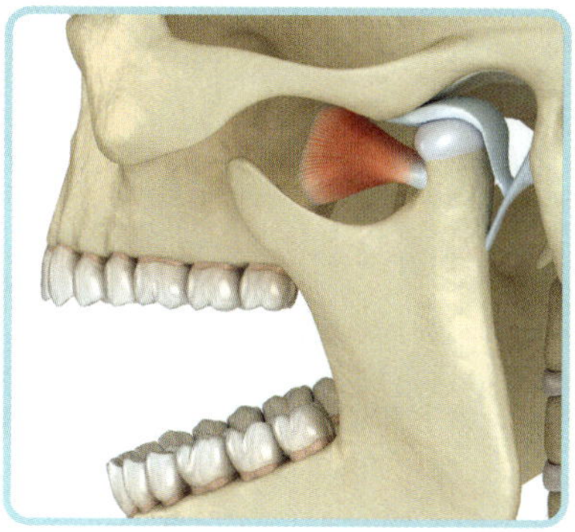

Geben Sie jeweils die deutsche Bezeichnung an.

Discus articularis ______________________

Os temporale ______________________

Condylus/Caput mandibulae ______________________

Fossa articularis ______________________

Tuberculum articulare ______________________

Processus coronoideus ______________________

Wie heißt der auf der Vorseite sichtbare Muskel? Welche Funktion übernimmt er?

____

____

Welcher Kaumuskel wird bei einer Leitungsanästhesie durchstochen?

____

Ach so!

Wer sich wichtige Wortteile aus der medizinischen Fachsprache merkt, kann später viel besser neue Begriffe verstehen und behalten.

pro- = vor, vorher retro- = zurück, hinter lateral = seitlich

Ordnen Sie nun richtig zu

Protrusion	Seitwärtsbewegung
Laterotrusion	Bewegung nach hinten, Rückschub
Retrusion	Bewegung nach vorn, Vorschub

4 Nerven

Welche anatomischen Strukturen des Nervensystems sind richtig übersetzt?

- ☐ Nervenzelle – Neuron
- ☐ Nervenzelle – Axon
- ☐ Synapse – Kontaktstelle zwischen Nervenzellen
- ☐ chemischer Botenstoff – Neurotransmitter
- ☐ Zwillingsnerv – Trigeminus
- ☐ Nervenknoten – Ganglion
- ☐ Gesichtsnerv – Nervus ophthalmicus
- ☐ länglicher Fortsatz einer Nervenzelle – Axon

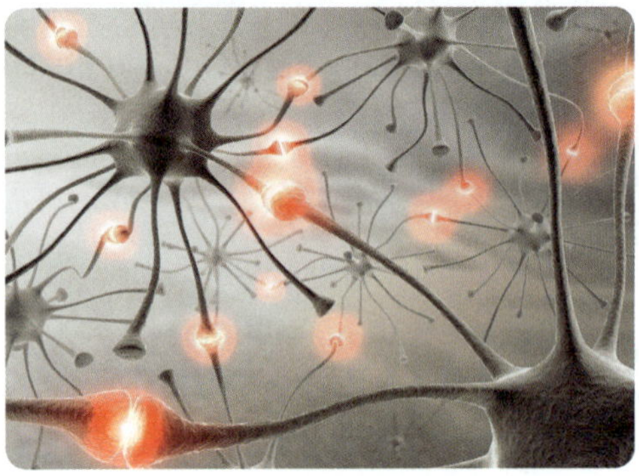

Die Abbildung aus dem Heft Ihrer Kollegin ist leider auf Englisch. Tagen Sie in der Zeichnung die deutschen Begriffe ein.

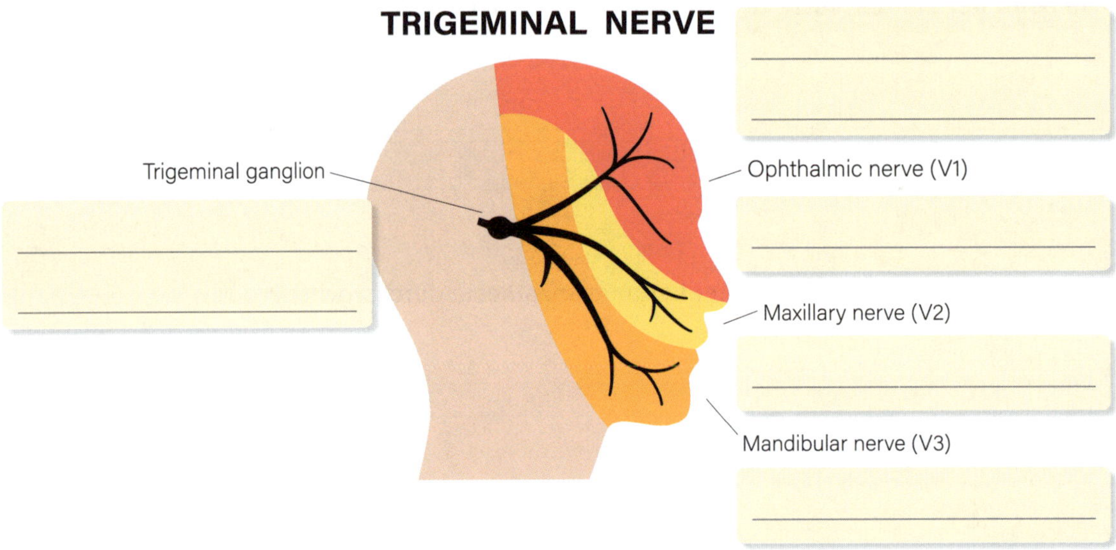

Wo liegen die folgenden Nerven? Kennzeichnen Sie deren Verlauf in der Abbildung in der vorgegebenen Farbe.

N. maxillaris

N. alveolares superiores

N. infraorbitalis

N. mandibularis

N. alveolaris inferior

N. mentalis

N. lingualis

N. buccalis

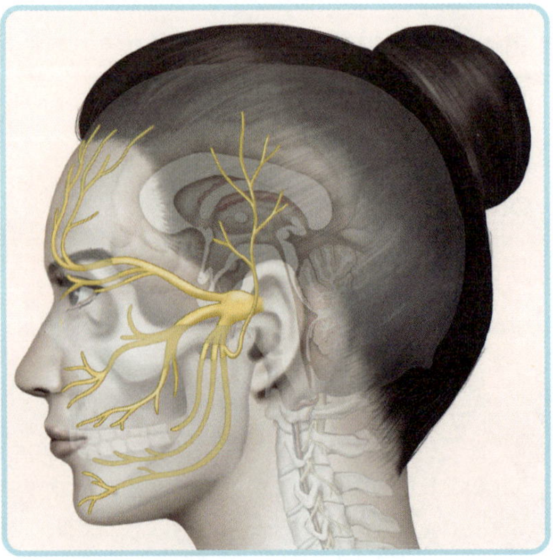

**Ergänzen Sie den Lückentext, die fehlenden Wortteile sind in den Kästchen links.
Achtung: Einige Silben werden mehrfach benötigt.**

NUN	NA	A
RA	FO	ZWEI
GEN	ÖFF	MEN
LA	KA	TA
MI	FO	TER
RA	PI	LE

Damit Blutgefäße und Nerven in der Schädelregion durch Knochen hindurch verlaufen können, sind an unterschiedlichen Stellen ________________ zu finden. Diese werden mit dem Fachwort ________________ (Einzahl) bzw. ________________ (Mehrzahl) bezeichnet. Um die genaue Lage der Öffnung unverwechselbar zu kennzeichnen, folgt ein ______________ Begriff im Namen eines jeden Foramens, z. B. heißt das Kinnloch im Unterkiefer ________________________.

Auch am Zahn finden wir diese Bezeichnung, das Loch an der Wurzelspitze heißt:

______________________________.

Wissens-Check

Welche Aussagen sind richtig, welche falsch?

Aussage	😊	☹
Das Foramen incisivum befindet sich im Oberkiefer hinter den mittleren Schneidezähnen.		
Foramen incisivum, Foramen mentale und Foramen palatinus befinden sich im Oberkiefer.		
Im Unterkiefer findet man das Foramen mentale und das Foramen mandibulae.		
Das Knochenloch am Kinn heißt Foramen apikale.		
Das Foramen supraorbitale befindet sich ca. 1 cm unterhalb der Augenhöhlenrandes.		
Das Knochenloch am Gaumen in Höhe des 2. Prämolaren heißt Foramen palatinus majus.		
Das Knochenloch am Gaumen in Höhe des 2. Molaren heißt Foramen palatinus majus.		
Foramen infraorbitale, Foramen incisivum und Foramen palatinus befinden sich im Oberkiefer.		
Das Foramen mentale befindet sich im Unterkiefer, auf Höhe der Prämolaren und zeigt zur Zunge hin.		
Der Nervus alveolaris inferior tritt durch das Foramen mandibulae wieder aus dem Knochen hervor.		

Weisen Sie den Foramina auf den Abbildungen die richtigen Bezeichnungen zu sowie die Nerven, die an dieser Stelle in/aus dem Knochen treten.

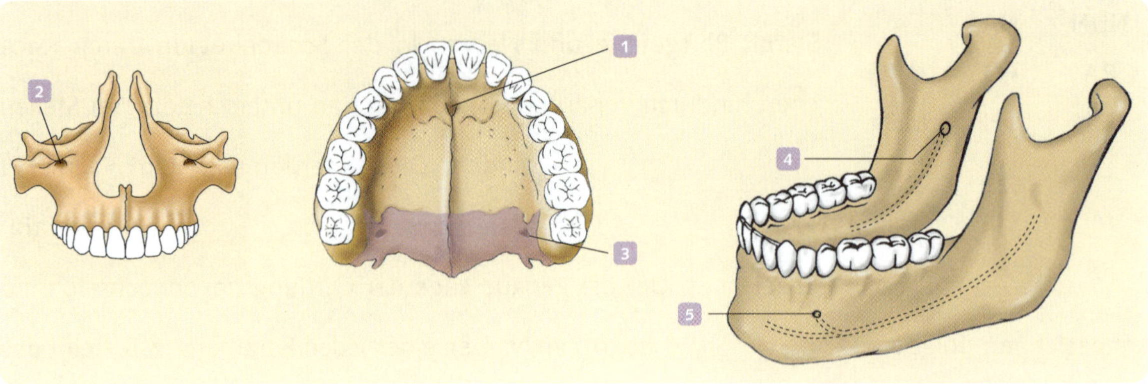

1 Foramen incisivum	Nervus palatinus
2 Foramen infraorbitale	Nervus mentalis
3 Foramen palatinum majus	Nervus alveolaris inferior
4 Foramen mandibulae	Nervus infraorbitalis
5 Foramen mentale	Nervus incisivus

Vokabeltraining

Kennzeichnen Sie die Begriffe mit gleicher Bedeutung oder gleicher Zugehörigkeit in derselben Farbe.

somatisch	motorisch	lokal
selbstständig	außen liegend	in der Mitte
zentral	autonom	der Bewegung dienend
örtlich begrenzt	den Körper betreffend	peripher

Ordnen Sie zu

Somatisches Nervensystem	steuert alle lebenswichtigen Funktionen des Körpers
	ist willentlich beeinflussbar
Autonomes Nervensystem	ist willentlich nicht beeinflussbar
	ist für die Aufnahme von Sinnesreizen und die Steuerung von Körperreaktionen verantwortlich

Kreuzen Sie die richtigen Aussagen an.

Der Nervus maxillaris ...

☐ hat motorische Fasern.
☐ hat sensible Fasern.
☐ versorgt die Zähne des OK.
☐ versorgt die Zähne des UK.
☐ versorgt die Haut von der Oberlippe bis zum Augenlid.
☐ versorgt die Haut von der Unterlippe bis zum Kinnbereich.
☐ versorgt den vorderen Teil der Zunge.

Der Nervus mandibularis ...

☐ hat motorische Fasern.
☐ hat sensible Fasern.
☐ versorgt die Zähne des OK.
☐ versorgt die Zähne des UK.
☐ versorgt die Haut von der Oberlippe bis zum Augenlid.
☐ versorgt die Haut von der Unterlippe bis zum Kinnbereich.
☐ versorgt den vorderen Teil der Zunge.

5 Anästhesie

Ergänzen Sie den Lückentext.

Der Fachbegriff **Anästhesie** kommt aus dem ______________________ und bedeutet ______________________ bzw. ______________________ gegen Schmerzen. Dieser Zustand wird durch ______________________ herbeigeführt. In der Medizin gibt es dafür verschiedene Möglichkeiten. Das allgemeine Ausschalten des Bewusstseins wird als ______________________ bezeichnet. Die Möglichkeit der Anästhesie, bei der ein Patient nur in eine Art Halbschlaf versetzt wird, heißt ______________________. Für kleine Eingriffe reicht meistens eine örtliche Betäubung, genannt lokale ______________________.

Hier gibt es Tipps zur Lösung

vel.plus/afzahn1-35

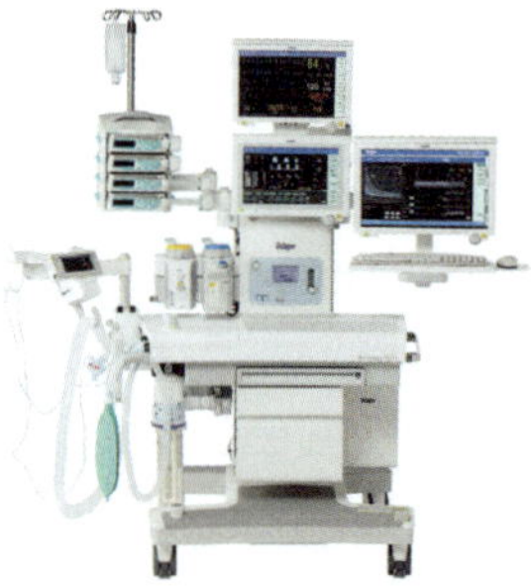

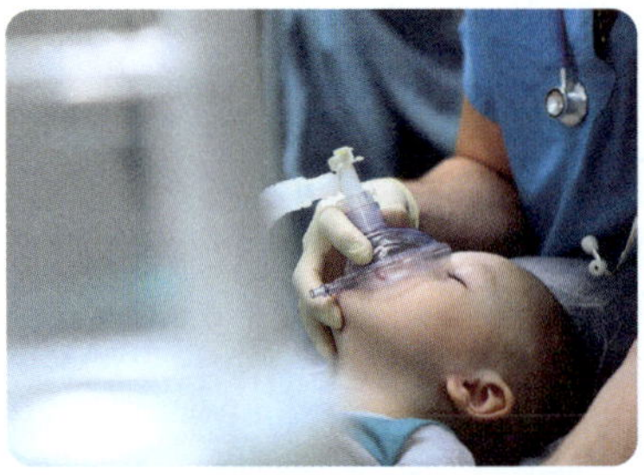

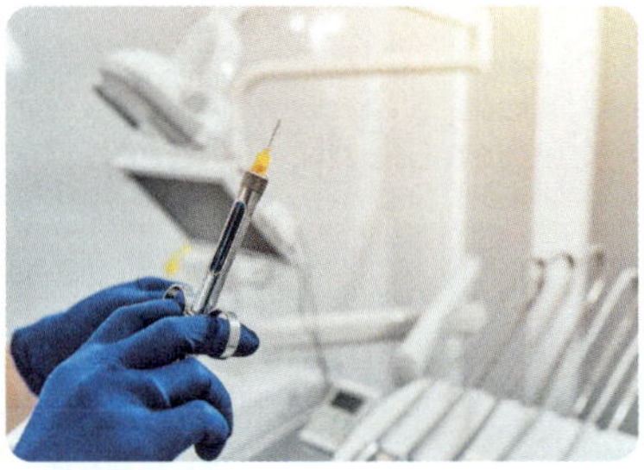

Ordnen Sie die nachstehenden Angaben der richtigen Anästhesieart zu.

Narkose – blau, Sedierung – rosa, Lokalanästhesie – gelb

- Dämmerzustand
- selbstständige Atmung
- Schmerzempfindlichkeit eines Körperteils ausgeschaltet
- Lachgas
- Beatmungsgerät
- Anästhesist
- ITN
- nicht bei Bewusstsein
- Schmerzempfindlichkeit des ganzen Körpers ausgeschaltet
- angstlösende Wirkung
- einzelne Nerven sind ausgeschaltet
- Herz-Kreislauf-Überwachung

Welche Anästhesietechniken kennen Sie aus der Zahnarztpraxis?

____

____

Ordnen Sie die Anästhesietechniken in der Zahnmedizin aufsteigend nach der Größe ihres Wirkungsbereiches.

____

____

____

____

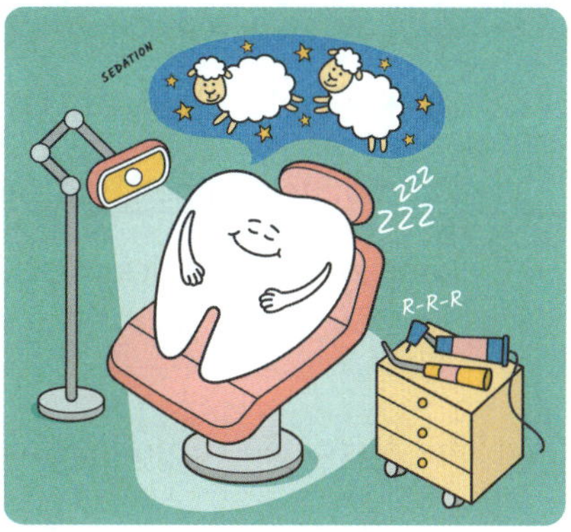

Benennen Sie die dargestellten lokalen Anästhesien und beschreiben Sie die betäubte Region.

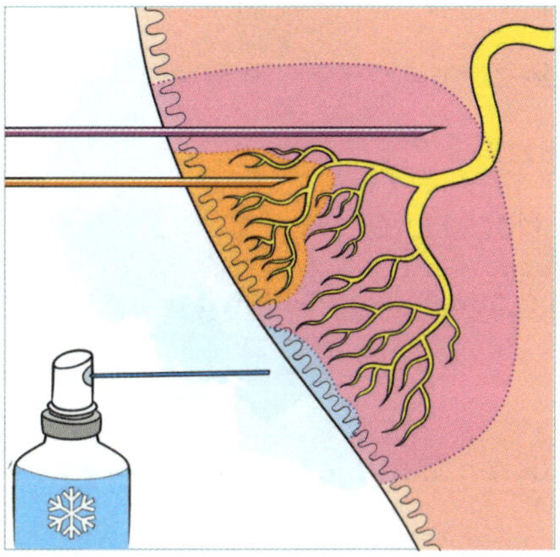

A: ____

____

B: ____

____

C: ____

____

____

Hier gibt es Tipps zur Lösung

vel.plus/afzahn1-36

Welche Anästhesietechnik gibt es in der Zahnmedizin <u>nicht</u>?

- [ ] Infiltrationsanästhesie
- [ ] Leistungsanästhesie
- [ ] intraligamentäre Anästhesie
- [ ] Oberflächenanästhesie

Schlau wie Einstein!

Die Regelanästhesie für den Unterkiefer wird so geschrieben:

__ __ __ __ __ __ __ __ __ __ __ __ __ __ __ __ __ __

Merke

Leitungsanästhesie, nicht Lei<u>s</u>tung.

Wird in Klassenarbeiten soooo oft falsch geschrieben ...

Welche Aussagen zur Oberflächenanästhesie sind richtig?

- [ ] betäubt einen einzelnen Zahn
- [ ] betäubt die Schleimhaut
- [ ] wird bei Entfernung gelockerter Milchzähne verwendet
- [ ] wird mit einem Pellet aufgetragen
- [ ] wird direkt auf die zu betäubende Stelle aufgesprüht
- [ ] kann mittels Salben und Gelen erfolgen
- [ ] kann zur Unterdrückung des Würgereizes eingesetzt werden

Welche Aussagen zur Infiltrationsanästhesie sind richtig?

- [ ] Das Anästhetikum sickert durch den Knochen bis zu den Zahnnerven.
- [ ] Die Infiltration wird nur im Oberkiefer gesetzt.
- [ ] Die Infiltration betäubt einen ganzen Nervenstamm.
- [ ] Die Infiltration betäubt zwei nebeneinanderstehende Zähne.
- [ ] Die Infiltration wird von bukkal und distal eingespritzt.
- [ ] Die Infiltration funktioniert im Milchgebiss auch im Unterkiefer.
- [ ] Die Infiltration wird in Höhe der Wurzelspitzen in die bewegliche Gingiva eingespritzt.

Um welche Art der Lokalanästhesie handelt es sich? Notieren Sie zu jedem Bild Ihre Antwort und begründen Sie diese.

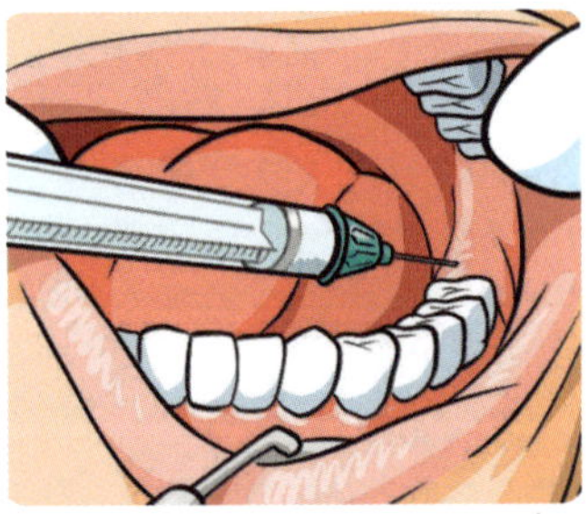

____
____
____
____
____

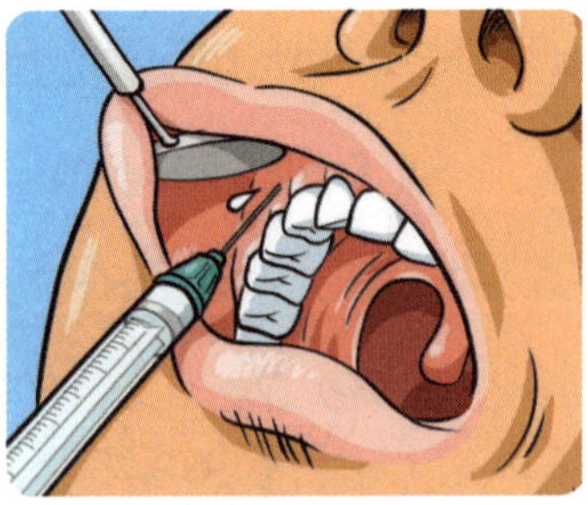

____
____
____
____
____

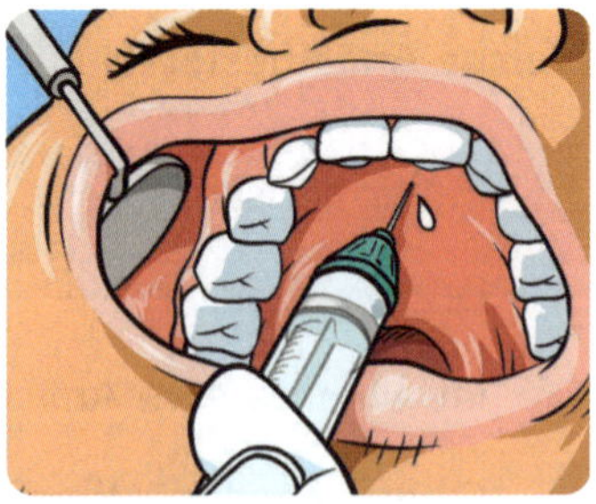

____
____
____
____
____

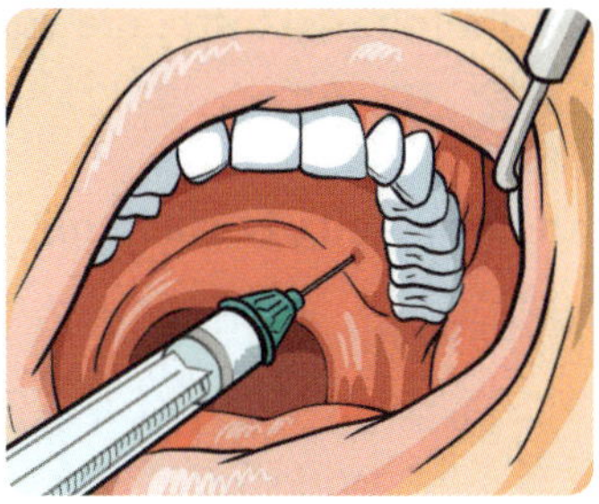

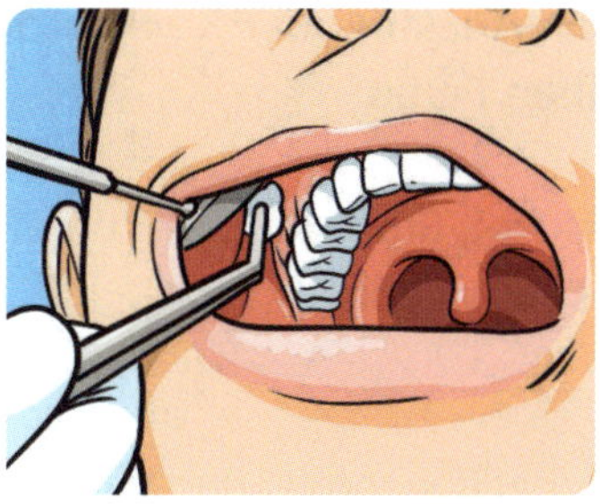

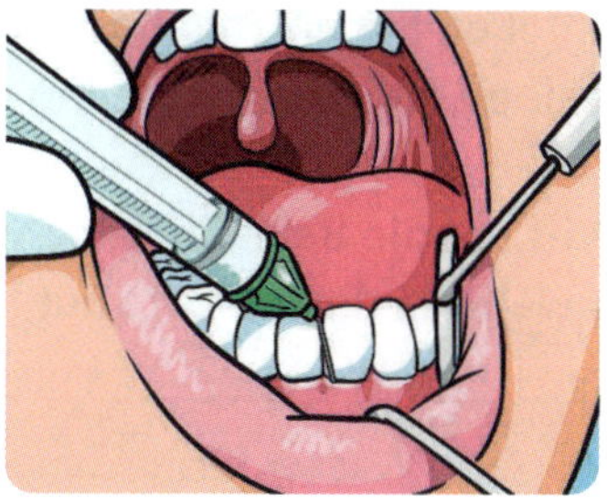

Welche Aussagen zur intraligamentären Anästhesie sind nicht richtig?

- [ ] Das Anästhetikum wird in die Wurzelhaut eingespritzt.
- [ ] Die Bezeichnung besagt, dass die Anästhesie in die Bänder eingespritzt wird.
- [ ] wird mit einer dünnen, sehr kurzen Kanüle durchgeführt
- [ ] Pro Stelle wird eine halbe Zylinderampulle eingespritzt.
- [ ] wirkt sofort
- [ ] betäubt einen einzelnen Zahn für ca. 45–60 Minuten
- [ ] Das Betäubungsmittel wird mit hohem Druck eingepresst.

Schlau wie Einstein!

Welche Aussagen zur Leitungsanästhesie sind richtig?

- [ ] betäubt einen ganzen Nervenstamm
- [ ] wird in der Zahnmedizin und in der Allgemeinmedizin angewendet
- [ ] wird hauptsächlich im Unterkiefer durchgeführt
- [ ] wird im Oberkiefer bei großen Eingriffen oder bei Entzündungen durchgeführt
- [ ] ist einfach in der Durchführung, weil die Einstichstelle gut sichtbar ist
- [ ] betäubt zwei benachbarte Zähne
- [ ] betäubt die Einser im Unterkiefer zuverlässig
- [ ] kann auch von außerhalb des Mundes angesetzt werden

Kennen Sie die Inhaltsstoffe in den Anästhetika? Kennzeichnen Sie die Inhaltsstoffe, die zur selben Gruppe gehören in derselben Farbe.

Stoff der die Betäubung hervorruft – rot, Stoff der die Blutgefäße verengt – gelb, Lösungsmittel in welches diese Stoffe aufgelöst sind – grün

Wasser für Injektionszwecke	gefäßverengendes Mittel	Wirkstoff
Articain	Adrenalin	Vasokonstringens
Noradrenalin	Trägerlösung	Lidocain

Welche Aussagen zu Zylinderampullen sind richtig?

- ☐ haben ein Fassungsvermögen von 1,5 ml
- ☐ sind aus Glas
- ☐ sind einseitig mit einem Gummistopfen verschlossen
- ☐ sind Mehrwegprodukte
- ☐ enthalten keine Konservierungsstoffe

Aus Schülerarbeiten

Dies ist die Originalaussage aus einer Schülerarbeit.
Markieren Sie fehlerhafte Aussagen und erklären Sie, warum diese falsch sind.

Prüfungsfrage:
Der Zahn 46 wird mittels Leitungsanästhesie betäubt. Die Behandlerin aspiriert dabei nach dem Einstich. Beschreiben Sie eine Aspiration. Begründen Sie die Notwendigkeit.

Aspiration ist das Ansaugen von Blut beim Injizieren, durch zurückziehen der Spritze. Die Behandlerin kann so sehen, ob sie den Nerv richtig getroffen hat.

Was bedeuten die Angaben auf der Zylinderampulle?

Infos über Anästhetika in der Zahnmedizin

vel.plus/afzahn1-37

D steht für

S steht für

forte steht für

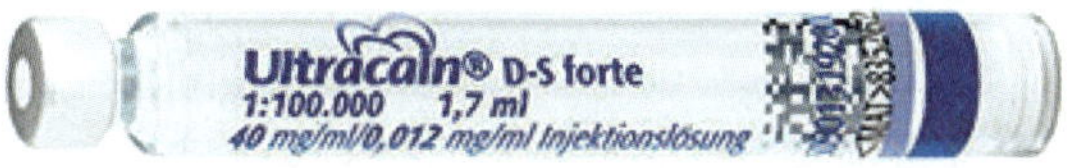

Welche Schlüsse ziehen Sie von den Angaben auf den nachstehend abgebildeten Ampullen? Notieren Sie Ihre Antworten.

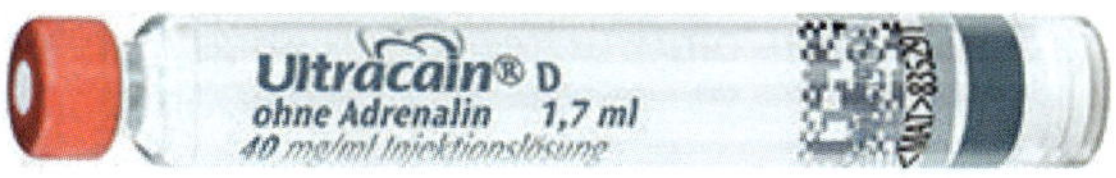

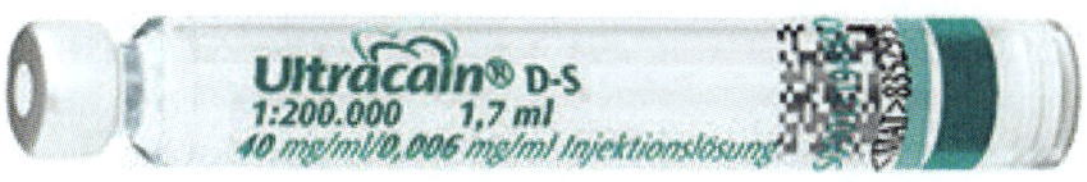

Warum wird Adrenalin den Anästhetika beigesetzt? Welche Vorteile hat dies für die Behandlung?

____

____

____

____

____

Vervollständigen Sie den Lückentext, indem Sie die nachstehenden Begriffe an die richtige Stelle setzen.

Aspiration • Gummistopfen • Daumendruck • zurückziehen • Fingergriff • 1,7 • Karpulenspritze • abgebrochen • Kolben • Daumenring • Daumenring • Häkchen • Zylinderampulle • Glas • Kanüle • Fingergriff • 1,8 • aufgeschraubt • Gummistopfen • injiziert • Spritzenkolben • abgebrochen • blutig

Das in der Zahnmedizin am häufigsten verwendete Spritzensystem ist die ______________. Das Anästhetikum befindet sich in einer ______________, die in die Spritze eingesteckt wird. Die Zylinderampullen bestehen aus durchsichtigem ______________ und sind zu beiden Seiten mit einem ______________ verschlossen. Die Füllmenge beträgt ______________ ml oder ______________ ml. Die Spritzennadel heißt mit Fachwort ______________ und wird auf die Spritze ______________.

Der ______________ ist der Teil der Spritze, über den man Druck auf die Ampulle ausübt. Dabei liegt der Daumen des Behandlers meistens im sogenannten ______________, Zeige- und Mittelfinger liegen um den ______________.

Am anderen Ende des Kolbens sind drei bis vier ______________ zu finden. Sie werden nach dem Einlegen der Ampulle durch eine Drehung gespreizt und verhaken sich so in den ______________. So lässt sich der Gummistopfen eindrücken aber auch wieder ______________. Dies ist wichtig bei der ______________. Um sicherzustellen, dass nicht in ein Blutgefäß ______________ wird, muss nach dem Einstich kurz der ______________ zurückgezogen werden. Dies kann durch den ______________ besonders einfach durchgeführt werden.

Verfärbt sich die Ampulle ______________, wird die Injektion sofort ______________ und neu angesetzt. Es gibt auch Spritzensysteme bei denen die Aspiration automatisch erfolgt, sobald der ______________ nachlässt.

Beschriften Sie die Abbildung indem Sie die Bezeichnungen aus der vorherigen Aufgabe eintragen.

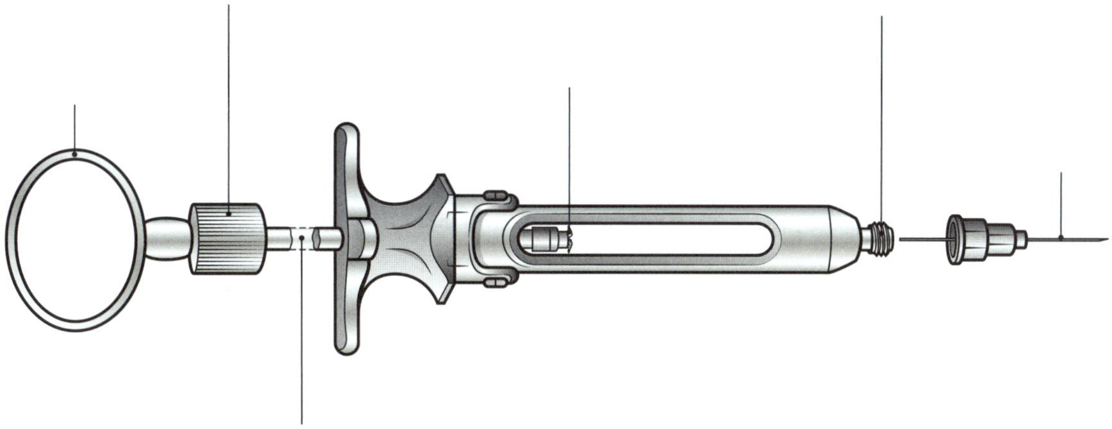

Was sind Anastomosen?

Hier gibt es Tipps zur Lösung

vel.plus/afzahn1-38

Erkennen Sie, was in der Abbildung falsch dargestellt wurde? Korrigieren Sie die Zeichnung.

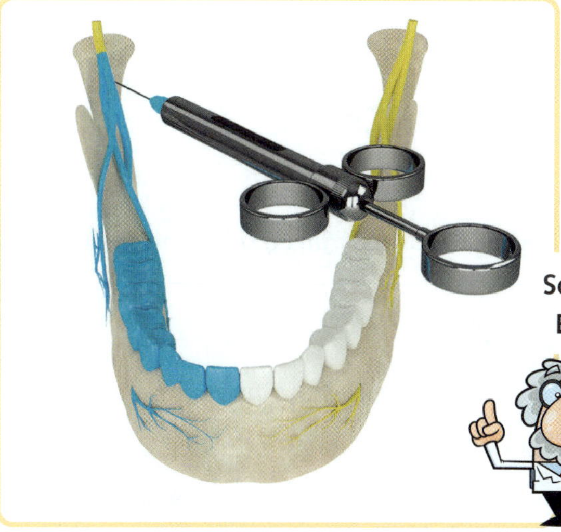

Schlau wie Einstein!

Kreuzen Sie die richtigen Aussagen an.

Welche Aussagen zum Infektionsschutz sind richtig?

☐ Beim Bestücken der Karpulenspritze ist auf Kontaminationsvermeidung zu achten.

☐ Gebrauchte Kanülen in eine Abwurfbox abstreifen.

☐ Kanülen können recycelt werden.

☐ Das Verwenden von Spritzenständern ermöglicht ein sicheres Recapping.

☐ Das Recapping sollte grundsätzlich nicht durchgeführt werden.

☐ Gebrauchte Kanülen sind als Sondermüll zu entsorgen.

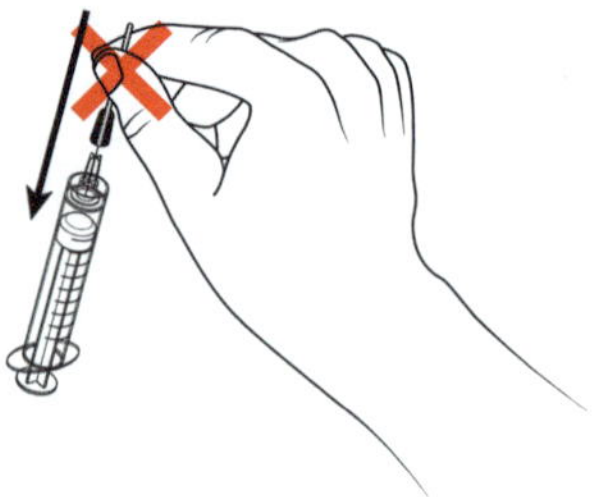

Benennen Sie die abgebildeten Spritzensysteme.

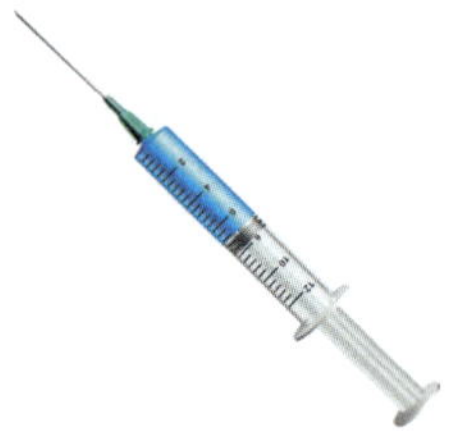

____

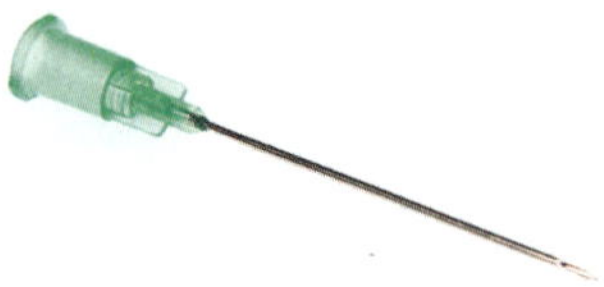

____

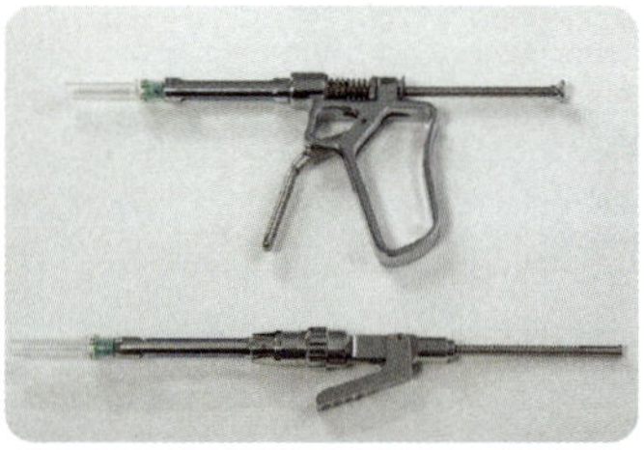

____

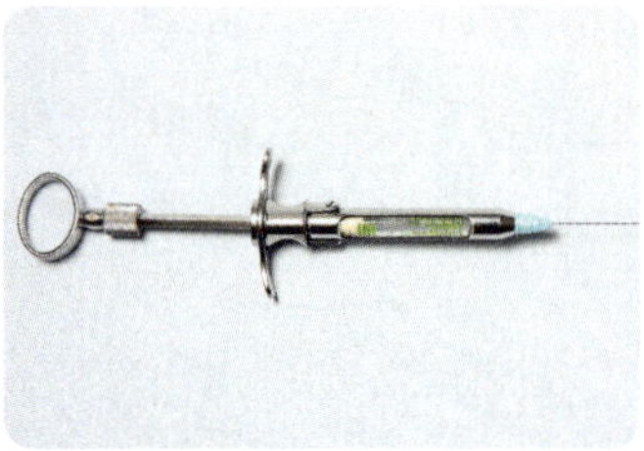

____

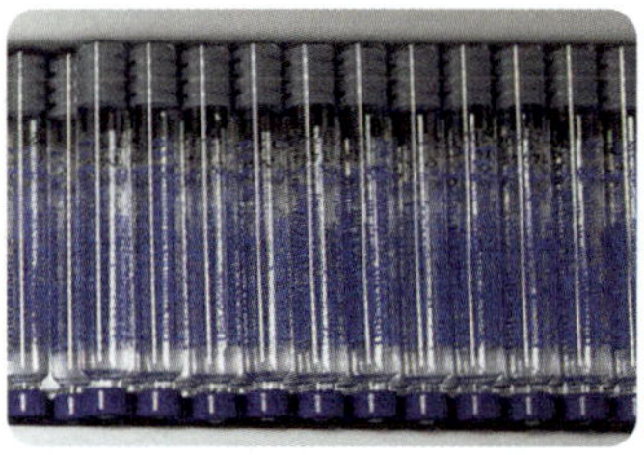

____

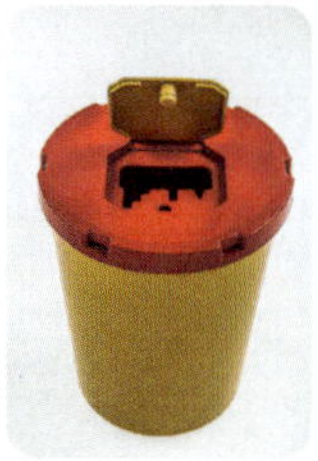

____

Wissens-Check

Infiltrationsanästhesie oder Leitungsanästhesie?

Aussage	Infiltration	Leitung
betäubt nur einzelne Zähne		
unterbricht die Erregungsleitung in einem ganzen Nervenstrang		
ist die Regelanästhesie im Unterkiefer		

Aussage	Infiltration	Leitung
betäubt einzelne Nervenfasern		
wird mit Spritze, Ampulle und langer Kanüle durchgeführt		
ist die Regelanästhesie im Oberkiefer		
wird am Foramen incisivum durchgeführt		
wird bei Anastomosen durchgeführt		
wird mit Spritze, Ampulle und kurzer Kanüle durchgeführt		
wird am Foramen mandibulae durchgeführt		
wird am Foramen palatinus majus durchgeführt		

Fassen Sie Ihre Kenntnisse zum Thema Lokalanästhesie zusammen. Verwenden Sie dafür dieses Mindmap, erweitern es bei Bedarf oder erstellen Sie ein eigenes.

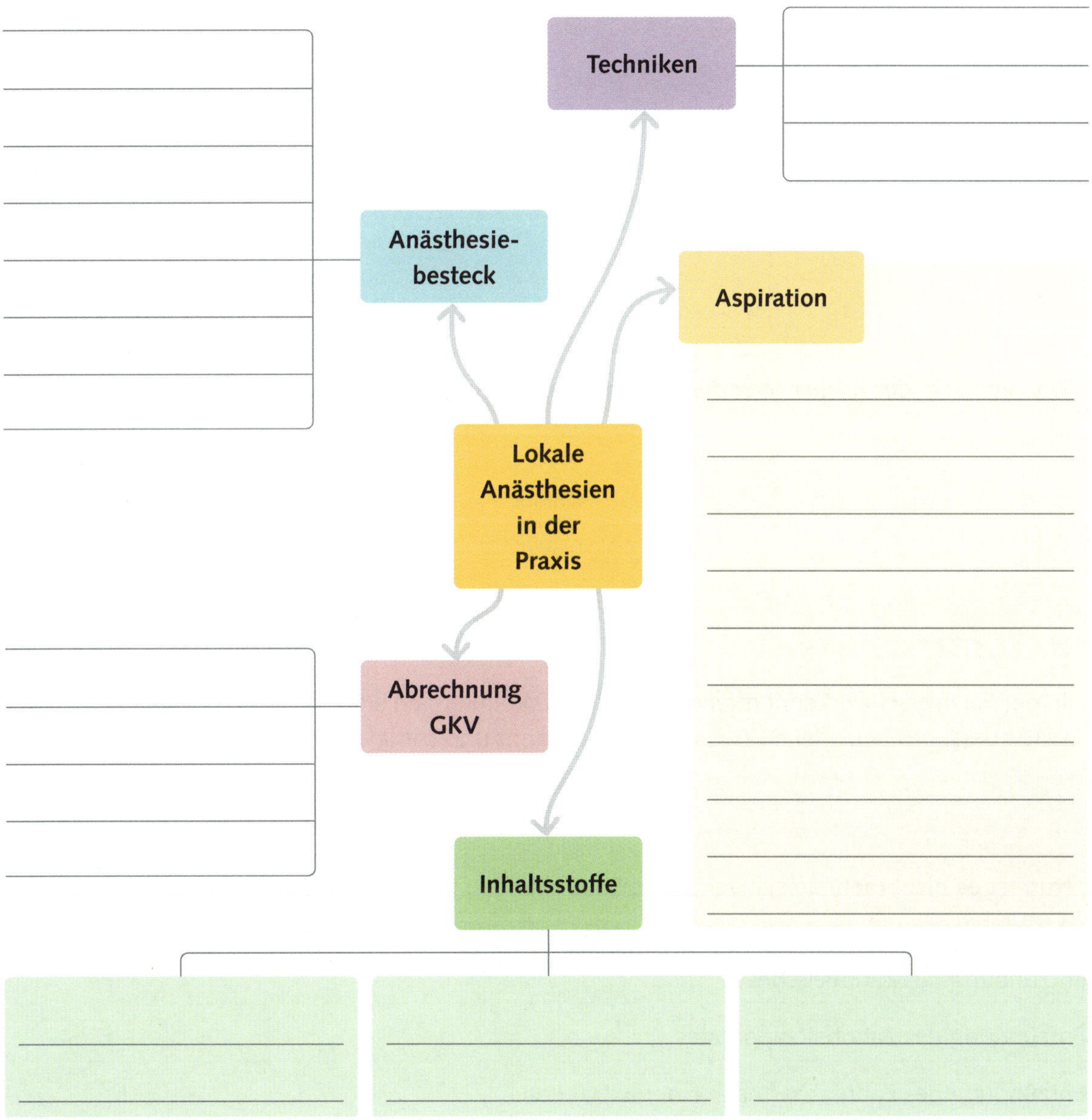

6 Erkrankungen des Endodonts bzw. der Pulpa

Ach so!

Die Vorsilbe **EN-** bedeutet in, **innerhalb**, **hinein**. In Zusammenhang mit dem aus dem Griechischen stammenden Wortteil für **Zahn: ODONT** entsteht der Fachbegriff **ENDODONT**. Er bezeichnet **das Zahninnere**.

Welche anatomischen Strukturen zählen zum Endodont?

- [ ] Schmelz
- [ ] Pulpa
- [ ] Dentin
- [ ] Wurzelzement
- [ ] Desmodont

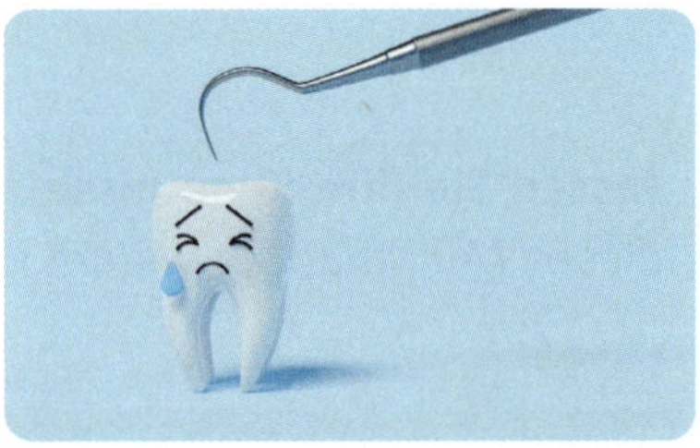

Was ist eine Entzündung?

____

Was versucht der Körper über die Entzündungsreaktion zu erreichen?

____

____

Ach so!

In der Fachsprache erkennt man entzündliche Erkrankungen an der Endung **„-itis“**. Meistens wird zuerst das betroffene Körpergewebe genannt und **„-itis“** angehängt.

Nun ist es nicht mehr so schwer, diese Erkrankungen zu übersetzen:

Entzündung des Zahnfleisches ______________________________

Entzündung des Zahnhalteapparates ______________________________

Entzündung des Zahnfaches nach einer Extraktion ______________________________

Lernnotiz: akut oder chronisch

Dies sind zwei wichtige medizinische Begriffe, notieren Sie in der Tabelle die Hauptmerkmale.

akut	chronisch

Welche der nachfolgenden Erkrankungen sind Entzündungen? Erklären Sie jeweils auch, welcher Körperteil davon betroffen ist.

- ☐ Sinusitis maxillaris ______________________
- ☐ Pulpitis ______________________
- ☐ Dermatitis ______________________
- ☐ Perikoronitis ______________________
- ☐ Arthrose ______________________
- ☐ Myalgie ______________________
- ☐ Hepatitis ______________________

Kreuzen Sie die richtigen Aussagen an.
Zu den lokalen Symptomen einer Entzündung zählen <u>nicht</u>:

Schlau wie Einstein!

- ☐ Rötung
- ☐ Fieber
- ☐ Schwellung
- ☐ Schmerz
- ☐ Funktionsstörung
- ☐ Abgeschlagenheit

Welche Begriffe sind richtig übersetzt? Kreuzen Sie an und tragen Sie bei falschen Antworten die richtige Übersetzung ein.

- ☐ Calor – Rötung ______________________
- ☐ Functio laesa – eingeschränkte Funktion ______________________
- ☐ Rubor – Rötung ______________________
- ☐ Tumor – Wärme ______________________
- ☐ Dolor – Schmerz ______________________

Wissens-Check

Welche Aussagen über Eiter sind richtig, welche falsch?

Aussage	☺	☹
Eiter wird von Thrombozyten verursacht		
Eiter wird von Streptokokken verursacht		
Eiter wird von Staphylokokken verursacht		
Eiter wird von Enterokokken verursacht		
Eiter enthält Bakterien, abgestorbene Körperzellen, Blutserum		
Eiter entsteht als Reaktion auf eine bakterielle Infektion.		
Eine eitrige Entzündung der Kieferhöhle bezeichnet man als Empyem.		
Die Immunzellen der Körperabwehr „fressen" die Bakterien, dabei entsteht Eiter.		

Ordnen Sie den Begriffen die richtige Bedeutung zu.

Abszess	flächige, nicht abgekapselte Eiteransammlung
Empyem	Blutvergiftung, lebensbedrohliche Ausbreitung einer Infektion im ganzen Körper
Phlegmone	abgekapselte Eiteransammlung im Gewebe
Pus	kleiner Kanal, der von einem Entzündungsherd zur Körperoberfläche führt
Sepsis	Eiteransammlung in einer Körperhöhle
Fistel	gelb-grünliche Absonderung, bestehend aus Leukozyten, Blutserum, Bakterien und abgestorbenem Gewebe

Wodurch kann eine Entzündung der Pulpa hervorgerufen werden?

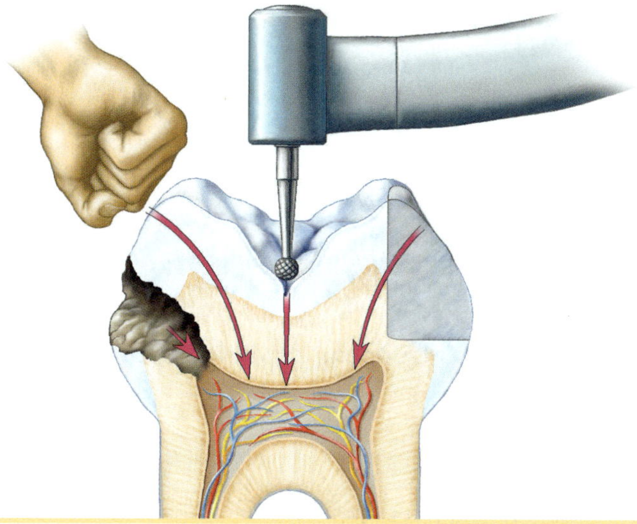

Bringen Sie die Stadien einer Karies und der Folge-Erkrankung in die richtige Reihenfolge, indem Sie Ziffern entsprechend der Reihenfolge in das Kästchen eintragen.

Pulpitis serosa	______	Pulpagangrän	______
Caries initialis	______	Caries media	______
Caries profunda	______	Pulpitis purulenta	______
Pulpanekrose	______	Caries superficialis	______
Hyperämie	______	apikale Ostitis	______
apikale Parodontitis	______		

Zusammenfassung: Notieren Sie die Verlaufsstadien einer entzündlichen Pulpitis.

Hyperämie
→ ______________________
→ ______________________
→ ______________________
→ ______________________
→ ______________________
→ ______________________

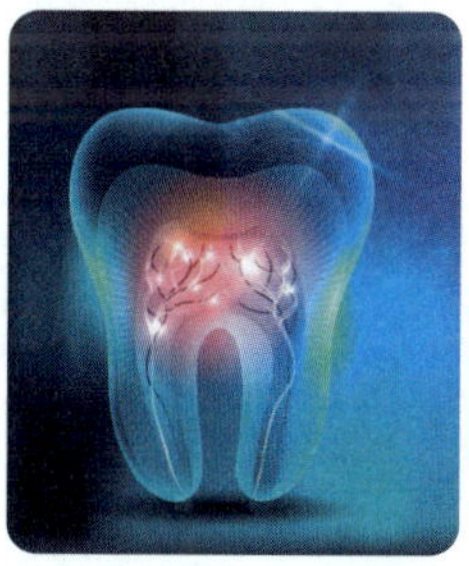

Auch der Ausbreitungsgrad der Entzündung ist ein Unterscheidungsmerkmal, vervollständigen Sie:

Ist nur ein Teil der Pulpa entzündet, spricht man von einer

P __ __ __ __ __ L L __ __ Pulpitis.

Ist die gesamte Pulpa entzündet, spricht man von einer __ __ __ __ L __ __ Pulpitis.

In welchem Stadium kann eine Entzündung der Pulpa noch ausgeheilt werden?

____

Eine Pulpitis, die ausgeheilt werden kann, nennt man:

- reversibel?
- irreversibel?

Aus Schülerarbeiten

Erklären Sie, weshalb die folgenden Behauptungen nicht stimmen.

„Die Kronenpulpa lebt, die Wurzelpulpa ist tot."

____

„Die Pulpa ist avital und entzündet."

____

Kreuzen Sie die richtigen Aussagen an.
Welche der nachstehenden Symptome weisen auf ein Pulpagangrän hin?

- ☐ Schmerzen auf süß/sauer
- ☐ Vitalitätsprobe positiv, Perkussion negativ
- ☐ Vitalitätsprobe positiv, Perkussion positiv
- ☐ Vitalitätsprobe negativ, Perkussion positiv
- ☐ Zahn ist sehr berührungsempfindlich

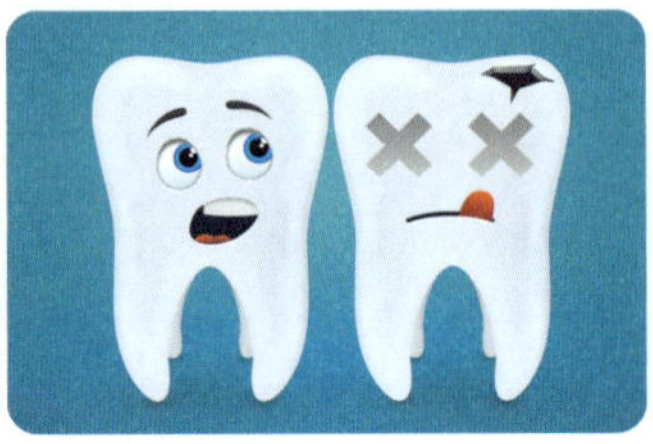

- [ ] Kurze, wiederkehrende Empfindlichkeiten auf heiß/kalt
- [ ] Druckgefühl
- [ ] Patient hat das Gefühl, der Zahn wächst aus der Alveole heraus

Kreuzen Sie die richtigen Aussagen an.
Wie kann die Vitalität eines Zahnes überprüft werden?

- [ ] Sie wird mittels Kältespray durchgeführt.
- [ ] Sie wird durch eine Probetrepanation durchgeführt.
- [ ] Sie wird mit dem Griff der zahnärztlichen Sonde durchgeführt.
- [ ] Sie wird durch Beklopfen des Zahnes überprüft.
- [ ] Sie wird mittels Wärme überprüft.

Finden Sie die Begriffe mit gegenteiliger Bedeutung und tragen Sie die Wortpaare unten ein.

irreversibel	vital	lokal	apikal
reversibel	akut	retrograd	avital
chronisch	orthograd	systemisch	partiell
koronal	total		

_______________ ⟷ _______________

_______________ ⟷ _______________

_______________ ⟷ _______________

_______________ ⟷ _______________

_______________ ⟷ _______________

_______________ ⟷ _______________

_______________ ⟷ _______________

7 Therapiemaßnahmen zur Vitalerhaltung der Pulpa

Welche Behandlungsmöglichkeiten gibt es, um eine erkrankte Pulpa lebendig zu erhalten?

____

____

____

LF 5

Welche Behandlungsschritte werden durchgeführt, um die Pulpa vital zu erhalten?

1. Kreuzen Sie die richtigen Aussagen an.

2. Notieren Sie anschließend die Reihenfolge, in welcher diese erfolgen.

- ☐ ☐ Kavitätenpräparation und Entfernen der Karies
- ☐ ☐ PSI
- ☐ ☐ Vitalitätsprüfung in einer späteren Sitzung
- ☐ ☐ Anästhesie
- ☐ ☐ Spülung der Kanäle
- ☐ ☐ Verschließen der Kavität mit einer Füllung
- ☐ ☐ Einlegen eines kalziumhydroxidhaltigen Medikamentes
- ☐ ☐ Röntgenkontrollaufnahmen

Welche Präparate werden eingesetzt bei Pulpaüberkappungen oder Pulpotomie? Kennzeichnen Sie die Richtigen mit einem grünen Haken.

$Ca(OH)_2$ ☐	MTA ☐	Zinkoxideugenol ☐	Kalziumhydroxid ☐	GIZ ☐

Kreuzen Sie die richtigen Aussagen an.

MTA ist ...

- ☐ ein bioaktiver Reparaturzement
- ☐ steht für Mineral-Trioxid-Aggregat
- ☐ wird beim Aushärten stark basisch

Der pH-Wert ist in entzündetem Gewebe sauer. Wissen Sie, welchen pH-Wert die Kalziumhydroxid-Präparate in Ihrer Ausbildungspraxis haben?

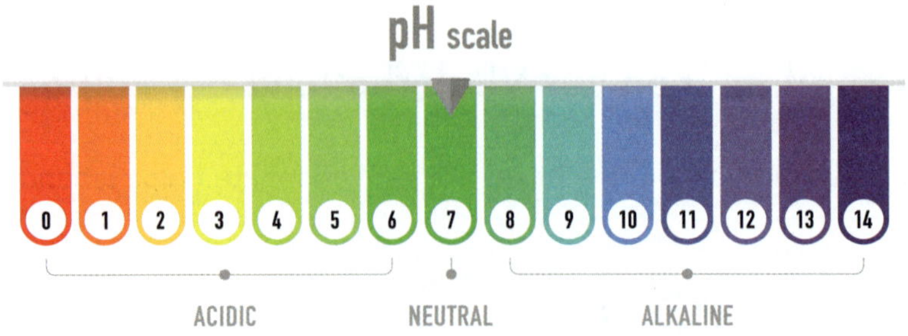

Welche Wirkung hat Kalziumhydroxid als medikamentöse Einlage?
Dies sind die Antworten der Klasse, kennzeichnen Sie die richtigen mit einem grünen Haken.

- ☐ ist stark basisch
- ☐ Odontoblasten reagieren auf $Ca(OH)_2$ und bilden Tertiärdentin.
- ☐ weiß ich nicht
- ☐ neutralisiert den sauren pH-Wert im entzündeten Gebiet und im Dentin
- ☐ wird zu Hydroxylapatit umgebaut
- ☐ hat eine desinfizierende Wirkung
- ☐ davon hab ich noch nie gehört.
- ☐ regt die Bildung von Primärdentin an
- ☐ ist schwach basisch
- ☐ regt die Bildung von Reizdentin an
- ☐ wirkt bakterienabtötend

Lernnotiz: Kalziumhydroxid

Ergänzen Sie die Tabelle und halten Sie darin die wichtigsten Informationen zu Kalziumhydroxid fest.

Eigenschaft	Wirkung
• reizt positiv die Pulpa	→ Odontoblasten bilden Dentin, die Dentinschicht über der Pulpa wird wieder dicker.
• ____________	→ ____________
• ____________	→ ____________

Pulpotomie – kreuzen Sie die richtigen Aussagen an.

- ☐ wird bei Kindern und Jugendlichen durchgeführt
- ☐ kann bei allen Patienten durchgeführt werden, wenn nötig
- ☐ wird an symptomlosen Zähnen durchgeführt
- ☐ Die Wurzelpulpa bleibt erhalten.
- ☐ wird bei entzündlicher Pulpa durchgeführt
- ☐ wird in drei Sitzungen durchgeführt

- ☐ Die Vitalität ist nach erfolgreicher Behandlung positiv.
- ☐ Die gesamte Pulpa wird entfernt.
- ☐ Als medikamentöse Einlage wird Ledermix verwendet.

Benennen Sie die durchgeführten Behandlungen und erklären Sie stichpunktartig die Erkennungsmerkmale.

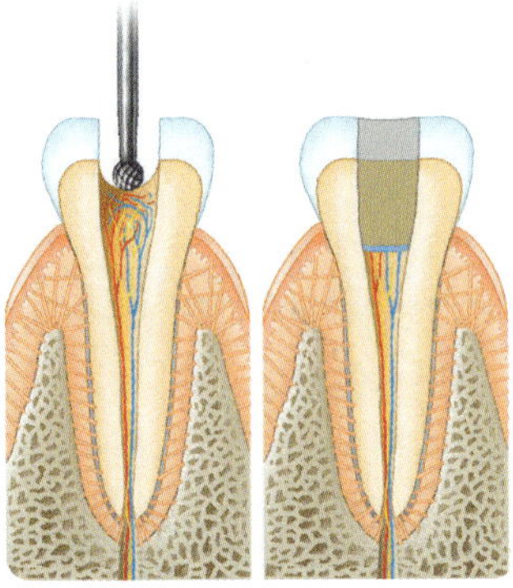

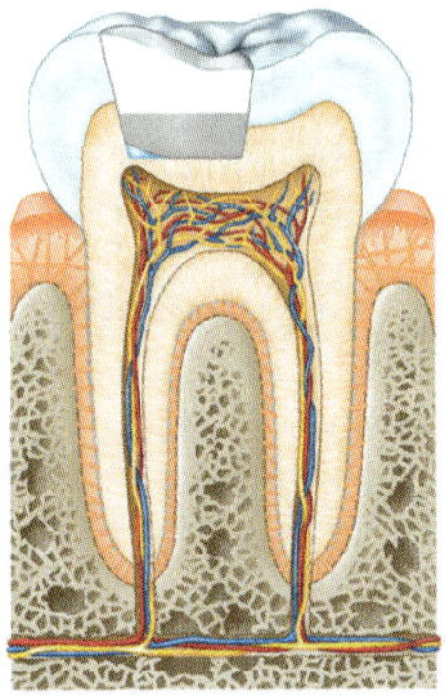

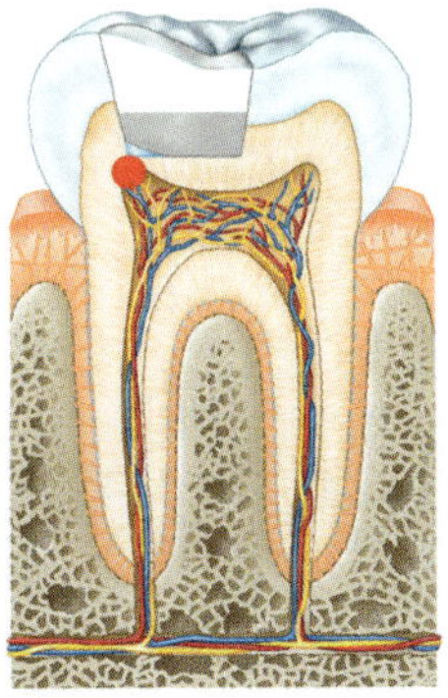

Sie assistieren bei einer Pulpotomie-Behandlung. Nennen Sie zehn Instrumente oder Hilfsmittel, die benötigt werden.

1.	★	7.	★
2.	★	8.	★
3.	★	9.	★
4.	★	10.	★
5.	★	11.	★
6.	★	12.	★
1–3 Sterne – da gibt es noch viel zu lernen 5–6 Sterne – befriedigende Leistung 8 und mehr Sterne – sehr gute Leistung, weiter so			Anzahl erreichter Sterne

Worüber gibt der Kältetest Aufschluss?

Worüber gibt das Beklopfen des Zahnes Auskunft?

Kreuzen Sie die richtigen Aussagen an.
Welche Umstände erschweren die Beurteilung der Vitalität eines Zahnes?

- ☐ verzögerte Reaktion wegen Überkronung des Zahnes
- ☐ Patient ist abgelenkt
- ☐ Bei älteren Patienten kann die Dentinschicht dicker sein.
- ☐ Bei mehrwurzeligen Zähnen ist die Pulpa möglicherweise nicht in allen Kanälen vital.

Unter welchen Umständen ist eine Wurzelkanalbehandlung angezeigt?

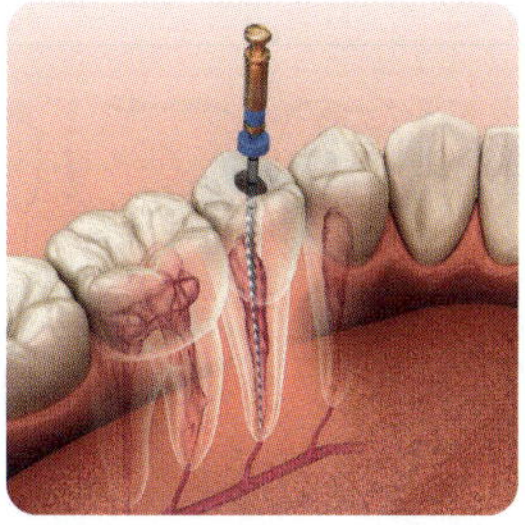

8 Behandlungsablauf einer Wurzelkanalbehandlung

Entwirren Sie die fehlenden Begriffe.

Ziel einer ________________ **ellkaunbazadrnuWleng** ist es einen stark geschädigten Zahn zu erhalten. Dabei wird die erkrankte __________ **lPaup** entfernt, das Wurzelkanalsystem __________ **rsfidetiezin** und schließlich mit ________________ **lrllreizumtüaaWelf** bakteriendicht verschlossen. Bei erfolgreicher Behandlung kann durch diese __________ **epreiaTh** der Zahn __________ **hrleaetn** bleiben. Abhängig von der Ausgangssituation wird eine Wurzelkanalbehandlung in __________ **renei** oder in __________ **mreeenrh** Sitzungen durchgeführt. Ist die Pulpa __________ **tavil**, die __________ **bllrtieaeke** Belastung im Kanal __________ **geignr** und die Kanalanatomie __________ **utg** zugänglich, kann die Behandlung in einer Sitzung abgeschlossen werden. Trifft dies nicht zu, müssen die Bakterien im Wurzelkanal zusätzlich auf ________________ ömiasektneemdm Weg bekämpft werden. Dazu werden desinfizierende __________ **nEaglnei** im Kanal eingebracht und bei Bedarf __________ **chraehmf** gewechselt. In der Zwischenzeit ist der Zahn mit einer ________________ **iohrposcnvires** Füllung verschlossen.

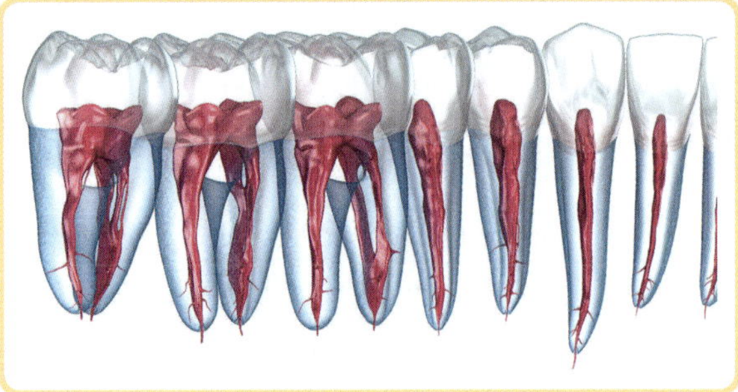

Tragen Sie zu jedem Zahn die Anzahl der Wurzelkanäle ein, ausgehend von normalen anatomischen Verhältnissen.

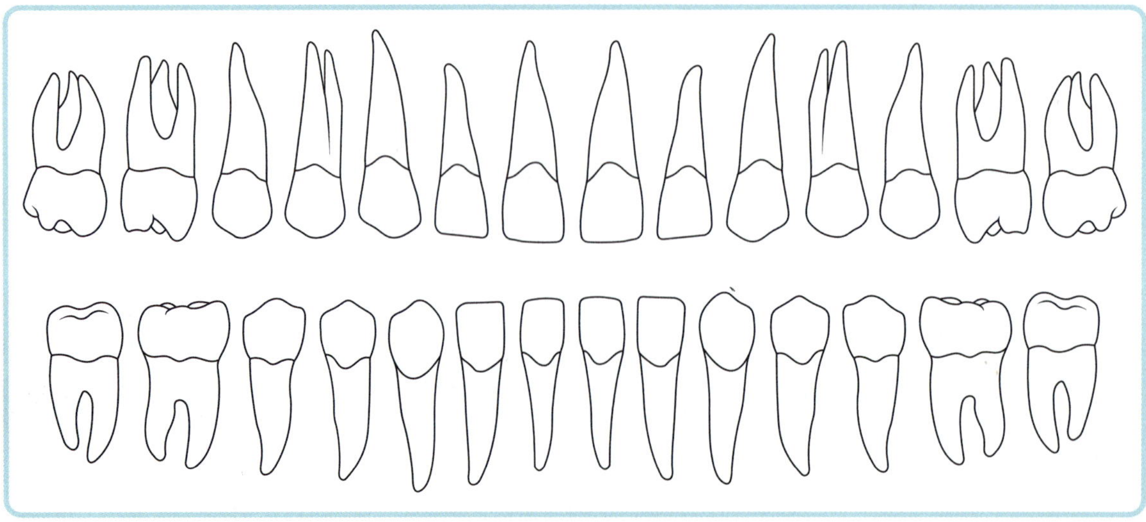

Fassen Sie zusammen.

Anzahl der Kanäle	Gesamtzahl Zähne im Gebiss	Bezeichnung der Zähne nach FDI
1 Kanal	______	______ ______
2 Kanäle	______	______
3 Kanäle	______	______
Merke:	Die oberen Molaren haben häufig ______. Die 8er sollten der Anatomie der Molaren im selben Kiefer folgen, sie haben aber sehr oft ______.	

Kreuzen Sie die richtigen Aussagen an.

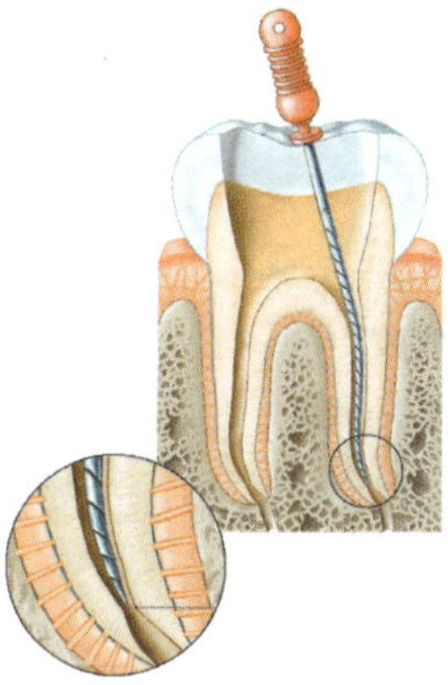

- ☐ Wurzelkanäle haben manchmal Seitenkanäle.
- ☐ Wurzelkanäle können Verzweigungen haben.
- ☐ Wurzelkanäle weisen an der Wurzelspitze eine Verengung auf.
- ☐ Kanäle verlaufen gradlinig.
- ☐ Kanäle können verkalken.
- ☐ Die apikale Konstriktion befindet sich ca. 1 mm vor dem Apex.
- ☐ Kanäle sind immer durchgängig bis zur Wurzelspitze.
- ☐ Zahnwurzeln können perforiert werden.

Vokabeltraining

Ordnen Sie zu.

obliteriert	Eröffnen der Pulpakammer
Perforation	Durchbohrung
Konstriktion	verkalkt, verstopft
Fraktur	Verengung
Trepanation	vollständige Entfernung
Exstirpation	Bruch

Bringen Sie die Behandlungsschritte einer Wurzelkanalbehandlung in die richtige Reihenfolge.

Trepanation des Zahnes • Röntgenbild zur Kontrolle • Längenmessung des Kanals • Aufbereiten des Wurzelkanalsystems • Exstirpation der Pulpa • Anästhesie • Kanalspülung zur Reinigung und Desinfektion • Füllen des Wurzelkanals • Kofferdam • evtl. medikamentöse Einlage mit provisorischem Verschluss • Provisorische oder definitive Versorgung der Kavität

____

____

____

____

____

____

____

____

____

____

____

Welche Vorteile bietet ein Kofferdam bei einer Wurzelkanalbehandlung?

- [ ] keine Beklemmungsgefühle für den Patienten
- [ ] keine Aspiration möglich
- [ ] Spüllösungen gelangen nicht auf die Schleimhaut
- [ ] erleichtert die Nasenatmung
- [ ] verhindert Kontamination durch Speichel
- [ ] beschleunigt die Behandlung

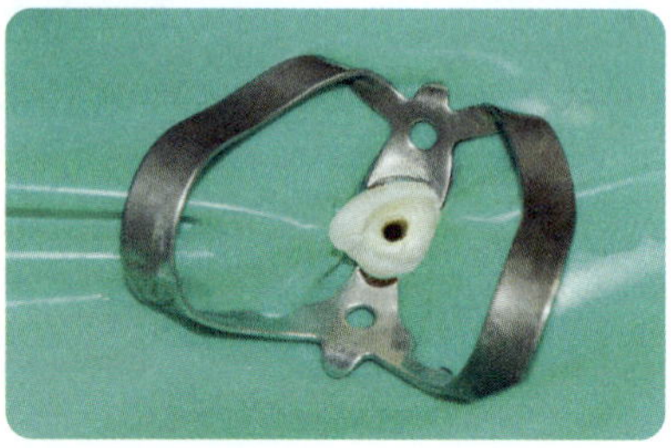

Welche spezifischen Ziele möchte man mit dem Behandlungsschritt Wurzelkanalaufbereitung erreichen?

____

____

____

____

____

Welche der nachstehenden Instrumente sind für die Aufbereitung der Wurzelkanäle nicht geeignet?

☐ Exstirpationsnadel	☐ Hedströmfeile
☐ Kerr-Bohrer	☐ Spreader
☐ Reamer	☐ Kerr-Feile
☐ Lentulo	☐ NiTi-Feile

Schlau wie Einstein!

Merke

PFEILE

FEILE

Mehrzahl **FEILEN**

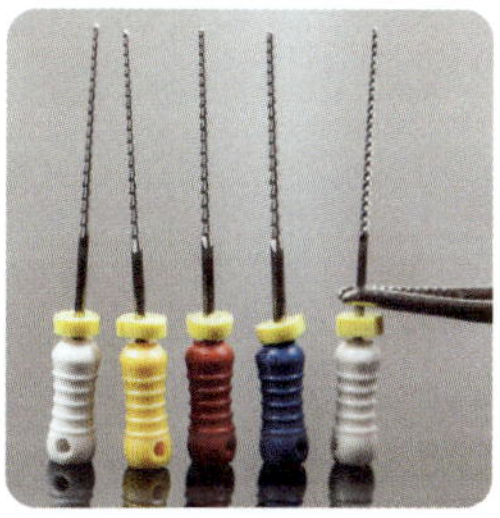

Wird in Klassenarbeiten soooo oft falsch geschrieben ...

Vervollständigen Sie den Lückentext und vervollständigen Sie die Beschriftung der folgenden Abbildungen.

Wurzelkanalbehandlungen werden in den meisten Fällen von der ____________ aus in Richtung ______________________________ durchgeführt. Diese Richtung wird in der Fachsprache als _______________________ bezeichnet. Ist eine solche Behandlung nicht möglich, kann im Rahmen des chirurgischen Eingriffs Wurzelspitzenresektion die Wurzelkanalbehandlung in ____________________ Richtung, also von der ________________________ aus in Richtung _____________ erfolgen. Man spricht dabei von einer ____________________ Aufbereitung.

Ergänzen Sie die Lage- oder Richtungsbezeichnungen.

a _ _ _ _ _ _

o _ _ _ _ _ _ _ _ _ 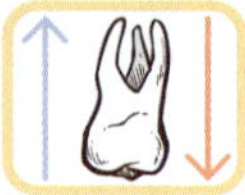 r _ _ _ _ _ _ _ _

k _ _ _ _ _ _

k _ _ _ _ _ _

o _ _ _ _ _ _ _ _ _ 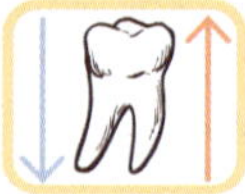 r _ _ _ _ _ _ _ _

a _ _ _ _ _ _

Merke

Die Beschreibung „von oben nach unten" ist missverständlich, besser man verwendet die Fachbegriffe.

orthograd heißt von **koronal** nach **apikal**
retrograd heißt von **apikal** nach **koronal**

Benennen Sie die abgebildeten Instrumente und Hilfsmittel. Notieren Sie auch in Stichpunkten deren Verwendungszweck.

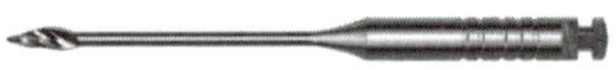

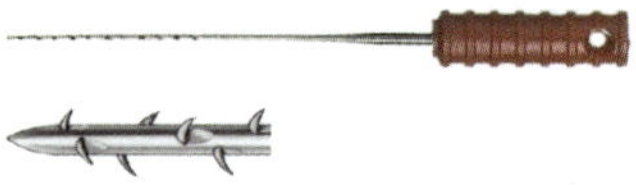

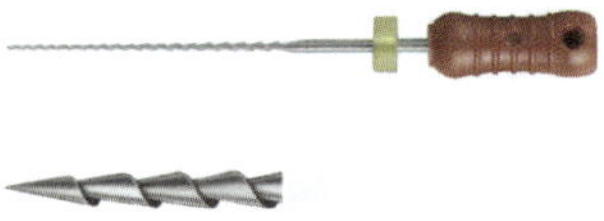

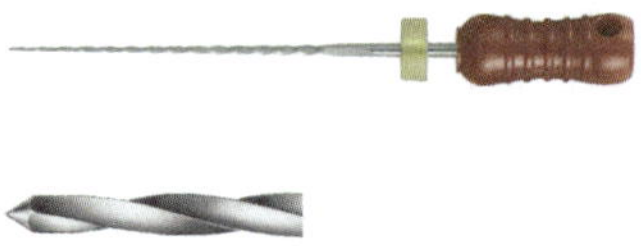

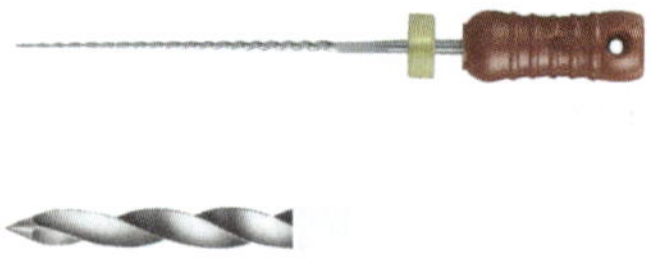

Hier gibt es Tipps zur Lösung

vel.plus/afzahn1-39

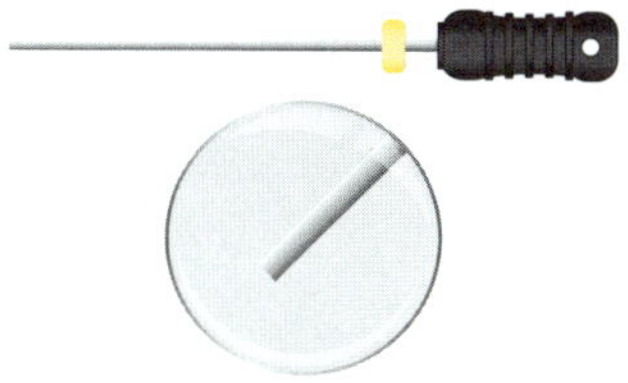

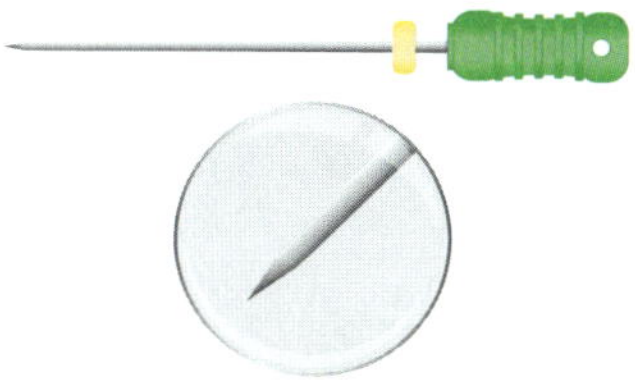

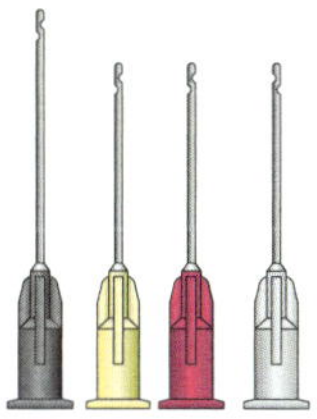

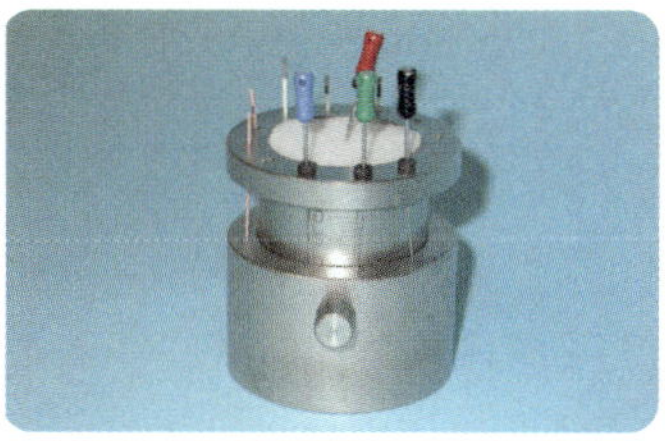

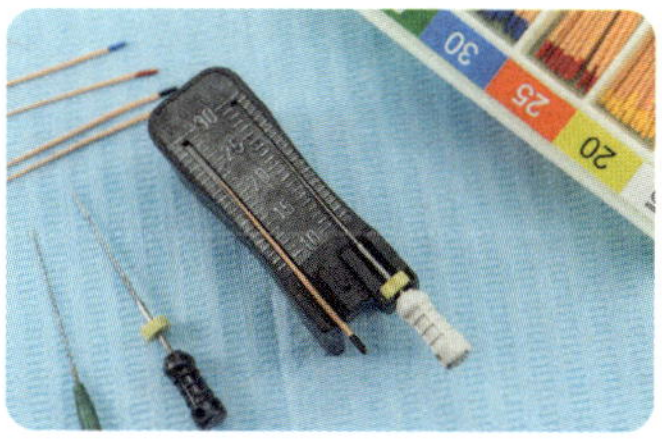

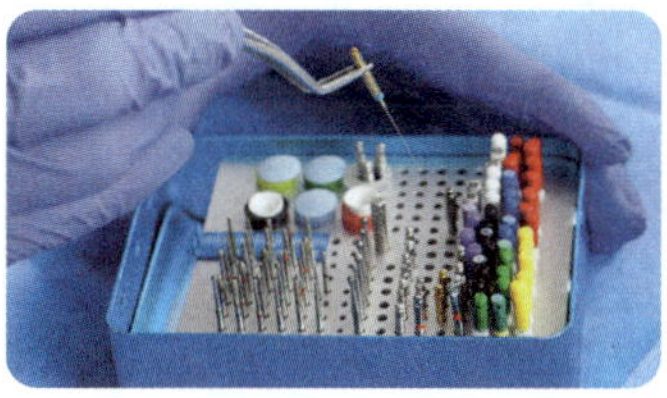

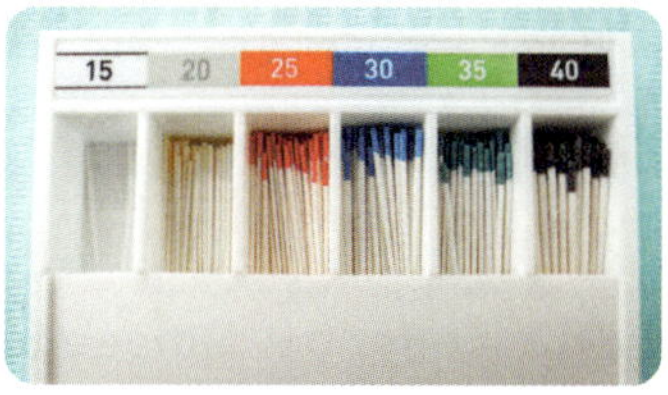

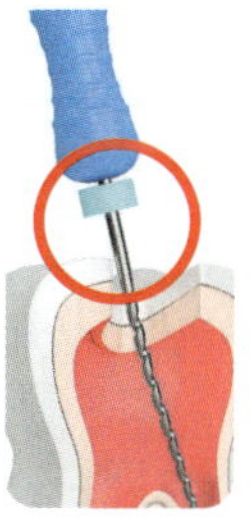

Beschriften Sie die Abbildung.

- Schaft
- Arbeitsende
- Stopper
- Handgriff

Wofür ist das Loch im Handgriff gedacht?

____

____

Womit kann die Entfernung der Pulpa erfolgen?

- [ ] Gatesbohrer
- [ ] Exstirpationsnadel
- [ ] Kerrfeile
- [ ] Luerkanüle
- [ ] Lentulo
- [ ] Hedströmfeile

Ihre Kollegin aus dem ersten Ausbildungsjahr fragt Sie, warum die Instrumente und Hilfsmittel alle farbig gekennzeichnet sind. Was antworten Sie?

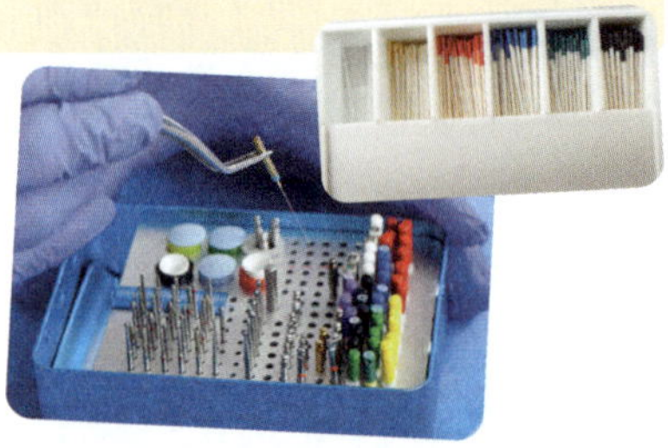

____

____

____

Diese Symbole sind auf der Verpackung oder bei einigen Herstellern auch am Handgriff der einzelnen Handinstrumente zu finden. Was bedeuten sie?

▲	■	●	✸
______	______	______	______
Bedeutung: ______			

Ach so!

ISO = Internationale Organisation für Normung

Die **Farben** kennzeichnen die **ISO-Größe** der Handinstrumente, Papier- oder Guttaperchaspitzen.

Die **grafischen Symbole** kennzeichnen den **Instrumententyp**.

Ordnen Sie zu: Chrom-Nickel-Stahlinstrumente – gelb, Nickel-Titan-Instrumente – grün

Stahlinstrumente	sehr flexibel	teuer
flexibel	manuell	maschinell
bessere Schneideleistung	gute Schneideleistung	Nickel-Titan-Instrumente

Benennen Sie den Arbeitsschritt, der in den Abbildungen dargestellt wird. Beschreiben Sie stichpunktartig die Durchführung.

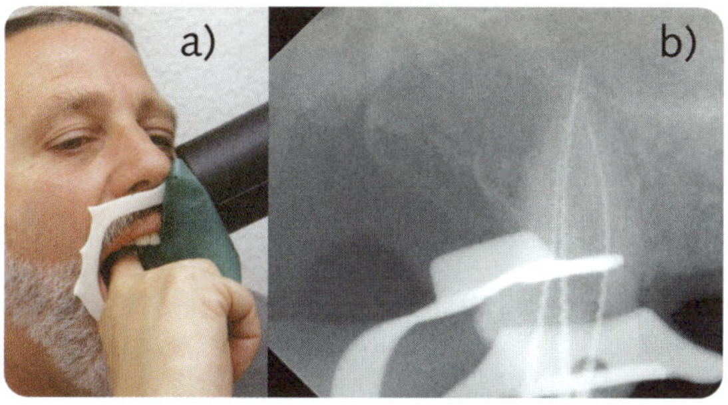

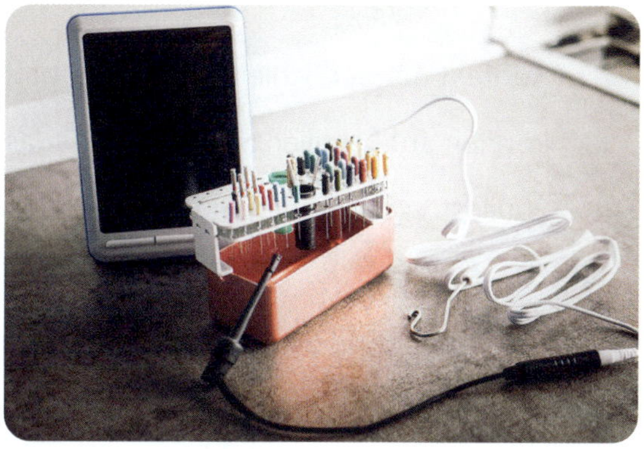

Finden Sie die versteckten Spüllösungen?

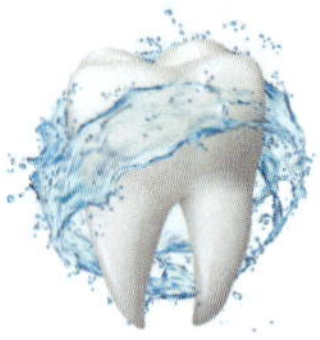

Z	I	T	R	O	N	E	N	S	Ä	U	R	E	W
K	M	C	B	A	C	O	A	L	K	O	H	O	L
R	Ä	K	T	N	U	Ü	O	M	A	O	Q	V	C
U	O	D	W	H	M	S	C	H	X	Ü	O	Ü	W
T	E	R	N	D	Q	A	L	P	B	Z	R	Z	C

1. ____________
2. ____________
3. ____________
4. ____________
5. ____________

Welche Aussagen zu Wurzelkanal-Spülungen sind richtig?

- ☐ Werden mit hohem Druck in den Kanal eingebracht.
- ☐ Die Kanüle hat seitliche Öffnungen.
- ☐ kein Überpressen
- ☐ Kontakt mit der Schleimhaut ist unproblematisch.
- ☐ können auf Textilien Schäden hinterlassen
- ☐ Spüllösungen werden in Einwegspritzen aufgezogen.

Welche Arzneimittel zur Einlage in den Wurzelkanal kennen Sie?

____

____

Woraus besteht dieses Mittel und welche Wirkung haben die beiden Hauptinhaltsstoffe?

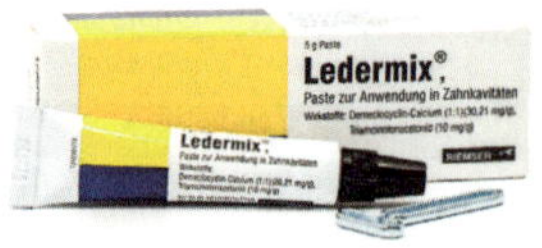

______________ → ______________

______________ → ______________

____

Ach so!

Spüllösungen und medikamentöse Einlagen unterstützen auf **chemischem** Weg die **Aufbereitung** und **Desinfektion** der Wurzelkanäle. In ihrer Wirkung sind diese Mittel jedoch unterschiedlich, weshalb in jeder Praxis gleich mehrere verwendet werden.

Erstellen Sie eine Übersicht zu den unterschiedlichen Wirkungsweisen, indem Sie die nachstehenden Angaben korrekt in die Tabelle einordnen. Mehrfachnennungen sind möglich.

Chlorhexidin • gewebeauflösend • Alkohol • Ledermix • löst die Schmierschicht auf • sehr gute antimikrobielle Wirksamkeit • CHX • bakterienhemmend • Calziumhydroxid • spült Dentinspäne heraus • trocknet die Kanäle • $Ca(OH)_2$ • Gleitmittel für Instrumente • neutralisiert bakterielle Giftstoffe • Natriumhypochlorit • Ethylendiamintetraessigsäure • Ledermix • entzündungshemmend • NaOCl • entzündungshemmend

Lernnotiz: Spüllösungen und medikamentöse Einlagen

Spüllösung	Wirkung
medikamentöse Einlage	**Wirkung**

Vokabeltraining

1. lateral
2. Verdichtung
3. Wurzelfüllzement
4. Medikament zum Dämpfen der Entzündungsreaktion bei einer Pulpitis
5. Kennzeichnung, dass die Instrumentengröße genormt ist
6. Spüllösung zum Trocknen der Kanäle
7. Wirkstoff im Ledermix zur Bekämpfung von Bakterien
8. Damit kann die Spüllösung aktiviert werden
9. Wurzelfüllmaterial in verschiedenen Größen
10. Mit diesem Instrument wird Wurzelfüllmaterial in den Wurzelkanal eingebracht.

Lösungswort: __ __ __ __ __ __ F __ __ __ __

Bezeichnung für das zuletzt auf voller Länge des Kanals verwendete Aufbereitungsinstrument, in dieser ISO-Größe werden dann die Guttaperchaspitzen gewählt.

Benennen Sie die dargestellten Wurzelfülltechniken. Beschreiben Sie das jeweilige Vorgehen stichpunktartig und nennen Sie die dafür erforderlichen Instrumente.

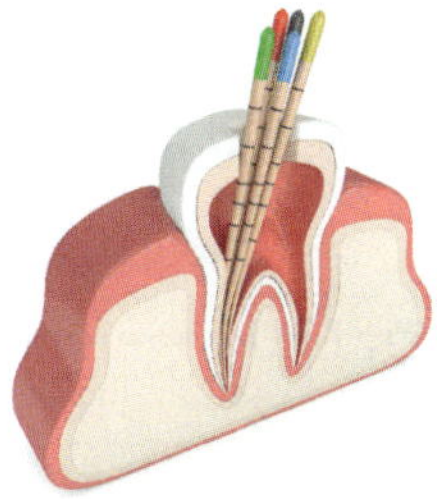

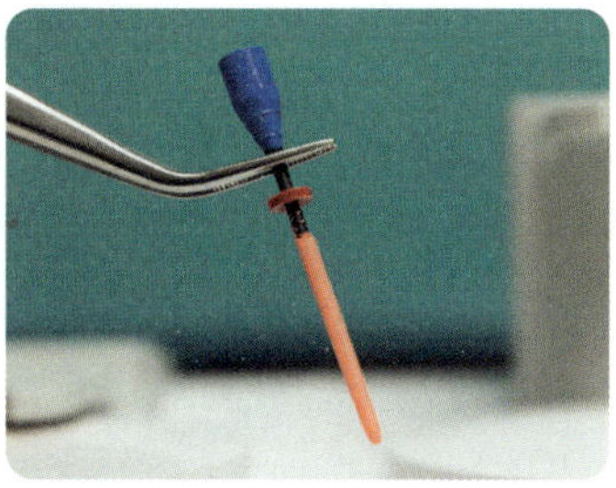

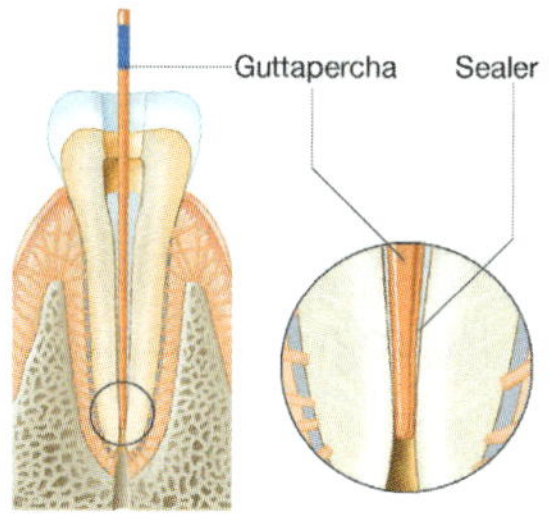

Welche Anforderungen müssen Wurzelfüllungen erfüllen?

- ☐ röntgensichtbar
- ☐ biokompatibel
- ☐ ästhetisch
- ☐ bakteriendicht
- ☐ speicheldicht

Kreuzen Sie die richtigen Aussagen zur Wurzelkanalfüllung an.

- ☐ Eine orthograde Wurzelfüllung wird über die Zahnkrone eingebracht.
- ☐ Eine orthograde Wurzelfüllung wird über die Wurzelspitze eingebracht.
- ☐ Retrograde Wurzelfüllungen können nur im Zusammenhang mit einer Wurzelspitzenresektion durchgeführt werden.
- ☐ Retrograde Wurzelfüllungen werden auch ohne chirurgischen Eingriff durchgeführt.

Komplikationen bei einer Wurzelkanalbehandlung:
Benennen Sie die in den Abbildungen dargestellten Komplikationen.

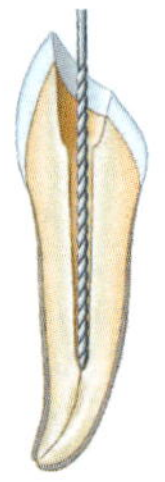

____

____

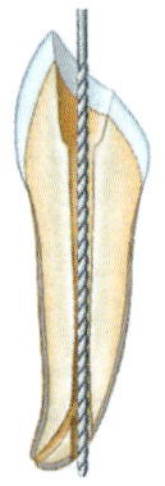

____

____

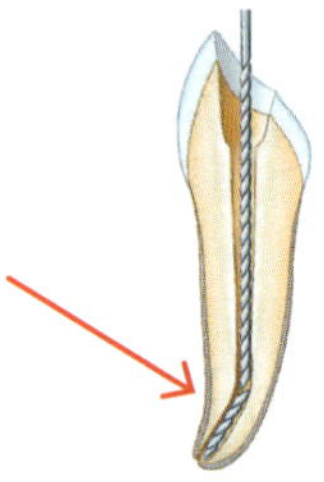

____

____

Nennen Sie weitere mögliche Komplikationen:

____

____

____

Welche weiteren Maßnahmen sieht die Versorgung eines erfolgreich wurzelbehandelten Zahnes vor?

- ☐ Resektion der Wurzelspitzen
- ☐ Überkronung des Zahnes
- ☐ Versorgung mit einer Gussfüllung
- ☐ Versorgung mit einer Aufbaufüllung
- ☐ Regelmäßige Überprüfung der Sensibilität
- ☐ Röntgenmessaufnahme
- ☐ konfektionierte Stiftverankerung

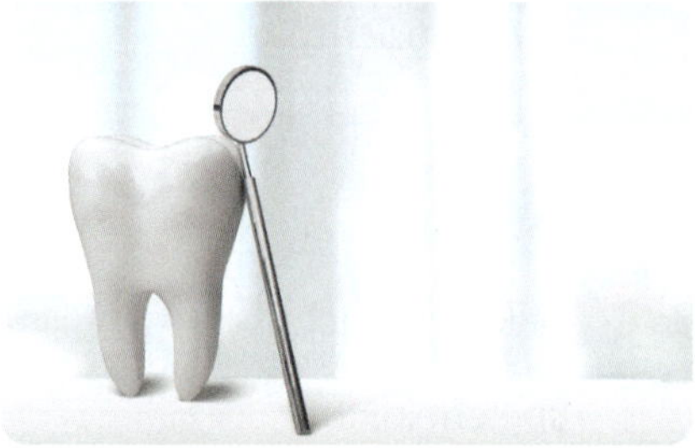

9 Prothetische Versorgung von wurzelbehandelten Zähnen

Welche Aussagen zu konfektionierten Stiften sind zutreffend? Tragen Sie diese in die unten stehende Lernnotiz ein.

werden vom Zahntechniker hergestellt • sind aus Metall • gibt es in unterschiedlichen Größen • sind aus Glasfaser • benötigen keine Aufbaufüllung • sind industriell gefertigt • werden mit Zement oder adhäsiv befestigt • eine Ummantelung mit Füllungsmaterial ist in der Regel erforderlich

Lernnotiz: Konfektionierte Stifte

Konfektionierte Stifte
→
→
→
→
→
→

10 Hygiene lernfeldspezifisch

Benennen Sie stichpunktartig die Arbeitsschritte beim Aufbereiten des Behandlungszimmers nach Abschluss einer endodontischen Behandlung.

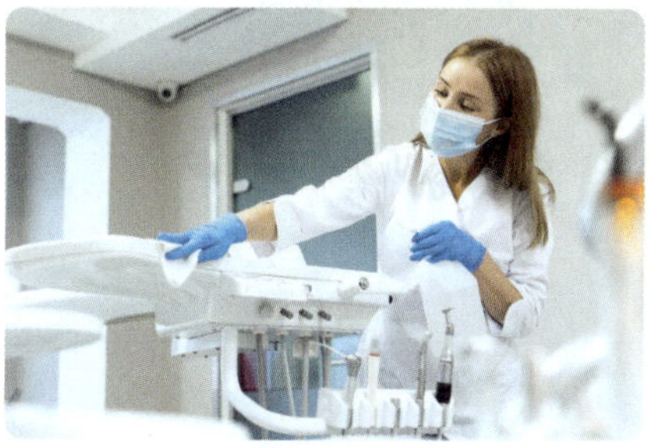

Welche Aussagen zur hygienischen Aufbereitung von endodontischen Aufbereitungsinstrumenten sind richtig?

- ☐ Aufbereitungsinstrumente sind als kritisch B einzustufen.
- ☐ Aufbereitungsinstrumente sind als semikritisch B einzustufen.
- ☐ Aufbereitungsinstrumente sind als kritisch A einzustufen.
- ☐ Die Anzahl der Aufbereitungszyklen ist zu beachten.
- ☐ Aufbereitungsinstrumente werden in sterilen Verpackungen aufbewahrt.

Die Klarsichtverpackung eines Endo-Sets wurde geöffnet, das Set auf dem Tray bereitgestellt. Am Ende der Behandlung stellen Sie fest, dass die Instrumente aus dem Set nicht benutzt wurden. Wie gehen Sie vor?

- ☐ Das Set wird so aufbereitet als wäre es benutzt worden.
- ☐ Das Set muss nicht verpackt werden, wenn es für Behandlungen am gleichen Tag verwendet wird.
- ☐ Die Klarsichtverpackung wird neu verschweißt, das Set eingelagert.
- ☐ Die Instrumente werden neu verpackt, das Set eingelagert.

Begründen Sie Ihre Antwort: ______________________

____

Beschreiben Sie stichpunktartig die hygienische Aufbereitung der Instrumente, die für eine endodontische Behandlung verwendet wurden.

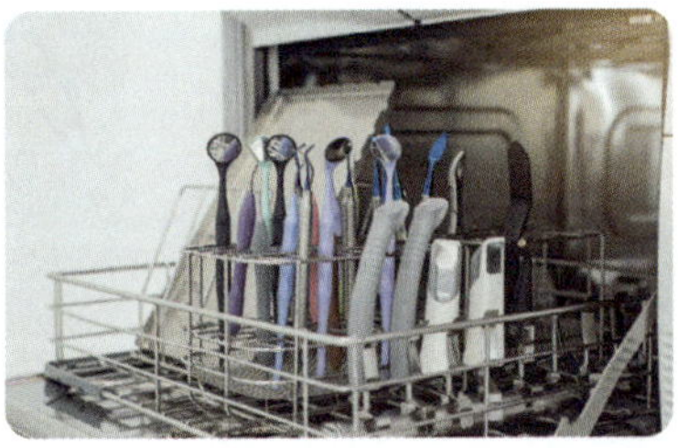

____

____

____

____

____

____

____

____

____

____

____

Hier gibt es Tipps zur Lösung

vel.plus/afzahn1-40

Sie stellen fest, dass in der Instrumentenschublade bei einem Endo-Set in unbeschädigter Verpackung die maximale Lagerfrist abgelaufen ist. Wie gehen Sie vor?

- [ ] Das Set wird so aufbereitet, als wäre es benutzt worden.
- [ ] Die Klarsichtverpackung wird neu verschweißt, das Set wieder eingelagert.
- [ ] Die Klarsichtverpackung wird neu verschweißt und das Set sterilisiert.
- [ ] Die Instrumente werden neu verpackt und sterilisiert.

Begründen Sie Ihre Antwort: ______________________________

____

11 Wiederholungsaufgaben

Diese Darstellung hat kein Mediziner gezeichnet, Sie erkennen bestimmt die Fehler in der Abbildung. Notieren Sie diese.

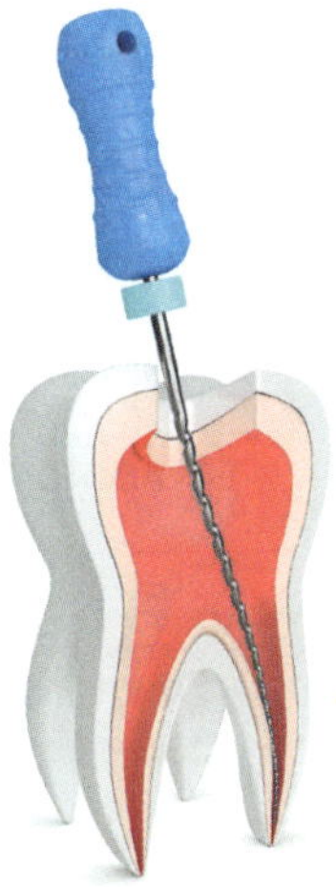

Schlau wie Einstein!

____

____

____

____

Welche Umstände sind bei einer Wurzelbehandlung im Milchgebiss zu beachten?

- [ ] Die Milchzahnwurzel ist gegebenenfalls teilweise resorbiert.
- [ ] Da Milchzähne ausfallen, ist eine Wurzelkanalbehandlung nicht erforderlich.
- [ ] Der Zahnkeim des bleibenden Zahnes liegt dicht unter dem Milchzahn.
- [ ] Das Kind muss ruhig und kooperativ sein.
- [ ] Die Wurzelkanäle dürfen nicht gebogen sein.
- [ ] Anders als bei Erwachsenen ist die Wurzelkanalaufbereitung im Milchgebiss unkompliziert.

Wie viele Kanäle haben die nachstehenden Zähne in der Regel?

Zahn 35 ______	Zahn 46 ______	Zahn 26 ______
Zahn 15 ______	Zahn 23 ______	Zahn 44 ______
Zahn 24 ______	Zahn 41 ______	Zahn 37 ______

Kreuzen Sie die richtigen Aussagen an.
Welche Begriffe sind richtig übersetzt?

- ☐ Caries-profunda-Behandlung – direkte Überkappung
- ☐ Devitalisation – Abtöten der Pulpa
- ☐ Trepanation – Eröffnen der Pulpahöhle
- ☐ Vitalexstirpation – vollständige Entfernung der avitalen Pulpa
- ☐ Pulpotomie – Entfernung der lebenden Kronenpulpa
- ☐ Gangrän – fauliger Zerfall der Pulpa
- ☐ Hyperämie – örtliche Blutleere

Die Entfernung der Kronenpulpa bezeichnet man als ...

- ☐ Pulpitis
- ☐ Exstirpation
- ☐ Pulpaamputation
- ☐ Pulpotomie
- ☐ Trepanation
- ☐ Devitalisation

Nennen Sie zwei Möglichkeiten, um die Wurzelkanäle vor dem Abfüllen zu trocknen.

____

____

Welche Behandlungsmöglichkeiten gibt es für Zähne, die trotz Wurzelkanalbehandlung weiterhin Schmerzen bereiten?

____

____

____

____

Lernnotiz: Endodontische Behandlungen – Übersicht

Vervollständigen Sie die Tabelle

Vollständige Bezeichnung der Behandlung	Ausgangssituation/Indikation Zustand der Pulpa vor der Behandlung	Ergebnis der Vipr vor der Behandlung	Ergebnis der Vipr nach der Behandlung
Cp **indirekte Überkappung**	• ____________ ____________ • ____________ ____________	________	________
____________ ____________ ____________	• punktförmige Eröffnung der Pulpa	________	________
Pulp/VitA ____________ ____________	• ____________ ____________	________	________
____________ ____________	• breit eröffnete Pulpa • wenig Bakterien	________	________
Gangränbehandlung	• ____________ ____________ • ____________ ____________	________	________

Wie bezeichnet man die Situation, wenn der Mund sich nicht öffnen lässt, z. B. wegen einer vorliegenden Entzündung?

K I E F E R ___ ___ E ___ ___ E

Wie bezeichnet man die Situation, wenn der Gelenkkopf nach vorn aus der Gelenkgrube rausgerutscht ist? Was bedeutet das für die betroffene Person?

K I E F E R ___ ___ E ___ ___ E

– ____

Nennen Sie die deutsche Bezeichnung oder das Fachwort

Foramina

Foramina	
Foramen mandibulae	______
______	Kinnloch
______	Schneidezahnloch
______	großes Gaumenloch
______	Unteraugenloch

Nerven

Nerven	
Nervus trigeminus	______
______	Oberkiefernerv
______	Unterkiefernerv
Nervi alveolares superiores	______
Nervus alveolaris inferior	______
______	Kinnnerv
______	Zungennerv
Nervus buccalis	______
Ganglion	______

Wodurch kann die Wirkung von NaOCl noch verstärkt werden?

______

______

Welche Wahrnehmungen werden bei einer Lokalanästhesie teilweise oder vollständig unterdrückt? Kreuzen Sie die richtigen Antworten an.

- ☐ Schmerz
- ☐ Druckempfinden
- ☐ Berührungssinn
- ☐ Temperaturempfinden
- ☐ Geschmackssinn

Warum sind Zylinderampullen aus durchsichtigem Glas und nicht aus buntem Glas? Begründen Sie Ihre Aussage.

Sie haben bei der Wurzelfüllung des Zahnes 25 assistiert. In welche Risikoklasse sind die nachfolgenden Medizinprodukte in Bezug auf die hygienische Aufbereitung einzustufen?

Masterfeile ____________________

Gegenelektrode (Wangenhaken) des Elektrometriegerätes ____________________

Anmischspatel ____________________

12 Große Wiederholung der Fachbegriffe

Abszess	
akut	
Amputation	
Anästhesie	
apikal	
	ansaugen, einatmen
	ohne typische Krankheitszeichen verlaufend
	tot
	Wärme
	tiefe Karies

chronisch	
devital	
Devitalisation	
devitalisieren	
Dolor	
	Lehre von Diagnostik und Therapie der Pulpaerkrankungen
	Pulpa und das umgebende Dentin
	vollständige Entfernung der Pulpa
	entfernen/herausreißen der Pulpa
	Bruch
Functio laesa	
Gangrän	
horizontal	
Hyperämie	
infiltrieren	
	Einspritzung
	in die Bänder
	in das Zahnmark
	nicht umkehrbar
	Verdichtung
konisch	
Konstriktion	
Konus	
koronal	
	seitlich
	örtlich
	Arzneimittel zur örtlichen Betäubung
	abgestorbenes Gewebe
	abgestorben
obliteriert	
orthograd	
Ostitis	
partiell	
Perforation	

	flächige, nicht abgegrenzte Eiteransammlung
	Entzündung des Zahnmarks
	Entfernen der Kronenpulpa
	eitrig
	Eiter
retrograd	
reversibel	
Revision	
Rubor	
Sealer	
	wässrig
	Krankheitszeichen
	unter Wärmeeinwirkung verformbar
	vollständig, völlig
	Gift
Trepanation	
Tumor	
vertikal	
vital	
Vitalamputation	

Lernfeld 6 Patienten bei chirurgischen Behandlungen begleiten

1 Anatomische Grundlagen

Um zu verstehen, wie eine Behandlung durchgeführt wird und welche Instrumente dafür geeignet sind, muss man den Aufbau der entsprechenden Körperregion gut kennen. Wiederholen Sie mithilfe des Lehrbuches die Anatomie des Zahnhalteapparates und der einzelnen Zähne.

Ergänzen Sie die Fachbezeichnungen für die Teile des Zahnhalteapparates. Zeichnen Sie diese in den vorgegebenen Farben in die folgende Abbildung ein.

Teile des Zahnhalteapparates

Zahnfleisch – ____________________

Wurzelhaut – ____________________

Wurzelzement – ____________________

Knochen – ____________________

Lage

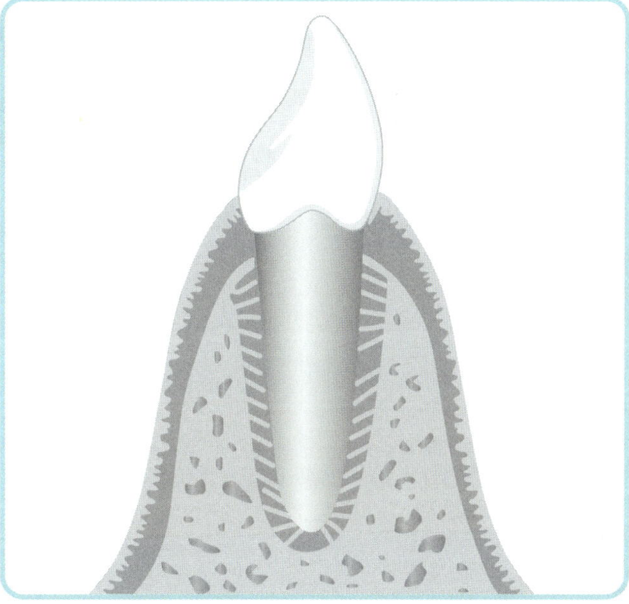

Wie hält der Zahn im Knochen?

____

____

____

____

____

____

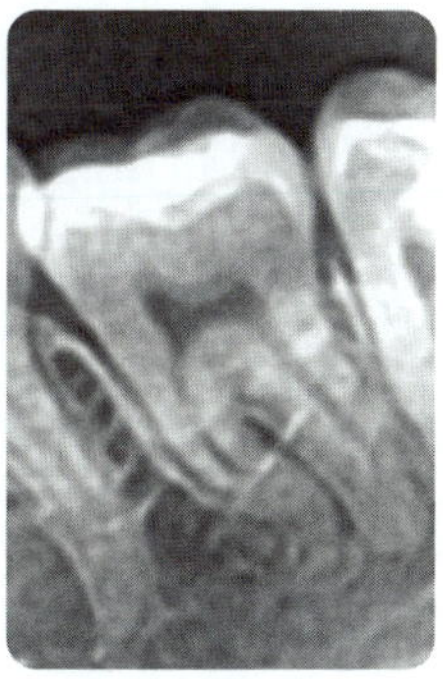

Unter- und Oberkiefer sowie die Lage der Zähne 1–7 sind im Folgenden schematisch dargestellt. Zeichnen Sie jeweils die Alveolarfächer ein, darin befinden sich die Wurzeln der Zähne. Achten Sie dabei auf die richtige Lage und Anzahl.

Tragen Sie die Anzahl und die genaue Lage der Zahnwurzeln in die Tabelle ein.

Zahn	Anzahl der Wurzeln	Lage der Wurzeln bei mehrwurzeligen Zähnen
13, 12, 11, 21, 22, 23		
14, 24		
15, 25		
17, 16, 26, 27		
	1	
	2	

Merke

8er sind von ihrer Anatomie grundsätzlich vergleichbar mit anderen Molaren im Kiefer, allerdings zeigen Weisheitszähne sehr häufig starke Abweichungen auf.

Wie viele Wurzeln haben Milchmolaren?

im Oberkiefer ____________________ im Unterkiefer ____________________

2 Chirurgische Instrumente – Extraktionszangen und Hebel

Wenn man Instrumente beschreibt, ist es hilfreich, die Fachbegriffe für die einzelnen Teile zu kennen. Wie bezeichnet man die Teile einer Extraktionszange?

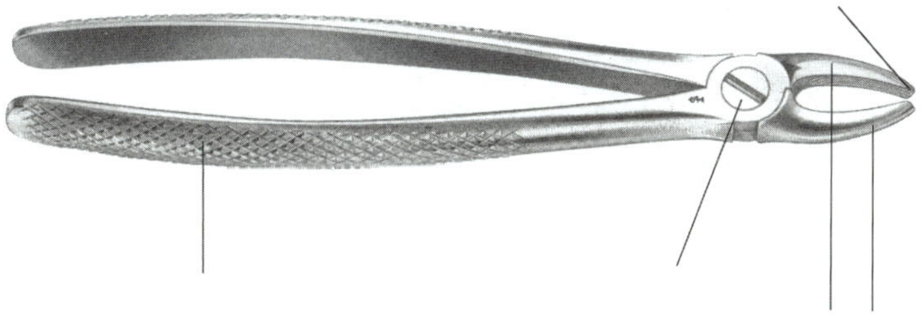

Oberkieferzange oder Unterkieferzange?

Durch einige Merkmale lassen sich Oberkiefer- und Unterkieferzangen sehr klar voneinander unterscheiden. Kennen Sie diese Merkmale?

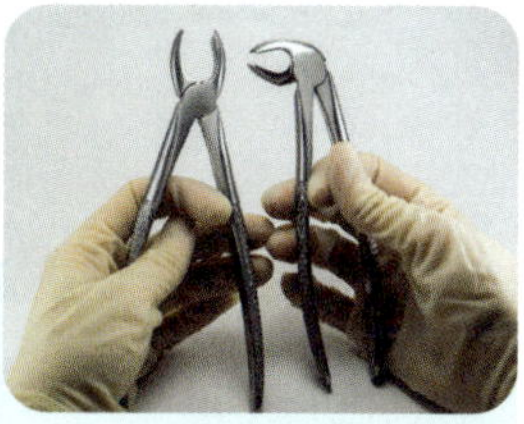

Markieren Sie Aussagen, die auf Oberkieferzangen zutreffen grün und Aussagen, die auf Unterkieferzangen zutreffen orange.

Die Branchen der Extraktionszangen stehen in Verlängerung des Zangengriffes.

Alle Zangen lassen sich für die rechte und linke Seite verwenden.

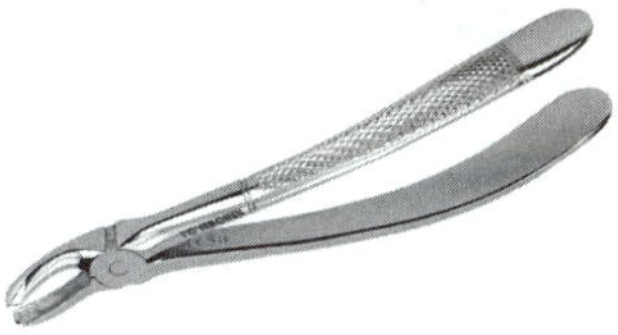

Bei allen Zangen schließt das Maul nicht vollständig, Ausnahme die Bajonettzange.

Die Zangen für Seitenzähne sind über die Fläche gebogen.

Die Extraktionszangen sind im Schloss um 90° gebogen, so dass die Branchen einen rechten Winkel zum Griff bilden.

Für die rechte und linke Seite werden unterschiedliche Molarenzangen verwendet.

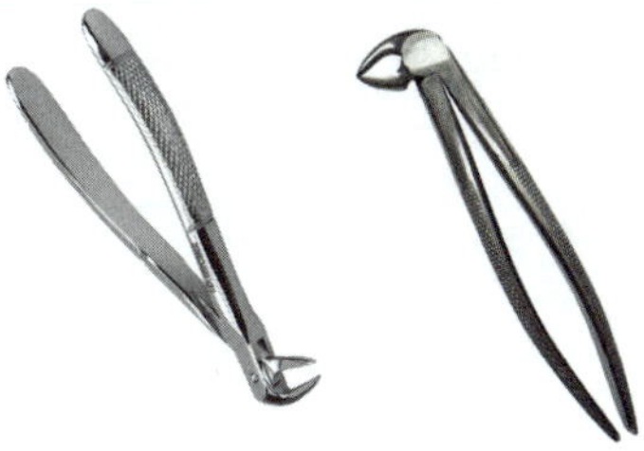

Lernnotiz: Extraktionszangen für den Oberkiefer

Erstellen Sie eine Übersicht von den Erkennungsmerkmalen der Extraktionszangen für den Oberkiefer. Vervollständigen Sie die Angaben in der Tabelle.

Extraktionszangen für den Oberkiefer			
Bezeichnung der Zange	**Form**	**Maul**	**Branchen**
OK Frontzahnzange 	• gerade	• leicht geöffnet	• zierlich • vorne abgerundet
OK Prämolarenzahnzange 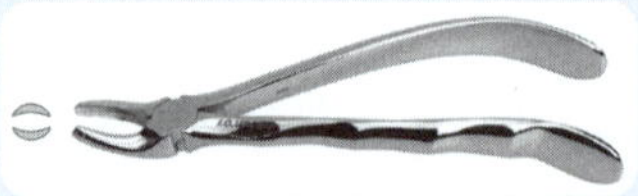			
OK – 1. Quadrant Molarenzange 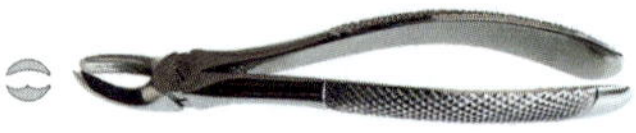			• die bukkale Branche hat ____ • palatinale Branche ist ____
OK – 2. Quadrant Molarenzange 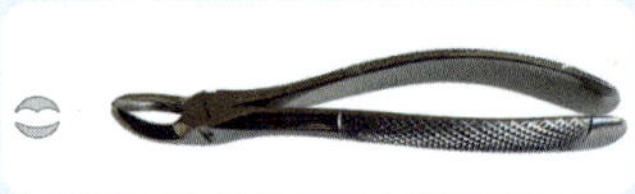			
OK – Wurzelrestzange 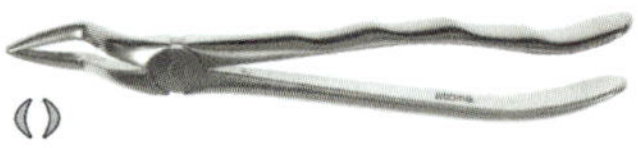			

Was muss eine ZFA über OK-Extraktionszangen wissen? Notieren Sie drei wichtige Merkmale:

Erklären Sie, wohin die abgerundete Branche und wohin die Zacke der OK-Molarenzange greift.

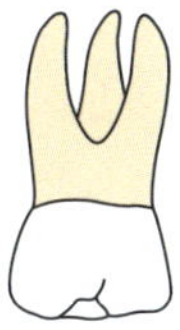

Lernnotiz: Extraktionszangen für den Unterkiefer

Erstellen Sie eine Übersicht von den Erkennungsmerkmalen der Extraktionszangen für den Unterkiefer. Vervollständigen Sie die Angaben in der Tabelle.

Extraktionszangen für den Unterkiefer			
Bezeichnung der Zange	**Form**	**Maul**	**Branchen**
UK Frontzahnzange 	• im Schloss um 90° seitwärts abgewinkelt	• geschlossen	• schmal • vorne abgerundet
UK Prämolarenzahnzange 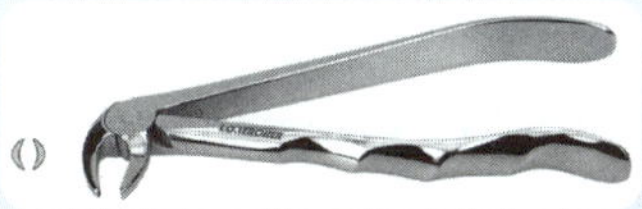			
UK Molarenzange 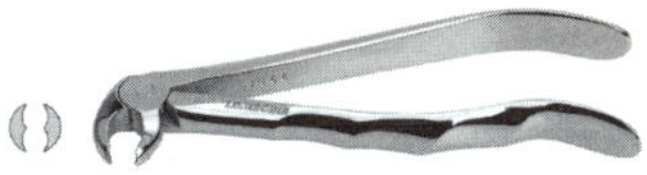			
UK – Wurzelrestzange 			

Was muss eine ZFA über UK-Extraktionszangen wissen? Notieren Sie drei wichtige Merkmale:

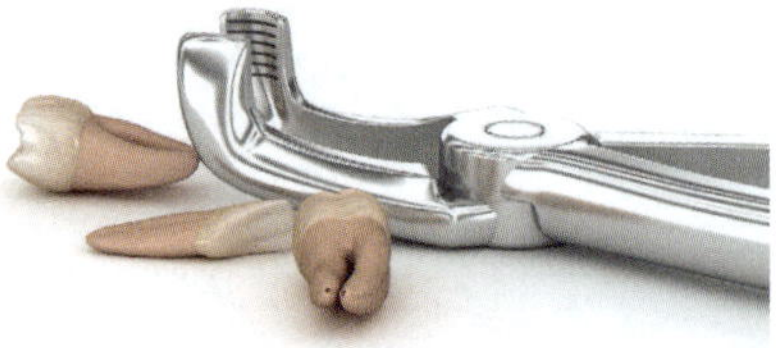

____

____

____

____

____

____

Erklären Sie, wohin die Branchen der UK-Molarenzange greifen.

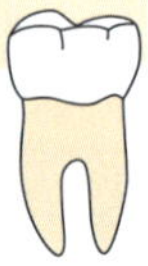

____

Ach so!

Es gibt einen Merksatz, der hilft die Oberkiefer-Molarenzangen für die linke und die rechte Seite zu unterscheiden:

Zacke zur ____________ .

Wenn man Instrumente beschreibt, ist es hilfreich die Fachbegriffe für die einzelnen Teile zu kennen. Wie bezeichnet man die Teile des Hebels?

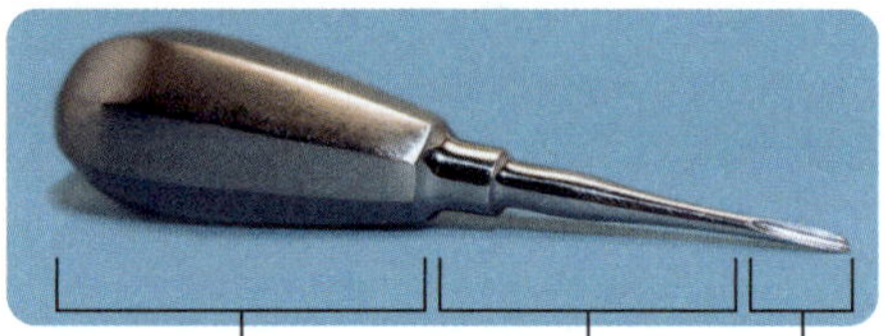

_______________ | _______________ | _______________

Kennen Sie die Namen der Hebel?

gerader Hebel nach

____

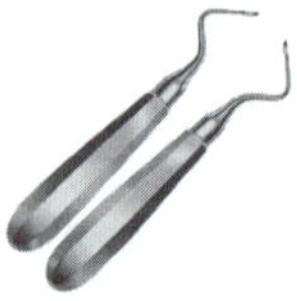

Hebel nach

____

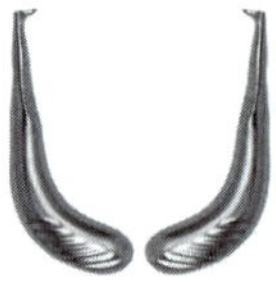

_______________-hebel

Hebel werden verwendet zum:

____

Ordnen Sie den angegeben Zähnen die richtige Extraktionszange zu. Für welchen Zahn ist keine passende Zange abgebildet?

Zahn 43 – Zange Abb. Nr.: ____________

Zahn 38 – Zange Abb. Nr.: ____________

Zahn 36 – Zange Abb. Nr.: ____________

Zahn 16 – Zange Abb. Nr.: ____________

Zahn 27 – Zange Abb. Nr.: ____________

Zahn 14 – Zange Abb. Nr.: ____________

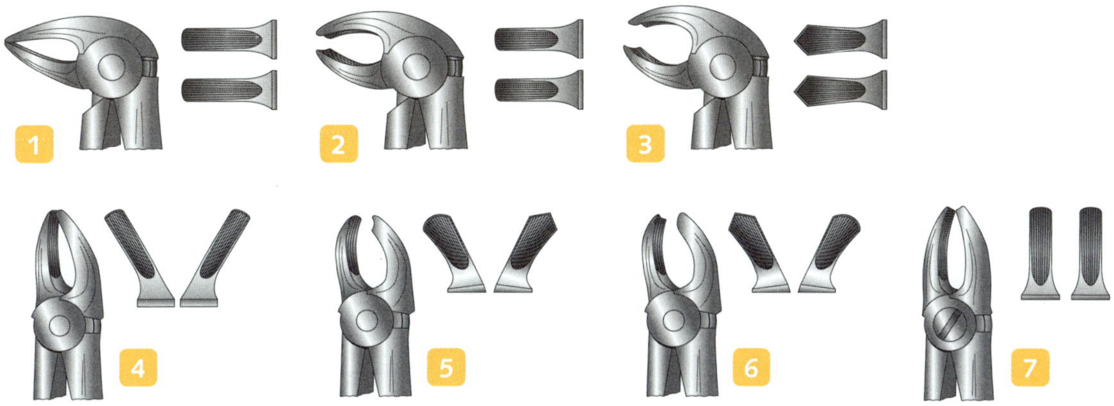

Weitere chirurgische Instrumente und Materialien

Kennen Sie die Instrumente?

Benennen Sie die abgebildeten Medizinprodukte und geben Sie an, wofür genau diese verwendet werden.

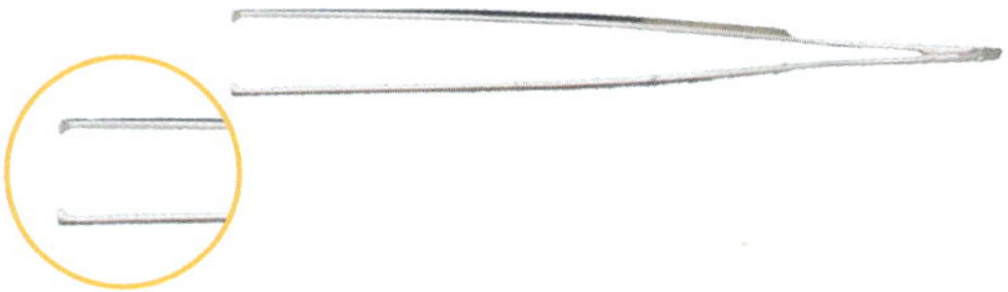

Name:

____

Verwendung:

____

____

____

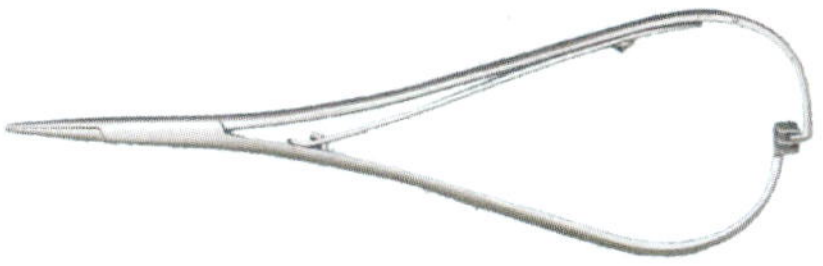

Name:

____

Verwendung:

____

____

____

Name:

Verwendung:

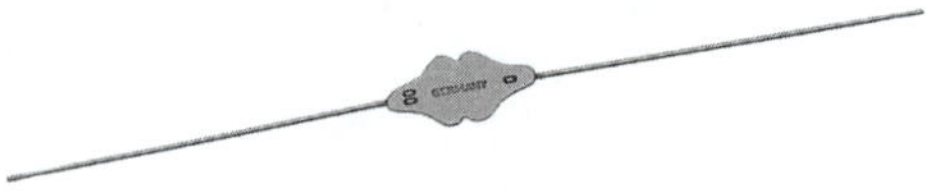

Name:

Verwendung:

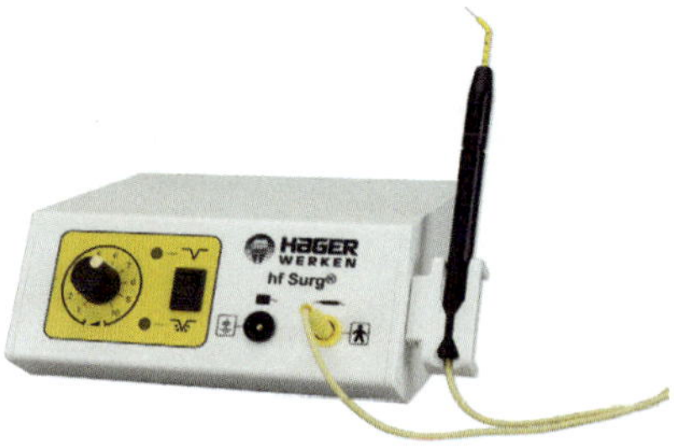

Name:

Verwendung:

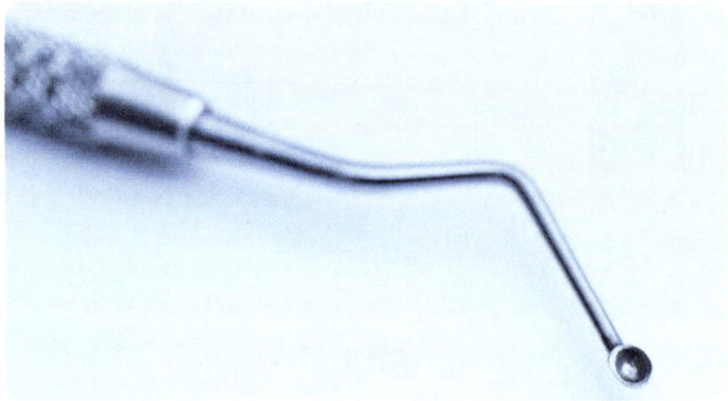

Name:

Verwendung:

Name:

Verwendung:

Name:

Verwendung:

Name:

Verwendung:

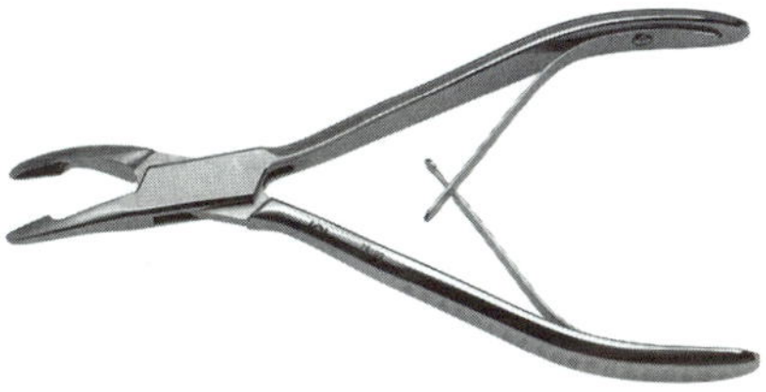

Name:

Verwendung:

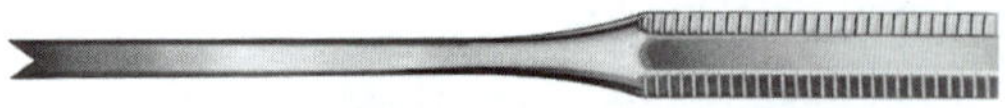

Name:

____

____

Verwendung:

____

____

____

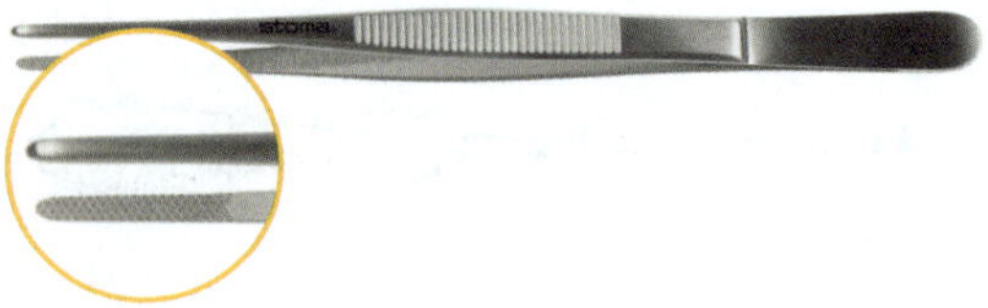

Name:

____

Verwendung:

____

____

____

____

Vervollständigen Sie den Lückentext, indem Sie die fehlenden Begriffe entwirren.

Zu den schneidenden Instrumenten gehören ______________ **leeakSllp** und ______________ **rcehenS**. Zum Schneiden und Abtragen von Gewebe eignen sich auch mit Strom betriebene ______________ **rlroräieiktutegEcgreeh** oder ______________ **balue rsaeL**. Das Gewebe verbrennt durch die große ______________ **etizH**, dabei entsteht auch ein unangenehmer ______________ **cGhuer**. Der große Vorteil dieser Geräte besteht darin, dass bei Anwendung nur eine ______________ **erigegn** Blutung entsteht. Kleine Blutgefäße werden bei diesem Verfahren sofort ______________ **solvcrseenhs**. Man spricht von einer sogenannten **E __ __ k __ __ __ k o __ g u __ a t i o n**. Für Behandler und Assistenz ist damit eine bessere ______________ **cShti** auf das OP-Gebiet möglich.

Was trifft auf Chirurgiemotoren zu? Kreuzen Sie die richtigen Antworten an.

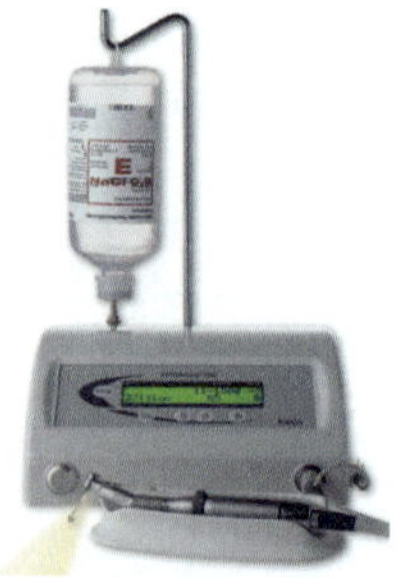

- ☐ Chirurgiemotoren können mit sehr niedrigen Drehzahlen arbeiten.
- ☐ Chirurgiemotoren sind sogenannte Schnellläufer.
- ☐ Beim Arbeiten mit Chirurgiemotoren kann auf eine Kühlung verzichtet werden.
- ☐ Das Arbeiten mit niedrigen Drehzahlen verhindert das Überhitzen des Knochens.
- ☐ Zur Kühlung der rotierenden Instrumente wird NaOCl-Lösung verwendet.
- ☐ Zur Kühlung der rotierenden Instrumente wird NaCl-Lösung verwendet.

In der Zahnarztpraxis werden unterschiedliche Nahtmaterialien verwendet. Welche Materialien werden im Folgenden beschrieben?

______________________	Nadel und Faden sind miteinander verschweißt, dies führt zu einer gewebeschonenden Naht, weil der Durchmesser so verkleinert wurde.
______________________	Faden muss nach ca. 7–10 Tagen entfernt werden, das Fadenmaterial wird im Gewebe NICHT aufgelöst.
______________________	Der Faden muss durch das Nadelöhr eingefädelt werden, der größere Durchmesser führt zu einer größeren Gewebeschädigung.
______________________	Der Faden muss nicht entfernt werden, das Fadenmaterial wird im Gewebe aufgelöst.

Welche Art von Nahtmaterial ist abgebildet?

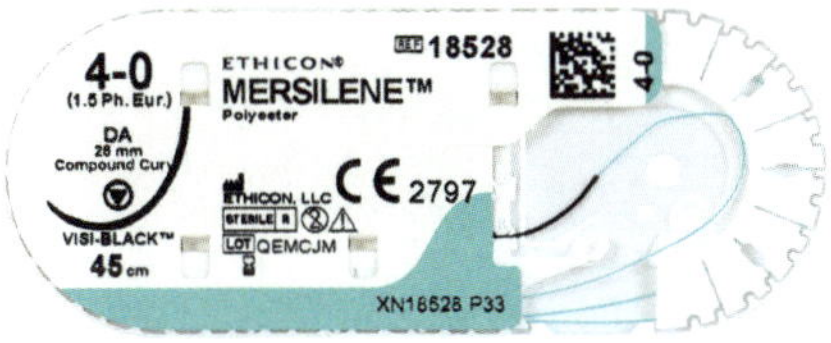

____

____

____

Ordnen Sie die Instrumente den richtigen Kategorien zu.

Raspatorium • Zungenspatel • scharfer Löffel • chirurgische Pinzette • Arterienklemme • Wundhaken nach Langenbeck • Kürette • anatomische Pinzette • Middeldorpfhaken • Mundspreizer • Tuchklemme • Elevatorium • Nadelhalter

Fassende Instrumente	Haltende Instrumente	Schabende Instrumente

Chirurgische Eingriffe

Ach so!

Es gibt viele unterschiedliche Bezeichnungen für chirurgische Eingriffe. Man fragt sich manchmal, wieso es für eine Bedeutung, z. B. „Schnitt", gleich mehrere Fachwörter gibt, z. B. **„Sektion"**, **„-tomie"**, **„Inzision"**? Auf den ersten Blick kann man nicht erkennen, wo die Unterschiede liegen.

Dabei sollte man wissen, dass diese Fachbezeichnungen teilweise aus verschiedenen Sprachen kommen, häufig **Griechisch** und **Latein**, außerdem gibt es **feine Unterschiede in der Bedeutung**. Hier die wichtigsten Begriffe für die ZFA-Ausbildung.

Ektomie
kommt aus dem Griechischen und bezeichnet die **komplette Entfernung eines Organs, Totaloperation**

Resektion
bedeutet im Lateinischen „wegschneiden", „zurückschneiden". In der Medizin bezeichnet der Begriff die **Entfernung krankhafter Organteile/Körperteile, Teilentfernung**

-tomie
leitet sich ab aus dem griechischen Wort für Schnitt. Als Wortteil in medizinischen Begriffen bedeutet es **operative Eröffnung eines Körperteils oder Schnitt.**

Excision
leitet sich ab aus dem Lateinischen und bezeichnet das **Ausschneiden von Gewebeteilen ohne Rücksicht auf Organgrenzen.**

Sektion
kommt aus dem Lateinischen und bedeutet „zerschneiden", „einteilen". Bei speziellen chirurgischen Eingriffen findet sich dieser Begriff mit der Bedeutung **Schnitt**.

Plastik
Kommt aus dem Griechischen und hat im Sprachgebrauch verschiedene Bedeutungen. Medizinisch ist es die Bezeichnung für einen **formgebenden chirurgischen Eingriff der Gewebeteile oder Organe wiederherstellt oder deren Funktion verbessert.**

Die Bezeichnungen der chirurgischen Eingriffe setzen sich sehr oft aus folgenden Teilen zusammen:

Bezeichnung des Gewebes/Organs an welchem der Eingriff durchgeführt wird **+** Grundwort, das die OP-Technik beschreibt

Notieren Sie die Wortteile, aus denen die unten stehenden Begriffe zusammengesetzt sind und erklären Sie in eigenen Worten, was bei diesem Eingriff gemacht wird.

Bezeichnung des Eingriffes	Setzt sich zusammen aus	Bedeutet:
Papillektomie	Papille + -ektomie	Entfernung der Papille
Osteotomie		
Frenulotomie		
Germektomie		
Vestibulum-plastik		
Wurzelspitzen-resektion		
Alveolotomie		
Zystektomie		
Tuberplastik		
Hemisektion		

Benennen Sie die Behandlungsschritte einer Extraktion in der korrekten Reihenfolge und zählen Sie jeweils die dafür verwendeten Materialien und Instrumente auf.

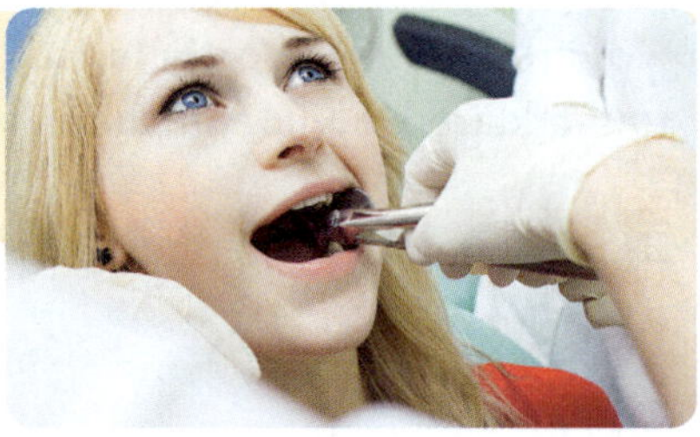

1 ______________________________

2 ______________________________

3 ______________________________

4 ______________________________

5 ______________________________

6 ______________________________

7 ______________________________

8 ______________________________

9 ______________________________

Stellen Sie acht unterschiedliche Instrumente bereit, die für eine Osteotomie an einem Oberkiefermolaren unbedingt erforderlich sind.

Können Sie, zusätzlich zu den oben genannten, weitere chirurgische Instrumente benennen, welche bei einer Osteotomie zur Anwendung kommen können?

Fachbegriffe: Retiniert? Verlagert? Benennen Sie die Lage der Zähne in den folgenden Abbildungen. Erklären Sie anschließend in eigenen Worten, was diese Begriffe bedeuten.

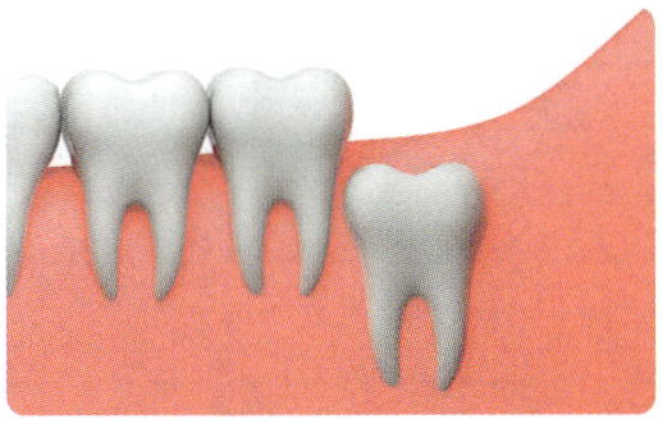

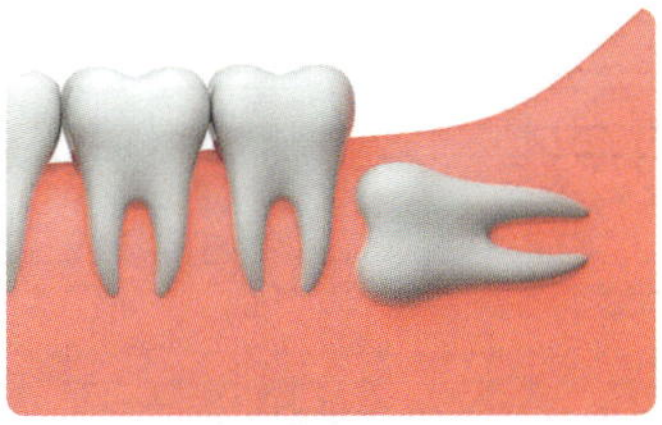

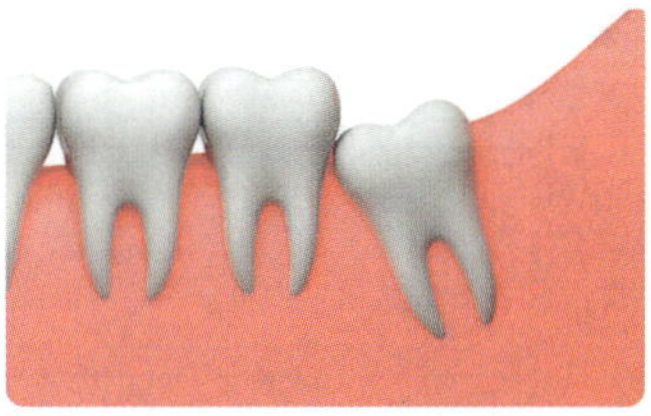

Beschreiben Sie den Behandlungsablauf einer Osteotomie, indem Sie die einzelnen Schritte in korrekter Reihenfolge aufzählen.

1 ______________________________

2 ______________________________

3 ______________________________

4 ______________________________

5 ______________________________

6 ______________________________

7 ______________________________

8 ______________________________

9 ______________________________

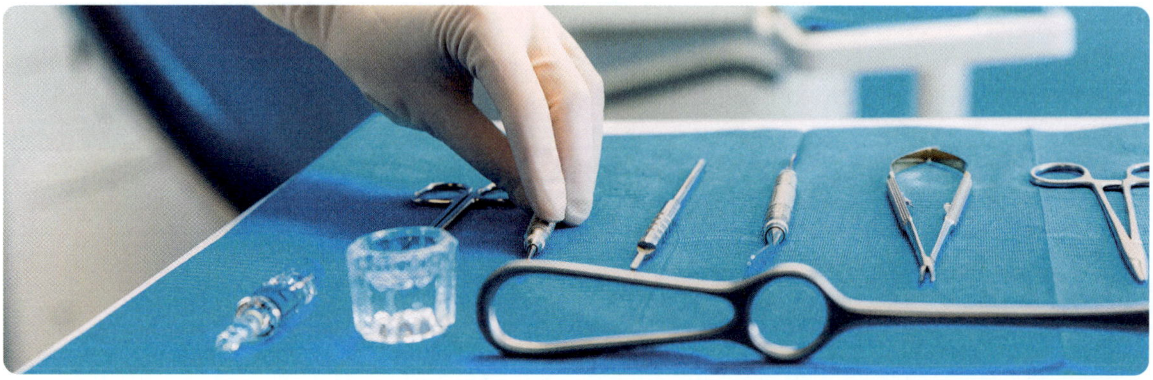

Manche Begriffe bereiten Schwierigkeiten und werden häufig verwechselt. Recherchieren Sie und ergänzen anschließend die Aufstellung.

AUFKLAPPUNG	FREILEGUNG
Was wird dabei gemacht?	Was wird dabei gemacht?
Was sieht man nach diesem Behandlungsschritt, wenn man auf das OP-Gebiet schaut?	Was sieht man nach diesem Behandlungsschritt, wenn man auf das OP-Gebiet schaut?

Hier gibt es Tipps zur Lösung.

vel.plus/afzahn1-41

Aus Schülerarbeiten

Prüfungsfrage:
Unterscheiden Sie die Osteotomie von einer einfachen Extraktion

Osteotomie ist eine Aufklappung des Zahnes, das Zahnfleisch wird aufgeklappt und man zieht den Zahn durch die Wurzel. Extraktion ist im Gegensatz einfacher als die Osteotomie, da der Zahn nur mit der jeweiligen Zange rausgezogen wird.

Vokabeltraining

Finden Sie die Wörter mit gleicher Bedeutung und tragen Sie diese unten ein. Es gibt Zweier- und Dreiergruppen.

Inzision	Ausschabung	Auskratzung
Resektion	Einschnitt	Germektomie
Kiefernhöhle	Knochenhaut	Antrum
Zahnfach	Kürettage	Alveole
Luxation	Exzision	Schnitt
Koagulum	Blutgerinnsel	Verrenkung
socket	Herausschneiden	Blutpfropf
Sinus	Abschneiden von krankem Gewebe	Zahnkeimentfernung
Lockern		Periost

Aus Schülerarbeiten

Dies sind Originalaussagen aus Schülerarbeiten. Markieren Sie die Fehler und erklären Sie, wie die richtige Antwort lauten sollte.

Prüfungsfrage:
Zählen Sie auf, welche Instrumente (6 Stück) <u>zusätzlich</u> zu einer Extraktion bei einer Osteotomie benötigt werden.

- chirurgische Sauger
- Hebel
- Rosenholzbohrer

Skalpell
Raspatorium
Schere
Nagelhalter
scharfer Löffel
chirurgische Pinzette

Ordnen Sie zu und übersetzen anschließend die Fachbegriffe.

prä-	während	präoperativ =
intra-	nach	intraoperativ =
post-	vor	postoperativ =

Was bedeutet Komplikation?

- [ ] unerwartete Verschlechterung einer Erkrankung
- [ ] erschwerte Umstände
- [ ] Zusammenfassung
- [ ] Schwierigkeit
- [ ] Zusammendrücken von Gewebe

Als Assistenz bei chirurgischen Eingriffen hat eine ZFA zahlreiche Aufgaben zu erfüllen. Erklären Sie der neuen Auszubildenden, welches diese sind.

Patientenbetreuung

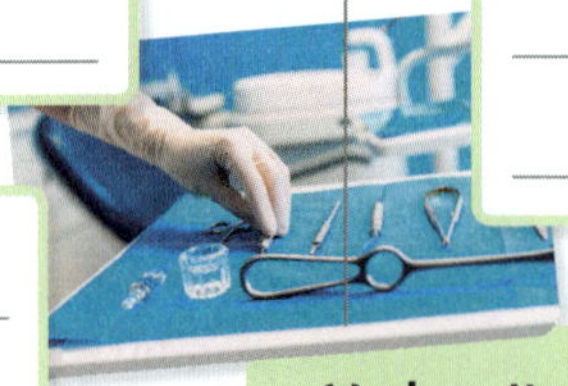

Vorbereitung der OP

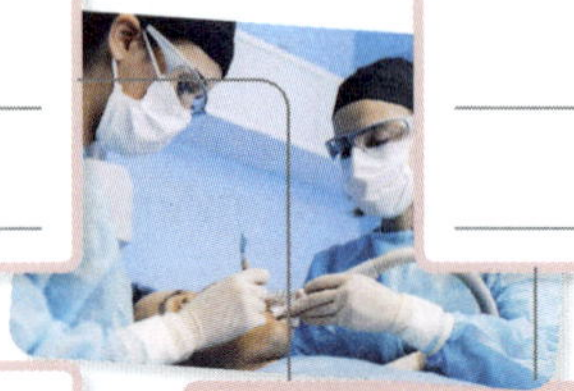

während der OP

Hier gibt es Tipps zur Lösung.

vel.plus/afzahn1-42

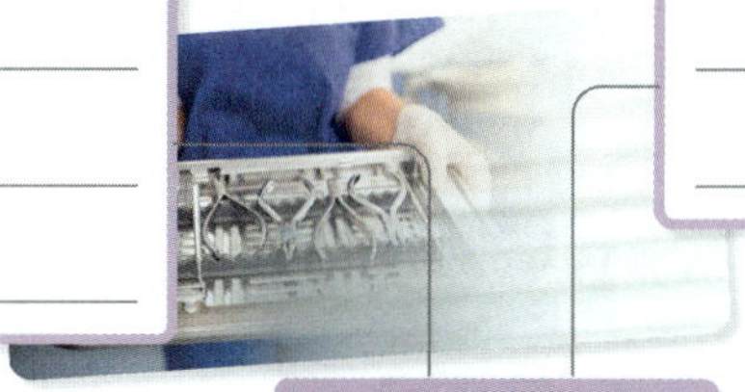

Nachbearbeitung der OP

Aus Schülerarbeiten

Dies sind Originalaussagen aus Schülerarbeiten. Markieren Sie die Fehler und erklären Sie, wie die richtige Antwort lauten sollte.

Prüfungsfrage:
Begründen Sie, weshalb das traumatische Nahtmaterial als „traumatisch“ bezeichnet wird.

Das traumatische Nahtmaterial wird deswegen als traumatisch bezeichnet, weil man sich verletzen kann und weil die Spitze scharf ist.

Prüfungsfrage:
Erklären Sie den Unterschied zwischen einem traumatischen und einem atraumatischen Nahtmaterial.

Traumatisches Nahtmaterial ist mit einem Faden gebunden
Atraumatisches Nahtmaterial ist ohne einem Faden

Erklären Sie anhand der Abbildungen, welche Komplikationen während eines chirurgischen Eingriffs auftreten können.

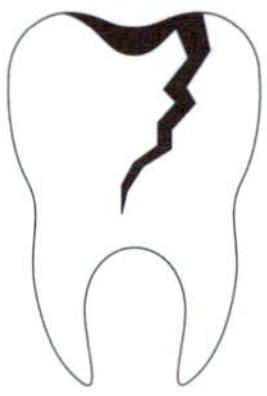

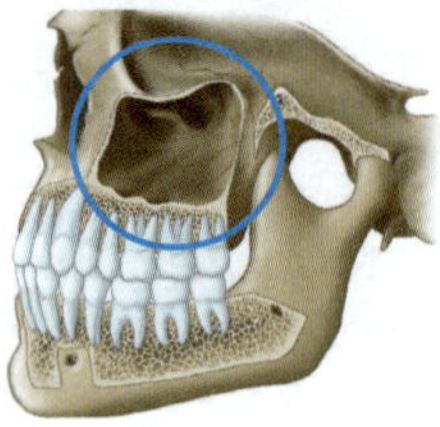

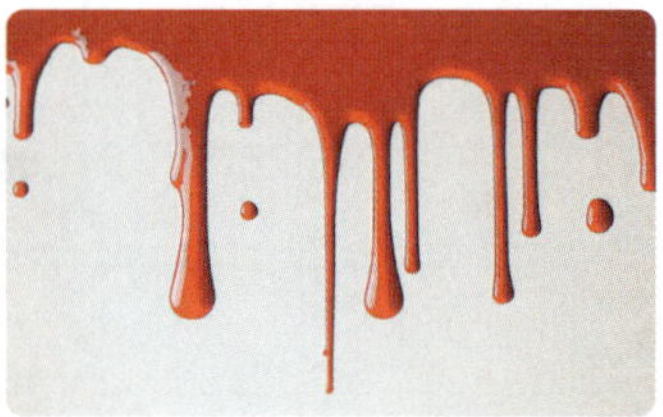

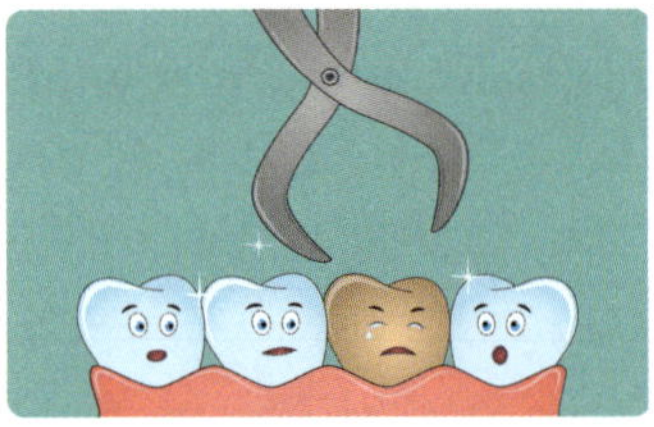

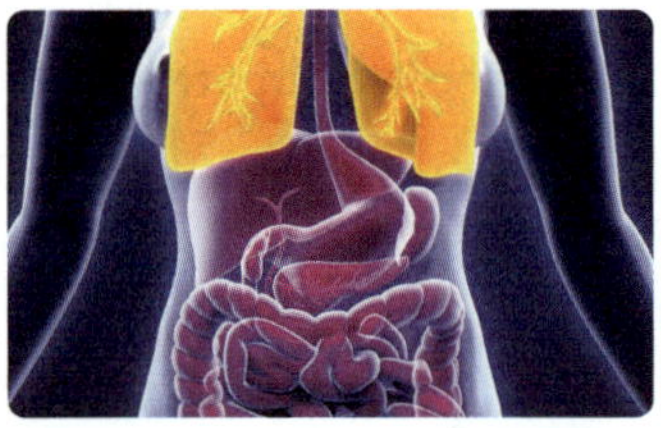

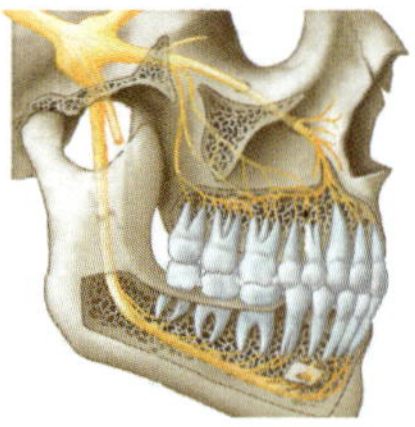

Wie heißen die Nerven, die im Unterkiefer bei einer OP gefährdet sind und eventuell verletzt werden könnten?

N _ _ _ _ _ a _ _ _ _ _ _ _ _ _ _ _ f e r _ _ _

N _ _ _ _ _ _ i _ g u _ _ _ _.

Hinweise zum Verhalten nach einer OP.
Patienten werden grundsätzlich über das richtige Verhalten nach einem chirurgischen Eingriff aufgeklärt. Ergänzen Sie die nachstehende Tabelle.

Empfohlene Verhaltensmaßnahme	Aus welchem Grund wird die Verhaltensregel empfohlen?
Solange die Spritze wirkt, nichts essen und nichts trinken.	______
______	Durch den Eingriff und die Anästhesie ist der Patient möglicherweise unkonzentriert.
Trinken Sie keine heißen oder koffeinhaltigen Getränke.	______
______	Durch das Aufbeißen auf den Tupfer wird die Blutung gestoppt.
Legen Sie kalte feuchte Umschläge oder ein Kühlkissen auf die Wange.	______
______	Dies erhöht die Infektionsgefahr an der Wunde und zudem ist Nikotin ein Zellgift.
Vermeiden Sie körperliche Anstrengung am Tag des Eingriffs und am Tag danach.	______
______	Heftiges Spülen kann den gebildeten Blutpfropf lösen und Wundheilungsstörungen verursachen, dennoch ist es wichtig die Mundhöhle sauber zu halten.

Nennen Sie mögliche Komplikationen, die nach einem chirurgischen Eingriff auftreten können. Einige Hinweise sind in den Abbildungen versteckt.

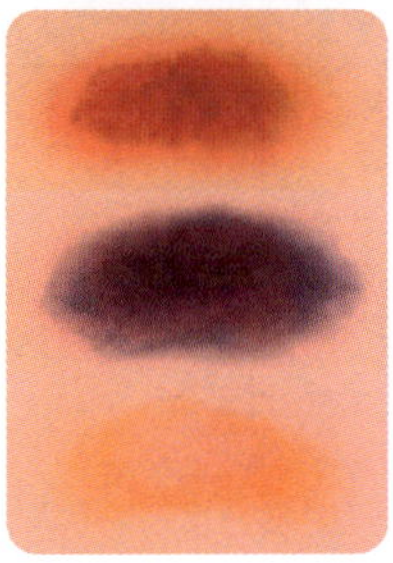

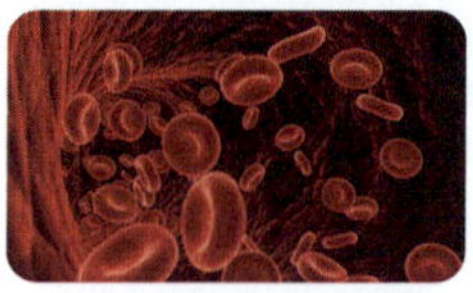

An welchen Zähnen muss mit einer möglichen Kieferhöhleneröffnung gerechnet werden?

Die Wundversorgung ist immer abgestimmt auf den Eingriff und dessen Verlauf. Welche der nachfolgenden Möglichkeiten sind zur Versorgung einer Extraktionswunde geeignet?

- [ ] Aufbisstupfer
- [ ] Kauterisation
- [ ] Tamponade als Medikamententräger
- [ ] Gelatineschwämmchen
- [ ] Naht
- [ ] Drainagestreifen

Der Zahn 46 wird durch die Alveole mit einer Zange extrahiert. Nennen Sie weitere chirurgische Instrumente, die zum Einsatz kommen können und erklären Sie jeweils kurz, wofür das betreffende Instrument verwendet wird.

Vokabeltraining

Tragen Sie in den Feldern die Übersetzung der Begriffe ein.

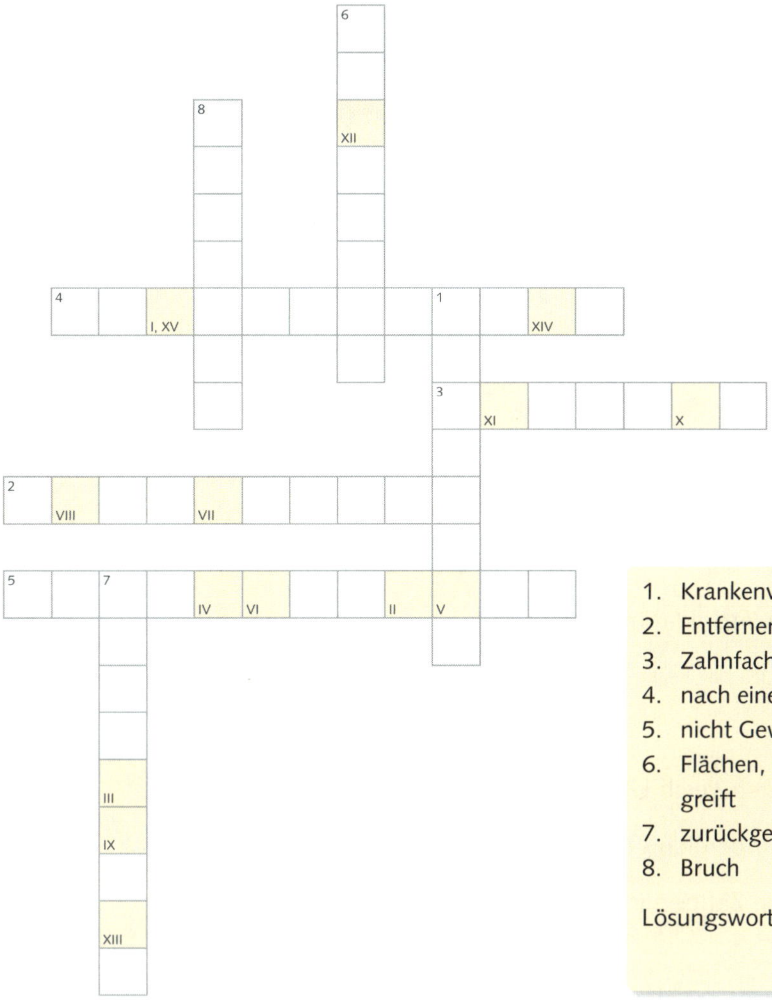

1. Krankenvorgeschichte
2. Entfernen eines Zahnes
3. Zahnfach
4. nach einem chirurgischen Eingriff
5. nicht Gewebe verletzend
6. Flächen, mit denen eine Zange den Zahn greift
7. zurückgehalten, am Durchbruch gehindert
8. Bruch

Lösungswort: Fachbezeichnung für eine Nebenhöhle der Nasenhöhle

Welche Bezeichnungen für die Kieferhöhle gibt es?

- [ ] Sinus maxillaris
- [ ] Anus
- [ ] Antrum
- [ ] Vestibulum

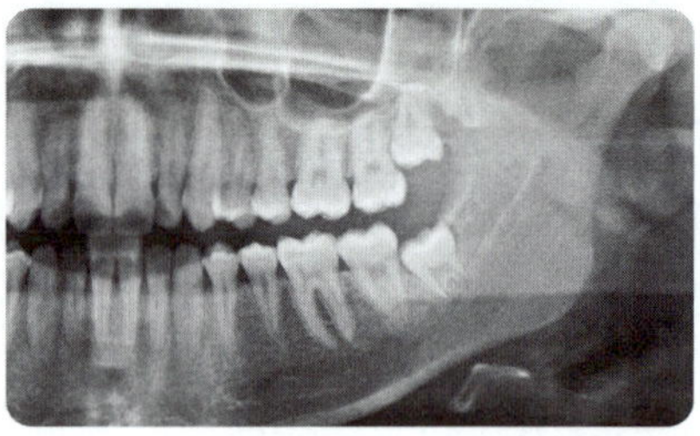

Wofür stehen die Buchstaben MAV?

M ____________________

A ____________________

V ____________________

Bei welchen der nachstehenden chirurgischen Eingriffe kann es zu einer ungewollten Eröffnung der Kieferhöhle kommen?

- [ ] Wurzelspitzenresektion im Frontzahnbereich OK
- [ ] Extraktion von Molaren OK
- [ ] Sinuslift
- [ ] Implantation im Seitenzahnbereich UK
- [ ] Implantation im Seitenzahnbereich OK
- [ ] Osteotomie an verlagerten Zähnen im 3. und 4. Quadranten

An welchen Zähnen ist eine MAV möglich? Kreuzen Sie die richtigen Antworten an.

- [ ] 27
- [ ] 48
- [ ] 35
- [ ] 33
- [ ] 16
- [ ] 22

Der Behandler notiert „MAV positiv", was heißt das?

- [ ] Die Kieferhöhle ist perforiert.
- [ ] Die Kieferhöhle ist nicht perforiert.

Merke

perforiert bedeutet:

____

Wie bezeichnet man den chirurgischen Eingriff, der zum Verschluss der Kieferhöhle durchgeführt wird?

____

Welche Verhaltensmaßnahmen werden einem Patienten nach Verschluss der eröffneten Kieferhöhle nahegelegt?

____

____

____

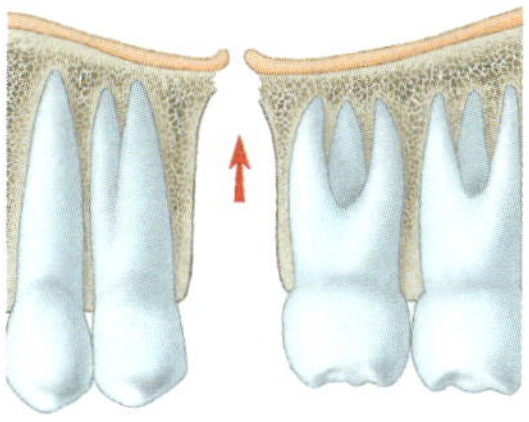

Lernnotiz: Kieferhöhleneröffnung und Therapie

Vervollständigen Sie die Übersicht zum Thema.

MAV = ____________________ **Wofür steht die Abkürzung?**	
MAV-Plastik Was versteht man darunter?	
Betroffene Region	
Diagnostik Wie kann eine MAV festgestellt werden?	
Mögliche Folgen bei Nichtbehandlung	
Behandlungsschritte	

Benötigte Instrumente	
Aufklärung über Verhalten in den folgenden Tagen	

Welche Instrumente werden bei einer plastischen Deckung nicht benötigt? Was ist falsch?

Schlau wie Einstein!

- [ ] Nadelhalter
- [ ] Knopfsonde
- [ ] Raspatorium
- [ ] Skalpell
- [ ] Krallenhebel
- [ ] Bajonettzange
- [ ] Chirurgische Pinzette
- [ ] Kürette
- [ ] Nadel-Faden-Kombination

Wissens-Check

Ein Patient meldet sich nach einem chirurgischen Eingriff telefonisch, weil die Wunde plötzlich wieder blutet. Welche der nachstehenden Empfehlungen sind medizinisch sinnvoll, welche nicht?

Aussage		
Auf ein sauberes Stofftaschentuch für 15–30 Minuten fest zubeißen.		
Kühlkissen auflegen.		
Es empfiehlt sich, den Kopf beim Schlafen etwas höher zu lagern.		
Zur Stabilisierung des Kreislaufes sollten Sie heißen Schwarztee trinken.		
Mehrmals mit lauwarmem Wasser spülen.		
An der Wunde saugen hilft, das Blut zu entfernen.		
Kompression der Wunde		
In die Praxis kommen, wenn die Blutung nach 1–2 Stunden nicht stoppt.		

Zahnerhaltende chirurgische Eingriffe

Welche der nachstehenden Befunde stellen die Indikation für eine Wurzelspitzenresektion?

- ☐ Kronenfraktur mit Pulpabeteiligung
- ☐ Entzündungsherd an der Wurzelspitze
- ☐ abgebrochenes Instrument im Bereich der Wurzelspitze
- ☐ radikuläre Zyste
- ☐ Längsfraktur des Zahnes
- ☐ CAP
- ☐ überstopfter Wurzelkanal
- ☐ Zahnfraktur im apikalen Drittel
- ☐ Fauliger Zerfall der Pulpa

Beschreiben Sie die nachfolgend abgebildeten Behandlungsschritte im Verlauf einer Wurzelspitzenresektion.

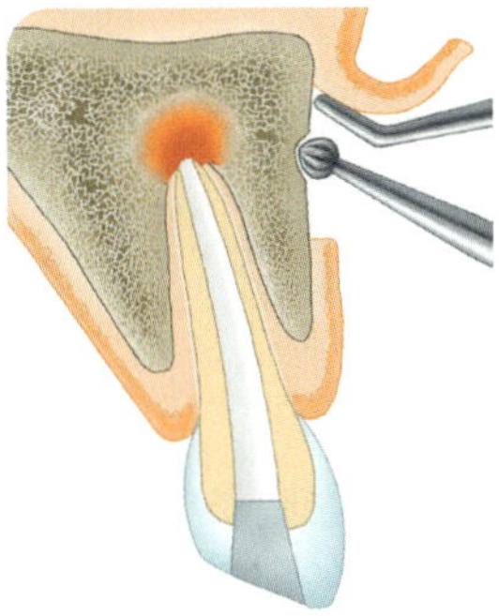

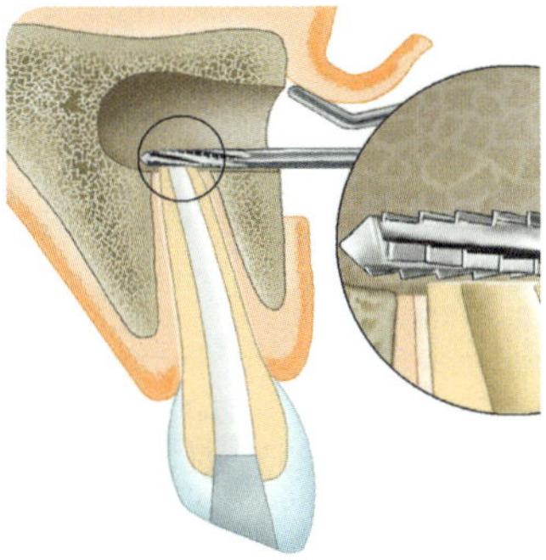

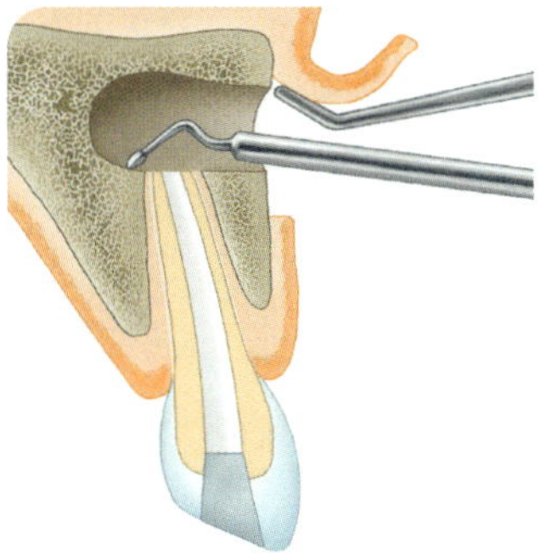

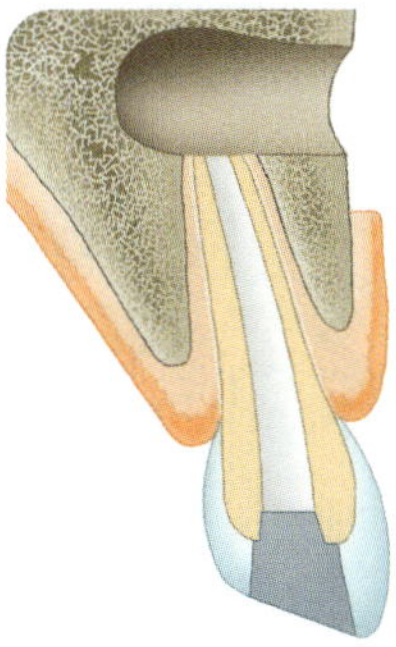

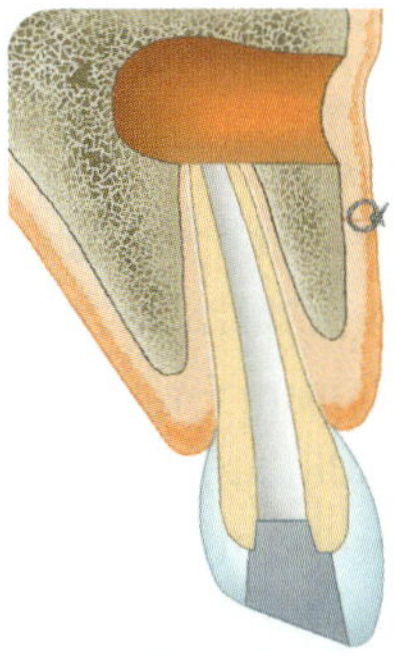

In welcher Reihenfolge werden die nachstehenden Instrumente und Materialien bei einer Wurzelspitzenresektion am Zahn 34 verwendet?

- ☐ Lindemannfräse
- ☐ physiologische Kochsalzlösung
- ☐ scharfer Löffel
- ☐ Anästhesiebesteck
- ☐ kugelförmige chirurgische Fräse
- ☐ Nadelhalter, Nahtmaterial, Schere
- ☐ Grundbesteck
- ☐ Wundhaken nach Langenbeck
- ☐ Elektrotom
- ☐ Raspatorium

Nennen Sie zwei Materialien, die als retrograder Verschluss nach einer Wurzelspitzenresektion geeignet sind.

____

____

____

Nice to know

Carl Partsch war ein deutscher Chirurg und hat von **1855** bis **1932** gelebt.

Vor mehr als 100 Jahren hat er zwei OP-Techniken zum Entfernen von Zysten entwickelt.

1892 die OP-Technik Zystostomie, auch **Partsch I** genannt und 1910 die **Zystektomie**, auch **Partsch II** genannt.

Heutzutage wird hauptsächlich die zweite von Partsch entwickelte OP-Technik durchgeführt, die **Zystektomie**. Bei diesem Eingriff wird die Zyste vollständig, d. h. Inhalt und Hülle, entfernt. Große Hohlräume, die aufgrund der Zyste im Knochen entstanden sind, werden mit Knochenersatzmaterial aufgefüllt. Anschließend wird die Wunde mit einer Naht dicht verschlossen.

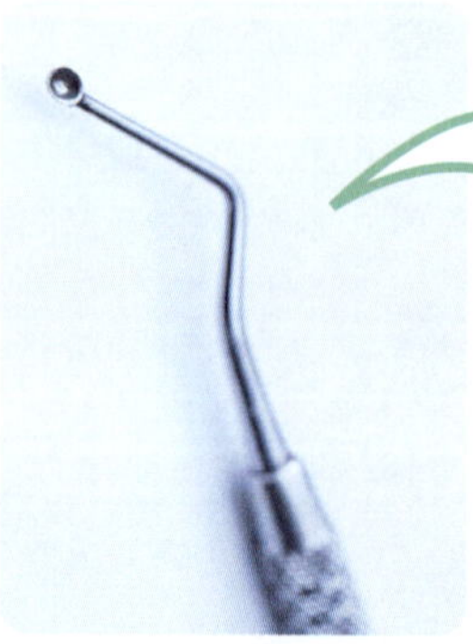

Dieses Instrument kennt fast jede Auszubildende aus der Praxis.

Wussten Sie, dass es von Carl Partsch erfunden wurde und mit vollständigem Namen **scharfer Löffel nach Partsch** heißt?

Vervollständigen Sie den Lückentext.

Hier gibt es Tipps zur Lösung

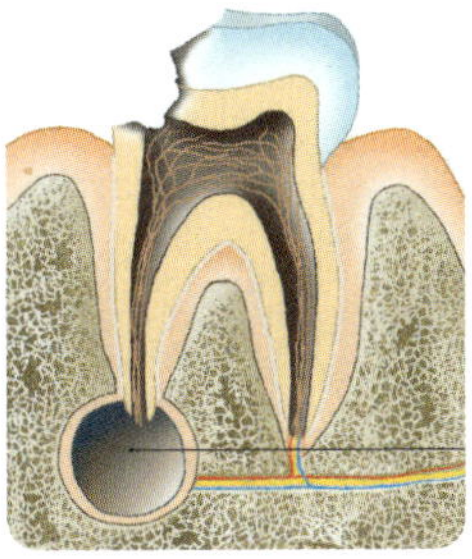

Zysten sind ________________ Hohlgebilde. Die Hülle einer Zyste wird ________________ genannt, der Inhalt ist meist ___________. In Röntgenaufnahmen erkennt man Zysten als scharf abgegrenzte ________________.

In der Regel wachsen Zysten ____________ und verursachen anfänglich __________ Beschwerden. Wenn eine Zyste wächst, _______________ sie das umliegende Gewebe, der Knochen um eine Zyste herum wird abgebaut. Bei großen Zysten kann es somit zu einer erheblichen _______________ von Knochengewebe kommen. Durch eine solche Aushöhlung geschwächt, kann der Kieferknochen unter Belastung sogar ____________. Zysten müssen chirurgisch ____________ werden. Das entnommene Zystengewebe wird in einem ___________ histologisch untersucht.

Lernnotiz: Merkmale von Zysten

Tragen Sie in die Tabelle fünf wichtige Informationen über Zysten ein

Zysten
→
→
→
→
→

Ach so!

hemi – kommt aus dem Griechischen und bedeutet Hälfte

Sektion – kommt aus dem Lateinischen und bedeutet Schnitt

Bei einer **Hemisektion** wir ein Zahn in zwei Hälften geteilt.

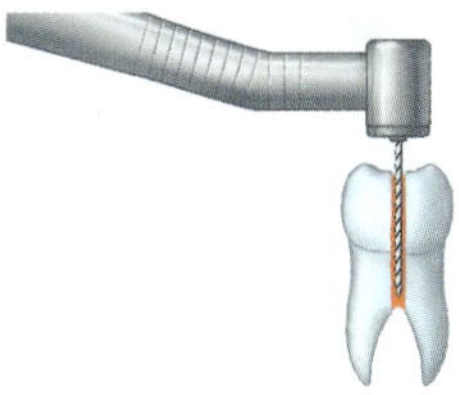

Welche der nachstehenden Aussagen zur Hemisektion sind zutreffend? Kreuzen Sie an.

- ☐ Die Hemisektion ist ein chirurgischer Eingriff.
- ☐ Die Hemisektion dient der Erhaltung eines Zahnes oder einer Zahnhälfte.
- ☐ Die Hemisektion wird an vitalen Zähnen durchgeführt.
- ☐ Die Hemisektion wird an mehrwurzeligen Zähnen durchgeführt.
- ☐ Bei einer Hemisektion wird immer auch eine Teilextraktion durchgeführt.
- ☐ Nach einer Hemisektion muss der Zahn prothetisch versorgt werden.
- ☐ Die Hemisektion wird an wurzelbehandelten Zähnen durchgeführt.
- ☐ Wird ein Zahn geteilt und beide Hälften belassen, so spricht man von einer Prämolarisierung.

Bringen Sie die Behandlungsschritte einer Hemisektion mit Teilextraktion in die richtige Reihenfolge.

- ☐ Formgebung und Glättung des verbleibenden Restzahnes
- ☐ nach Wundheilung Versorgung voraussichtlich mit einer Brücke
- ☐ Teilung des Zahnes
- ☐ Anästhesie
- ☐ Wundversorgung
- ☐ Extraktion der nichterhaltungswürdigen Zahnhälfte

Welche der nachstehenden Instrumente werden bei einer Prämolarisierung nicht benötigt? Kreuzen Sie an.

Schlau wie Einstein!

- ☐ Hebel
- ☐ Grundbesteck
- ☐ Winkelstück/Turbine
- ☐ Fräsen und Diamantschleifer
- ☐ Extraktionszange
- ☐ Anästhesiebesteck
- ☐ Nadelhalter

Behandlung von Entzündungen und Tumoren

Erklären Sie die Unterschiede:

INZISION ______________________________

____

EXZISION ______________________________

____

Inzision oder Exzision? Markieren Sie Begriffe/Maßnahmen, die Sie für eine Inzision halten gelb und Exzisionen grün.

- Entfernen einer Gewebewucherung
- Einschneiden in die Schleimhaut
- Schnittführung
- Entnahme einer Gewebeprobe
- Entfernen der Schleimhautkapuze
- Spaltung eines Abzesses
- Abtragen eines kleinen Schleimhautlappens

Bringen Sie die Behandlungsschritte bei der Inzision eines Abszesses in die richtige Reihenfolge.

- ☐ Termin zum Streifenwechsel/Streifenentfernung vereinbaren
- ☐ Aufspreizen des Abszesshohlraumes
- ☐ Anästhesie
- ☐ Einlegen eines Gazestreifens
- ☐ Spülen der Abszesshöhle mit desinfizierender Lösung
- ☐ vollständiges Entleeren des Eiters
- ☐ Inzision

Handelt es sich um einen Abszess, der von einem Zahn ausgeht, werden an dem Zahn ebenfalls Behandlungsmaßnahmen durchgeführt. Welche sind möglich?

Mit welchen Schwierigkeiten ist bei der Anästhesie im Zusammenhang mit einem Abszess zu rechnen?

Vokabeltraining

Tragen Sie in den Feldern die Übersetzung der Begriffe ein.

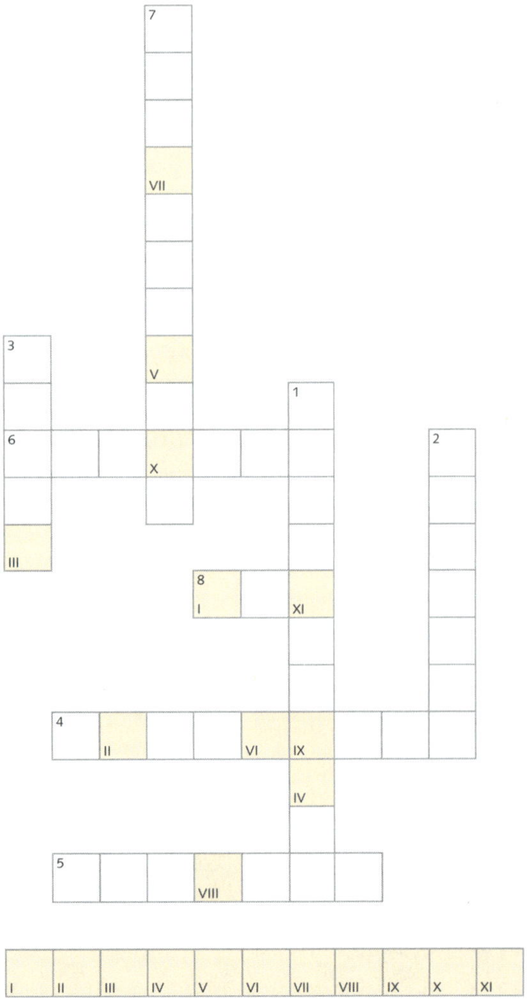

1. Teilung eines Zahnes und Teilextraktion
2. Entnahme einer Gewebeprobe
3. Gewebswucherung
4. Tochtergeschwulst
5. gutartig
6. bösartig
7. vollständige Entfernung einer Zyste
8. Eiter

Das Lösungswort bezeichnet die Entzündung der Knochenhaut.

Abszesse können an unterschiedlichen Stellen auftreten. Entwirren Sie die Buchstaben und tragen Sie die Fachbegriffe ein, die die Lage eines Abszesses beschreiben.

Fachbegriff	deutsche Bezeichnung
aslnglbuui	unter der Zunge
linplaaat	am Gaumen
ebrluasiptso	unter der Knochenhaut
nlubriusämadb	unter dem Unterkiefer
sömskubu	unter der Schleimhaut
rdarnepiuilbäm	um den Unterkiefer herum

Lernnotiz: Dentitio Difficilis

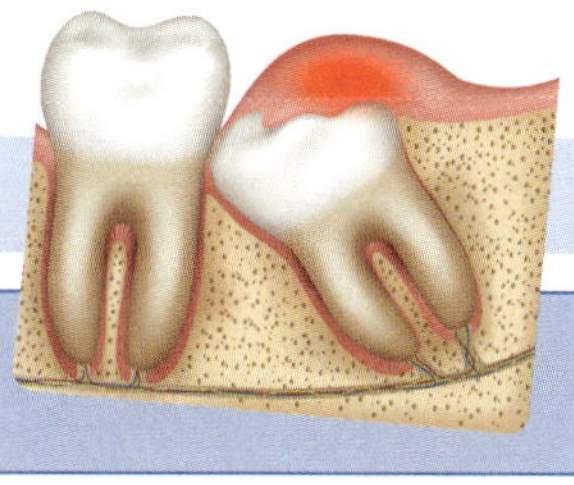

Vervollständigen Sie die Tabelle.

Dentitio difficilis heißt auf Deutsch: ______________________			
Ausgangssituation Ursachen	Der Zahn ist ______________ Die Zahnkrone liegt noch unter einer ____________________ Zwischen Zahnkrone und Zahnfleisch ist eine ______________ entstanden. In dieser Nische können sich ______________ vermehren. Diese Mikroorganismen rufen eine ______________ hervor. Bei einer Dentitio ____________ spricht man von einer sogenannten ______________-Infektion.		
Symptome	______________	______________	______________
	______________ ______________	______________ ______________	______________ ______________
Behandlung	Sofortmaßnahmen zur Behandlung der akuten Symptome ______________________________ ______________________________		
Voraussichtliche Weiterbehandlung nach Abklingen der Entzündung ______________________________ ______________________________			

Hier gibt es Tipps zur Lösung

vel.plus/afzahn1-44

Ach so!

Eine eingeschränkte Mundöffnung bezeichnet man als K I E F E R ___ ___ ___ ___ ___ ___.

Kann der Patient den Mund nicht vollständig schließen, spricht man in der Zahnmedizin von einer K I E F E R ___ ___ ___ ___ ___ ___

Welche Begriffe werden gesucht? Ordnen Sie den Beschreibungen die richtigen Begriffe zu.

F ___ S ___ ___ ___	Kleiner Kanal, der von einem Entzündungsherd zur Körperoberfläche führt
O ___ T ___ ___ T ___ M ___ ___	Schwere Entzündung des Knochens mit Beteiligung des Knochenmarks
O ___ T ___ ___ M Y ___ L I ___ I S	Operative Entfernung eines Zahnes
___ Y S ___ ___	Mit Flüssigkeit gefüllter Hohlraum
___ B ___ ___ ___ S S	Abgekapselte Eiteransammlung im Gewebe.

Weisen Sie den Begriffen ihre Bedeutung und den chirurgischen Eingriff zu, indem Sie die Kästchen mit derselben Farbe ausmalen.

Abszess	gutartige Gewebswucherung	**Exzision**
Granulationsgewebe	Erschwerter Zahndurchbruch mit entzündeter Schleimhautkapuze	**Exzision**
Benigner Tumor	Eingekapselte Eiteransammlung im Gewebe	**Zystektomie**
Dentitio difficilis	neugebildetes körniges Gewebe als Reaktion auf eine Entzündung	**Inzision**
radikuläre Zyste	krankhaftes, mit Flüssigkeit gefülltes Hohlgebilde ausgehend von der Wurzel eines pulpatoten Zahnes	**Kürettage**

Unterscheiden Sie, ob in den nachstehenden Fällen eine Zyste oder ein Abszess beschrieben wird.

Beschreibung	Zyste	Abszess
Der Hohlraum ist mit Eiter gefüllt.		
Der Hohlraum ist mit Flüssigkeit gefüllt.		
Ist keine entzündliche Schwellung.		
Ist eine entzündliche Schwellung.		
Kann im Bereich der Zahnkrone entstehen.		
Die Hülle wird nicht im Labor untersucht.		
Der Inhalt wird entleert, die Hülle wird entfernt.		
Hat in der Regel einen chronischen Verlauf.		
Typisches Begleitsymptom sind Schmerzen.		

Ach so!

Häufig begegnen einem bei Fachbegriffen immer wieder dieselben **Vorsilben**. Wenn man deren Bedeutung kennt, fällt es leichter den gesamten Begriff zu verstehen. Was man versteht, kann man sich dann auch gut merken.

Tragen Sie die Bedeutung der nachstehenden Vorsilben ein und finden jeweils ein Beispiel.

anti-		
kontra-		
a-, an-		
in, intra-		
ex-		
supra-		
sub-		

Implantologie

Erklären Sie die nachstehenden Begriffe.

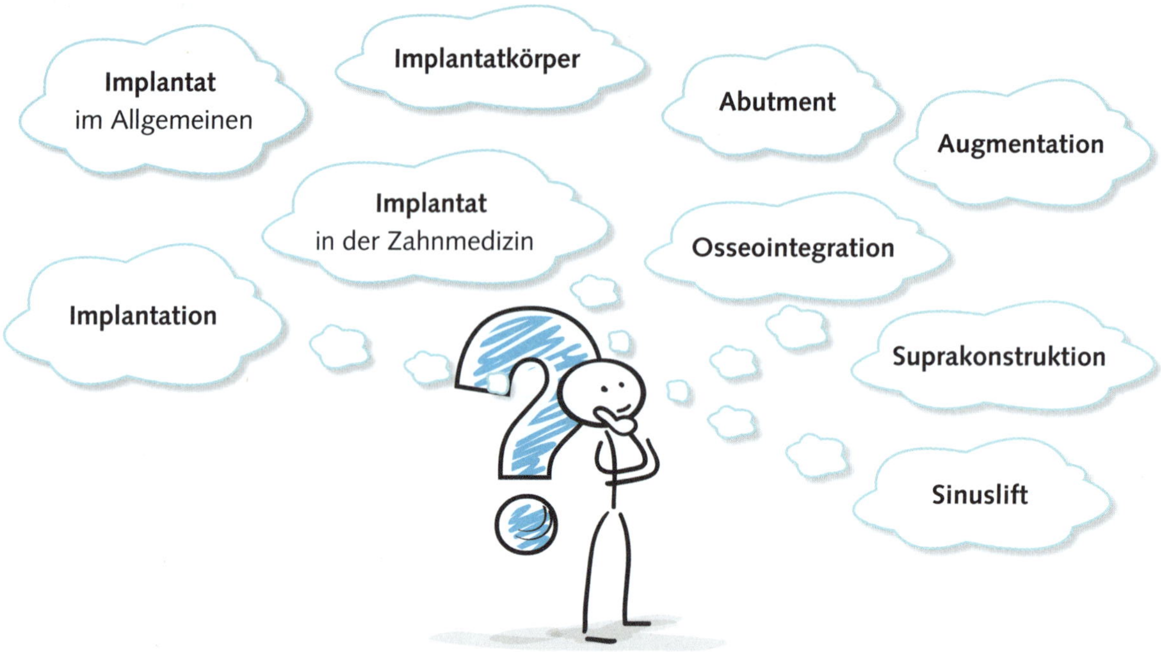

Hier gibt es Tipps zur Lösung

vel.plus/afzahn1-45

Benennen Sie die Einzelteile in der Abbildung.

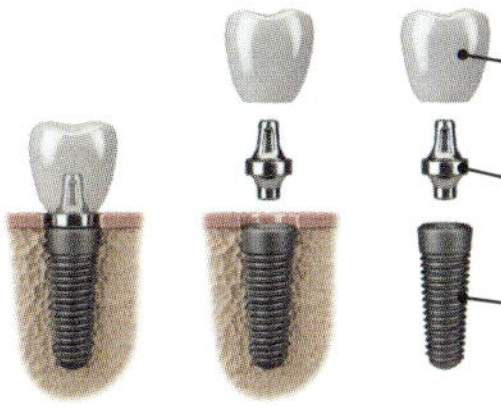

1. ____________________

2. ____________________

3. ____________________

Vervollständigen Sie die Tabelle, indem Sie in jeder Spalte drei oder mehr Angaben machen.

Indikationen für eine Implantation	**Kontraindikationen** für eine Implantation

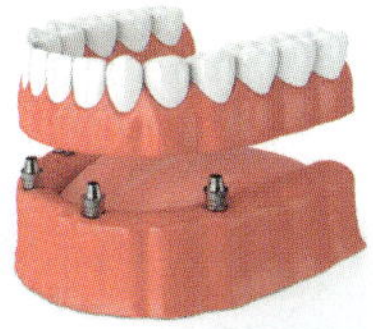

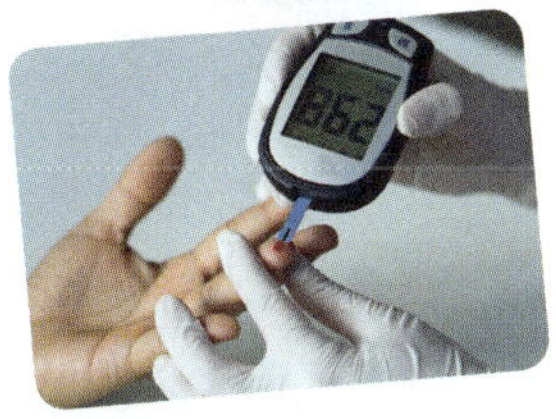

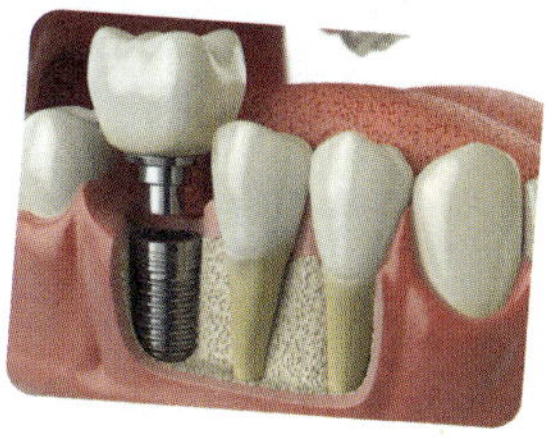

Erklären Sie die Unterschiede:

zweizeitige Implantation

einzeitige Implantation

Sofortimplantation

Kennen Sie die Instrumente?
Geben Sie den Namen und die Verwendung für die abgebildeten Instrumente an.

Name:

____

Verwendung:

____
____
____
____
____
____

Name:

____

Verwendung:

____
____
____

Name:

____

Verwendung:

____
____
____

Was wird in den nachstehenden Sitzungen bei der Versorgung mit einem Implantat durchgeführt?

Vorbehandlung	Implantation	Nachsorge
Was wird dabei gemacht?	Was wird dabei gemacht?	Was wird dabei gemacht?

Zeichnen Sie in Gelb die Einheilzeit für Implantate im Oberkiefer und in Grün die Einheilzeit für Implantate im Unterkiefer ein.

Oberkiefer:

1 Monat	2 Monate	3 Monate	4 Monate	5 Monate	6 Monate	7 Monate	8 Monate

Unterkiefer:

Warum ist in den beiden Kiefern die Dauer der Einheilzeit unterschiedlich?

Welche Instrumente/Materialien sind für die einzelnen Sitzungen vorzubereiten?

Vorbehandlung	Implantation	Nachsorge
Instrumente, Geräte, Materialien	Instrumente, Geräte, Materialien	Instrumente, Geräte, Materialien

Bringen Sie die Behandlungsschritte der Implantationssitzung in die richtige Reihenfolge.

Wundverschluss durch Naht • intra- und extraorale Desinfektion • manuelles oder maschinelles Einbringen des Implantats • Präparation eines Muko-Periost-Lappens • Schmerzausschaltung • Ankörnen der Implantatstelle mittels chirurgischer Kugelfräse • sterile Abdeckung des Patienten • Aufbereitung des Implantatlagers mit Spezialbohrer-System • Anlegen der Bohrschablone • Kontrolle/Überprüfen der Bohrtiefe und der Bohrachse • Kontrolle der Stabilität und Setzen der Verschluss-Schraube • Inzision der Schleimhaut auf dem Kieferkamm

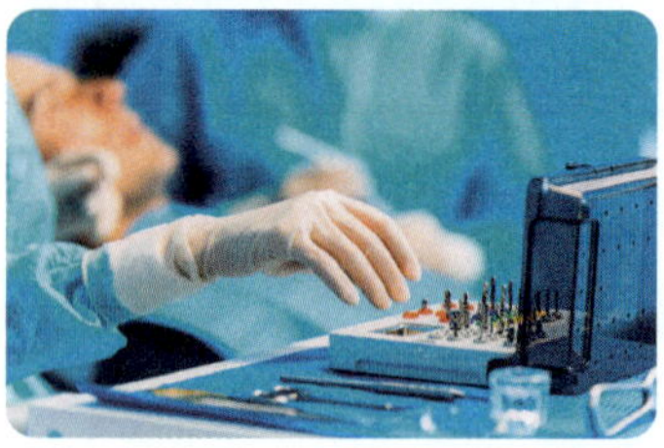

1 ____________________

2 ____________________

3 ____________________

4 ____________________

5 ____________________

6 ____________________

7 ____________________

8 ____________________

9 ____________________

10 ____________________

11 ____________________

12 ____________________

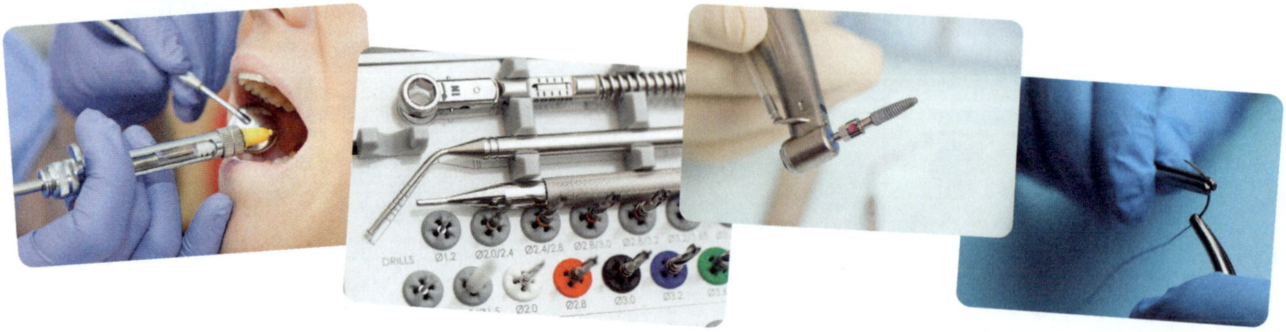

Vokabeltraining

Finden Sie die Wörter mit gleicher Bedeutung und tragen Sie diese unten ein

Implantataufbau	Implantatpfosten	Suprakonstruktion
inserieren	einpflanzen	transgigival
Sulkusformer	Abutment	enossal
implantatgetragener Zahnersatz	innerhalb des Knochens	durch das Zahnfleisch
implantieren	Gingivaformer	einbringen

Welche Begriffe sind richtig übersetzt/erklärt?

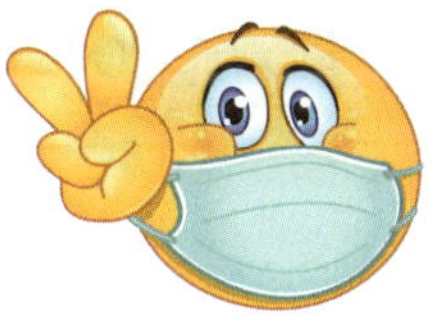

- ☐ Osseointegration – Verwachsen mit dem Knochen
- ☐ Implantatkörper – Abutment
- ☐ transgingivale Einheilung – geschlossene Einheilung
- ☐ Sulkusformer – Gingivaformer
- ☐ Sinuslift – Verschluss einer eröffneten Kieferhöhle

Kreuzen Sie die richtigen Antworten an. Implantate werden gefertigt aus ...

- ☐ Keramik
- ☐ NEM
- ☐ Gold
- ☐ Glasfaser
- ☐ Titan

Kreuzen Sie die richtigen Antworten an. Die gebräuchlichsten Maße für Zahnimplantate sind ...

- [ ] Länge 8–15 mm, Durchmesser 3–5,5 mm
- [ ] Länge 6–12 cm, Durchmesser 3–4 cm
- [ ] Länge 13–18 mm, Durchmesser 4–6 mm
- [ ] Länge 0,8–1,5 cm, Durchmesser 0,3–0,55 cm

Instrumente und Hilfsmittel in der Implantologie?

Kennen Sie die Fachbezeichnung und die Anwendung der nachstehenden Instrumente und Hilfsmittel? Vervollständigen Sie die Tabelle

Abbildung	Fachbezeichnung	Beschreibung/Anwendung
		vom Hersteller angebotene Zusammenstellung der benötigten Instrumente für die Implantation
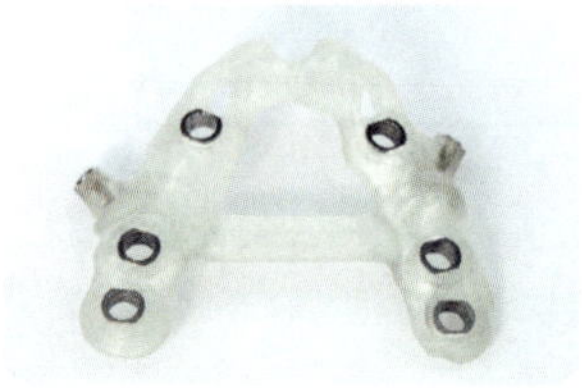		Hilfsmittel, um Implantate an der richtigen Stelle, in der korrekten Ausrichtung zu setzen. Vor dem chirurgischen Eingriff wird die Vermessung des Kiefers durchgeführt und der Zahntechniker stellt anschließend die Hilfsvorrichtung her.
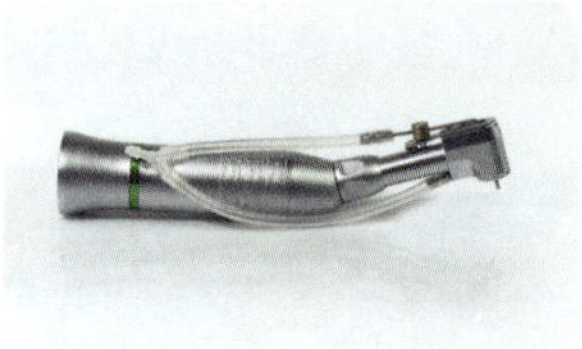		Die Drehgeschwindigkeit des Übertragungsinstrumentes ist für die Arbeit im Knochen abgestimmt, also sehr stark gedrosselt. Die Kühlung erfolgt durch spezielle, gewebeverträgliche Lösung.

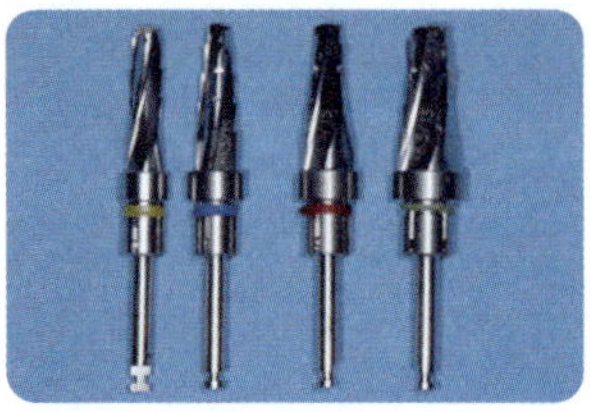		• genormte Instrumente mit Innenkühlung • werden in aufsteigender Größe für das Bohren des Implantatlagers im Kieferknochen verwendet • sind mit Längenmarkierungen versehen • sterilisierbar

Abbildung	Fachbezeichnung	Beschreibung/Anwendung
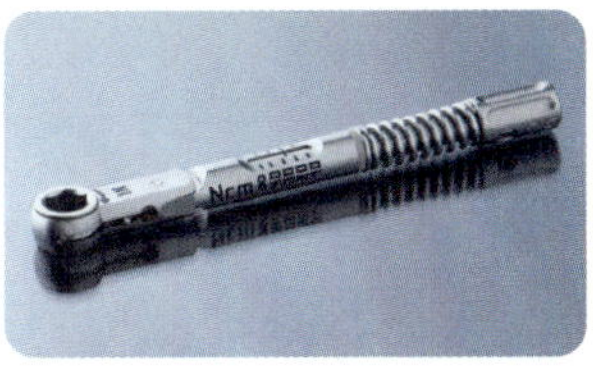	__________ __________	Hilfsmittel, darin wird das Eindrehinstrument eingespannt. Anschließend kann damit manuell der Gewindeschneider oder das Schraubenimplantat eingedreht werden.
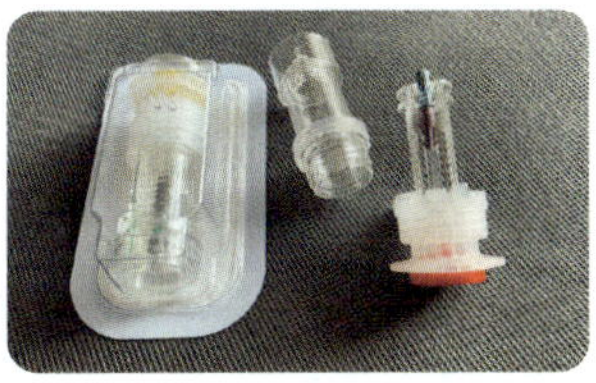	__________ __________	Implantate sind __________ verpackt mit Siegellasche. Die Verpackung ist so gestaltet, dass bei korrekter Entnahme keine __________ stattfinden kann. Abziehetiketten mit Artikel-, Chargennummer für die __________ und den __________ des Patienten werden mitgeliefert.
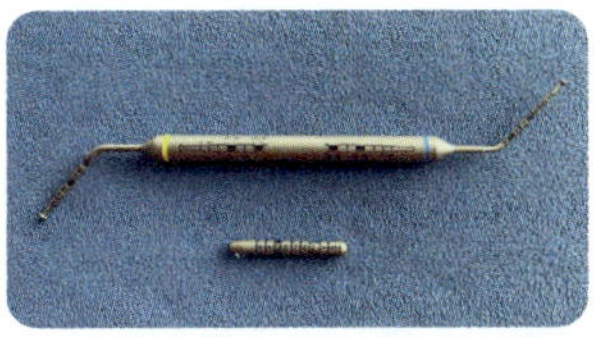	Tiefenmesslehre	__________ __________ __________ __________ __________
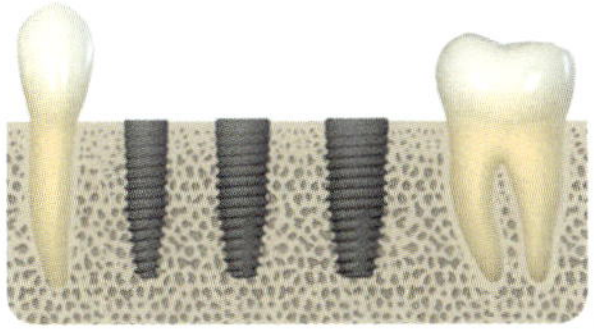	__________ zur __________ Einheilung	Das Implantat wird im zweizeitigen Verfahren eingesetzt. Werden in unterschiedlichen Längen und Durchmessern angeboten.
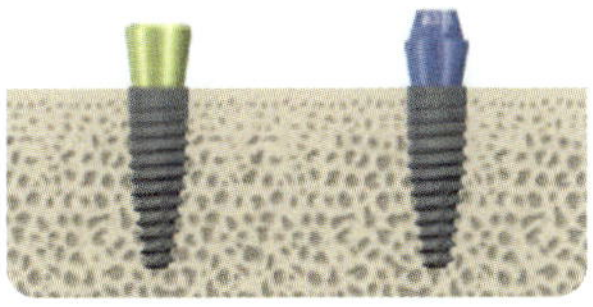	__________ zur __________ Einheilung	Das Implantat wird im __________ Verfahren eingesetzt, d. h. es heilt durch das Zahnfleisch hindurch.
	__________ __________	Kleine Schraube, die das Implantat während der __________ verschließt. Sie wird ins Implantat eingedreht und schließt bündig damit. Wird bei __________ Implantaten verwendet.

Abbildung	Fachbezeichnung	Beschreibung/Anwendung
	Gingivaformer, Sulcusformer	

Fragenfeuer – Wie war das nochmal?

Sammeln Sie Sterne und beurteilen Sie Ihren aktuellen Wissensstand zum Thema Implantate.

★ **1. Was ist gemeint, wenn bei einer Implantation von „ankörnen“ gesprochen wird?**

★ **2. Wann ist ein Sinuslift angezeigt?**

★★★ **3. Können Sie den Ablauf dieser Behandlung in Stichpunkten beschreiben?**

★★ **4. Was ist ein Gewindeschneider? Wann wird er benötigt?**

5. Benennen Sie die Teile auf der Abbildung? ★★★

1. ______________________
2. ______________________
3. ______________________

6. Wofür wird Nr. 2 verwendet? ★

____

____

7. Wofür wird Nr. 3 verwendet? ★

____

8. Was ist eine Periimplantitis? Wodurch wird sie verursacht? ★★

____

____

9. Wo dauert die Einheilung eines Implantates länger? OK oder UK? ★

____

10. Wie heißt der Vorgang, der in den Monaten nach dem Einsetzen eines Implantates im Kiefer stattfindet, mit Fremdwort? ★★

____

11. Aus welchen Materialien werden Zahnimplantate hergestellt? ★

____

12. Durchschnittlich haben Zahnimplantate welche Länge und welchen Durchmesser? ★★

Durchschnittliche Länge: ______________________

Durchschnittlicher Durchmesser: ______________________

13. Benennen Sie die Medizinprodukte in der nachstehenden Abbildung ★★★★

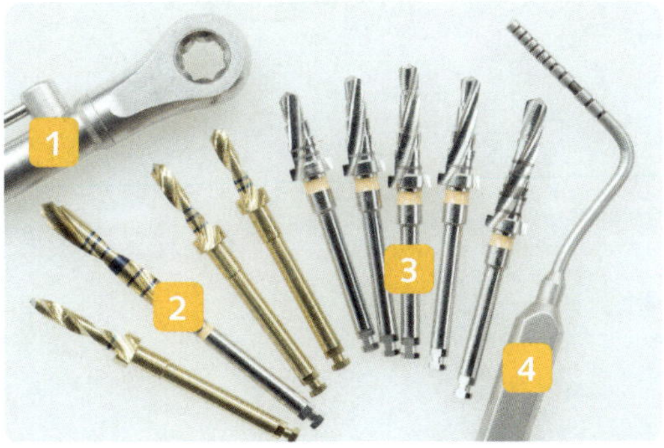

1. ______________________
2. ______________________
3. ______________________
4. ______________________

★★ **14. Es gibt verschiedene Vorgehensweisen, ein Implantat in das Implantatlager einzubringen. Welche kennen Sie?**

____

____

★★ **15. Was ist zu beachten bei der Entnahme eines Implantates aus seiner Verpackung?**

____

____

★ **16. Was ist außer dem Implantat ein weiterer wichtiger Teil der Verpackung?**

____

____

☐ **Wie viele Sterne haben Sie geschafft?**
Zählen Sie nach und tragen Sie Ihr Ergebnis in das Kästchen ein.

1–6 Sterne – da gibt es noch viel zu lernen 10–16 Sterne –befriedigende Leistung 20 und mehr Sterne – sehr gute Leistung, weiter so

3 Behandlung von Verletzungen

Welche der unten dargestellten Befunde erfordern einen chirurgischen Eingriff? Geben Sie auch an, welcher Eingriff voraussichtlich durchgeführt wird.

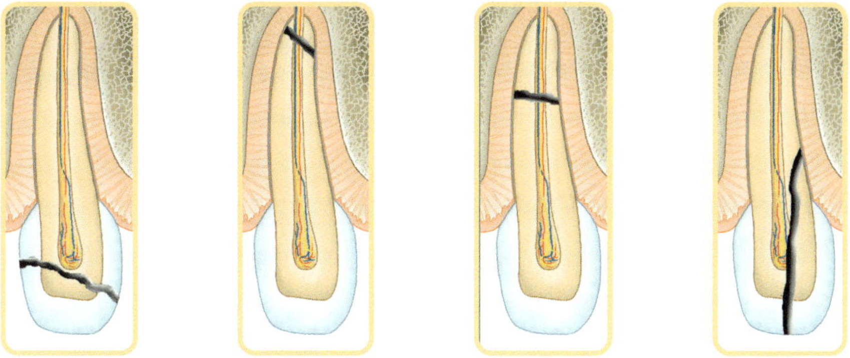

A B C D

A: ______________________________

B: ______________________________

____

C: ______________________________

____

D: ______________________________

Vokabeltraining

Ordnen Sie zu:

Luxation	Prellung
Avulsion	Bluterguss
Fraktur	Lockerung
Trauma	Vollständiges Herauslösen eines Zahnes aus der Alveole
Kontusion	Bruch
Hämatom	Gewalteinwirkung

Was empfehlen Sie einem Patienten, der Sie wegen eines herausgeschlagenen Zahnes anruft?

- [ ] Den Zahn nicht im Bereich der Wurzel anfassen.
- [ ] Den Zahn nicht reinigen.
- [ ] Den Zahn mit der Zahnbürste sorgfältig reinigen.
- [ ] Den Zahn feucht lagern.
- [ ] Umgehend in die Praxis kommen.

Welchen Vorteil hat eine Zahnrettungsbox im Vergleich zu anderen Aufbewahrungsmöglichkeiten?

____

____

Welche Empfehlungen zur Aufbewahrung eines ausgeschlagenen Zahnes sind nicht richtig?

- [ ] Aufbewahrung in kalter H-Milch
- [ ] Aufbewahrung im Mund des Patienten
- [ ] Aufbewahrung in Desinfektionslösung
- [ ] Aufbewahrung in einer Zahnrettungsbox
- [ ] Aufbewahrung in Leitungswasser
- [ ] Aufbewahrung in einem trockenen, sauberen Tuch
- [ ] Jede Flüssigkeit ist zur Aufbewahrung geeignet

Schlau wie Einstein!

Was empfehlen Sie Patienten, die Risikosportarten betreiben, als besten Schutz vor einer Avulsion?

____

Bringen Sie den Ablauf einer Reimplantation in die korrekte Reihenfolge.

- [ ] Schienung, Fixierung an den Nachbarzähnen
- [ ] Wiedereinsetzen des Zahnes in die Alveole
- [ ] Termin zur Nachkontrolle und Weiterbehandlung
- [ ] Säubern des herausgeschlagenen Zahnes mit steriler NaCl-Lösung
- [ ] Betäubung
- [ ] Inspektion der Alveaole, ggf. Reinigung

4 Präprothetische Chirurgie und chirurgisch-kieferorthopädische Maßnahmen

Ordnen Sie den Beschreibungen die richtigen Begriffe zu.

Begriffe	Beschreibungen
Präprothetische Chirurgie	Operative Eingriffe in Vorbereitung auf eine Versorgung mit Zahnersatz
Exostosen	Chirurgischer Eingriff bei dem der Mundvorhof vertieft wird. Die Maßnahme dient einem besseren Halt der Prothese
Mundbodenplastik	Vergrößerung, operativer Eingriff zum Knochenaufbau
Schlotterkamm	Knochenresektion am Alveolarfortsatz
Vestibulumplastik	Verdickung von Knochengewebe, knöcherne Vorsprünge am Kieferknochen
Augmentation	Chirurgischer Eingriff bei dem der Bereich unter der Zunge vertieft wird. Die Maßnahme dient einem besseren Halt der Prothese
Alveolotomie	Beweglicher Kieferkamm, bestehend aus Weichgewebe, welches sich nach Abbau des Kieferknochens nicht zurückgebildet hat

Zeichnen Sie in der Abbildung ein, in welcher Region die Alveolotomie durchgeführt wird.

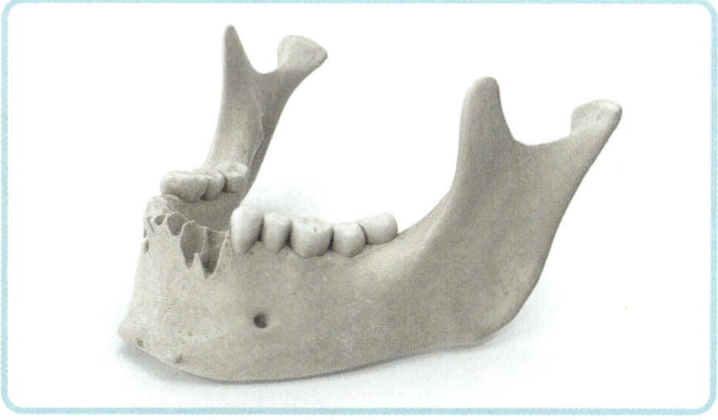

Wie heißt die Lücke zwischen den mittleren Schneidezähnen im Oberkiefer mit Fachwort?

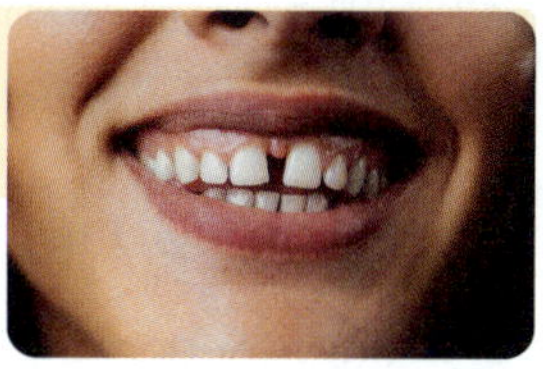

____

Welche Maßnahmen gehören zum chirurgischen Eingriff zur Behandlung einer Lücke zwischen den mittleren oberen Schneidezähnen? Kreuzen Sie an.

- ☐ Lösen des Lippenbändchens
- ☐ Durchtrennen oder Entfernen von Bindegewebe oder Alveolarknochen im Bereich des Septums
- ☐ Verlegen und Fixieren des Lippenbändchens
- ☐ Naht
- ☐ kieferorthopädische Schienung

Vervollständigen Sie den Lückentext.

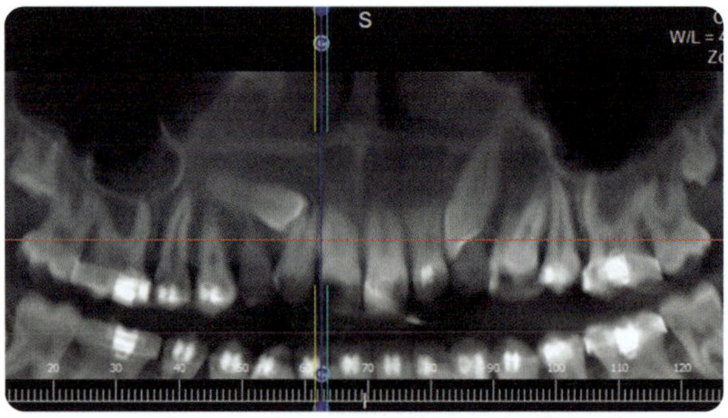

Eckzähne und ______________ können so verlagert sein, dass sie nicht von alleine die richtige Stellung im Zahnbogen einnehmen können. In so einem Fall muss vor der kieferorthopädischen Behandlung eine chirurgische ______________ durchgeführt werden.

Zur Lagebeurteilung werden vor dem Eingriff mehrere ______________ angefertigt und gelegentlich auch eine zusätzliche Digitalvolumentomografie (abgekürzt: __________).

Unter ______________ wird die Schleimhaut auf Höhe der ______________ des retinierten und verlagerten Zahnes ______________, der ______________ vorsichtig abgetragen und die Zahnkrone ______________.

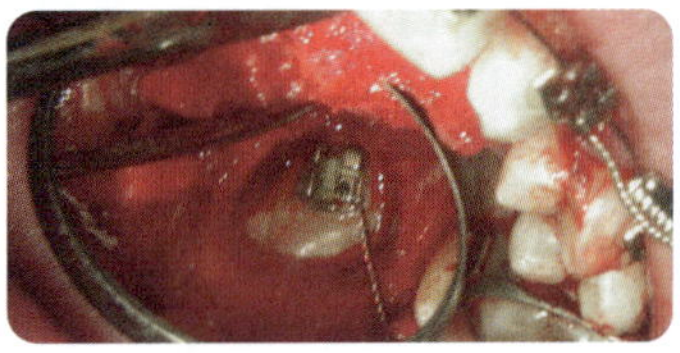

Im nächsten Schritt wird die ______________ gestillt und anschließend die Wunde gespült. Nun kann in Säure-Ätz-Technik ein ______________ mit Kettchen am Zahn geklebt werden.

Zum Schluss wird der ______________ zurückgeklappt und vernäht. Nur das Ende des Kettchens schaut aus der ______________ ein wenig hervor.

Abhängig von der Ausgangssituation kann der Zahnarzt auch nur eine kleine Schleimhautexzision im Bereich der ______________ durchführen und anschließend den Knochen vorsichtig abtragen. Die Wunde bleibt ______________ und das ______________ befestigt der Kieferorthopäde.

Einige Tage nach dem chirurgischen Eingriff kann bereits mit der ______________ Einstellung begonnen werden.

5 Arzneimittellehre

Vervollständigen Sie den Lückentext.

Arzneimittel werden mit dem Fachbegriff ____________ bezeichnet. Abhängig von ihrer ____________ werden sie in unterschiedliche Gruppen unterteilt. Medikamente, die für die Heilung einer Erkrankung eingesetzt werden, heißen ____________. Auch um eine Krankheit überhaupt erst zu erkennen, werden Arzneimittel verwendet, dies ist die Gruppe der ____________. Schließlich unterscheidet man noch die Gruppe der Prophylaktika, dies sind Mittel, die zur ____________ und ____________ von ____________ eingesetzt werden.

Hier gibt es Tipps zur Lösung

vel.plus/afzahn1-46

Das Bundesinstitut für Arzneimittel und Medizinprodukte (BfArM) gibt vor, dass jedem Arzneimittel eine Gebrauchsinformation beigelegt wird. Welche der nachstehenden Informationen muss ein „Beipackzettel“ für Medikamente enthalten? Kreuzen Sie die richtigen Angaben an.

- ☐ Verfallsdatum
- ☐ Name des Produktes
- ☐ Anwendungsgebiet
- ☐ Grund für den Einsatz
- ☐ Menge, in der das Arzneimittel verabreicht wird
- ☐ Herstellungsdatum
- ☐ letale Dosis
- ☐ Gegenanzeigen
- ☐ enthaltene Wirkstoffe
- ☐ Name des Herstellers
- ☐ gegenseitige Beeinflussung von Arzneimitteln
- ☐ Form, in der das Arzneimittel vorliegt
- ☐ Lagervorschriften

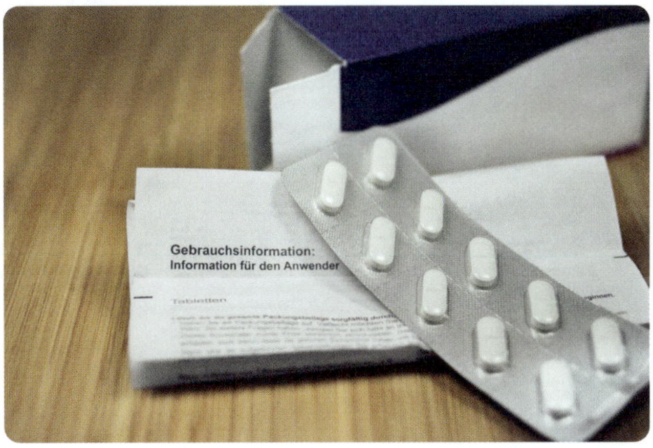

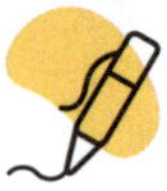

Erklären Sie in einfachen Worten die nachstehenden Begriffe:

Indikation

Kontraindikation

therapeutische Dosierung

toxische Dosierung

Wechselwirkung

Darreichungsform

Finden Sie in dem Buchstabensalat zehn Darreichungsformen von Arzneimitteln und tragen Sie diese in die Liste ein.

C	K	Y	T	H	D	Q	K	Q	Z	A	N	D	F	T	B	G	L	F	R	V	L	H	O	V	E	G
B	R	G	I	D	J	Ä	E	Ö	A	D	N	Y	V	J	H	X	D	K	G	T	C	Q	R	T	S	P
N	X	M	Z	P	B	T	T	G	Q	X	P	D	M	V	Ü	O	T	V	J	B	Z	M	S	J	W	U
L	R	I	V	G	T	Ö	G	T	Ö	K	E	M	O	L	A	F	B	G	S	Z	Ä	A	Ä	T	V	L
K	Y	B	S	E	Ä	Q	Ü	G	C	E	I	A	E	Q	P	B	M	B	X	P	P	L	W	K	O	V
V	S	N	L	J	N	O	W	Q	G	W	M	S	L	H	H	B	B	Ö	D	Ü	F	W	I	S	O	E
K	Q	B	H	Ä	W	T	Ü	A	J	D	P	Ä	I	Ö	B	Y	K	E	A	Y	C	C	O	T	R	R
O	A	Q	I	M	M	Y	R	M	S	A	A	O	U	V	S	F	T	S	U	G	H	R	Ä	V	Ö	Ä
T	Ü	R	U	A	G	D	L	C	K	R	Z	Q	I	X	J	U	S	A	L	B	E	X	W	Z	A	R
K	Ü	Y	E	G	N	U	G	D	I	T	J	B	D	L	K	C	N	Ö	Q	A	N	L	W	F	Z	W
T	R	Z	D	M	V	F	B	A	R	E	M	M	Z	D	Q	Z	A	G	O	E	G	K	K	O	T	N

1.

2.

3.

4.

5.

6.

7.

8.

9.

10.

Ergänzen Sie die Tabelle, indem Sie Beispiele von Arzneimitteln oder Darreichungsformen nennen, die Sie aus der Zahnarztpraxis kennen.

Arzneimittel	Darreichungsform
Ledermix	
	Salbe
Schmerzmittel	
	Lösung
Spray zur Behandlung von Pilzinfektionen	
	Gel
Antibiotikum	

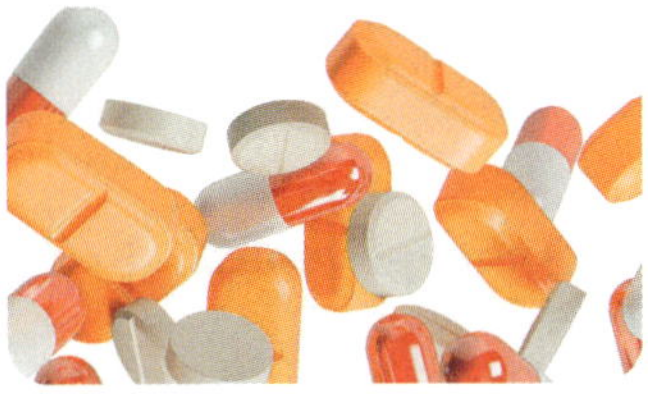

Erklären Sie die Unterschiede und geben jeweils ein Beispiel aus der Zahnarztpraxis an

Lokale Wirkungsweise

Systemische Wirkungsweise

Merke

Achtung Verwechslungsgefahr, klingt ähnlich, bezeichnet aber etwas anderes!
Systematisch bedeutet etwas ganz anderes als *systemisch*.

SYSTEMATISCH – bedeutet sinnvoll geordnet, planmäßig, strukturiert
SYSTEMISCH – ist ein medizinischer Begriff mit der Bedeutung „den ganzen Körper oder ein Organsystem betreffend“

Arzneimittel, die systemisch wirken, gelangen über die Blutbahn im ganzen Körper.

Vokabeltraining

Eine Zahnmedizinische Fachangestellte muss eine Reihe von Arzneimittelgruppen kennen. Wie fit sind Sie auf diesem Gebiet? Finden Sie die Paare und kennzeichnen Sie die Kästchen in derselben Farbe.

Lokalanästhetika	keimhemmendes Mittel gegen Wunddesinfektion	Beruhigungsmittel	gegen Entzündungen wirksame Arzneimittel
Antihypertonica	Analgetika	gefäßverengende Mittel	Sedativa
gegen Bakterien wirksame Arzneimittel	Antibiotika	Antiseptika	Blutdrucksenker
Vasokonstringentia	Antikoagulantia	Schmerzmittel	gegen Pilze wirksame Arzneimittel
Antiphlogistika	Antimykotika	örtliche Betäubungsmittel	Mittel zur Hemmung der Blutgerinnung

Wissens-Check

Wissen Sie, wie die nachfolgenden Präparate wirken? Kreuzen Sie an.

Arzneimittel	lokale Wirkung	systemische Wirkung
Dontisolon Salbe zur Behandlung der Mundschleimhaut		
Antibiotikum zur Einnahme nach einem chirurgischen Eingriff		
Jodiertes, fluoridiertes Speisesalz zur Kariesprophylaxe		
Anästhetikum		
Fluoridgel bei der Individualprophylaxe		
Medikamentöse Einlage bei der Wurzelkanalbehandlung		
Schmerzmittel zur Einnahme nach einem chirurgischen Eingriff		
Kalziumhydroxidpräparat bei der indirekten Überkappung		

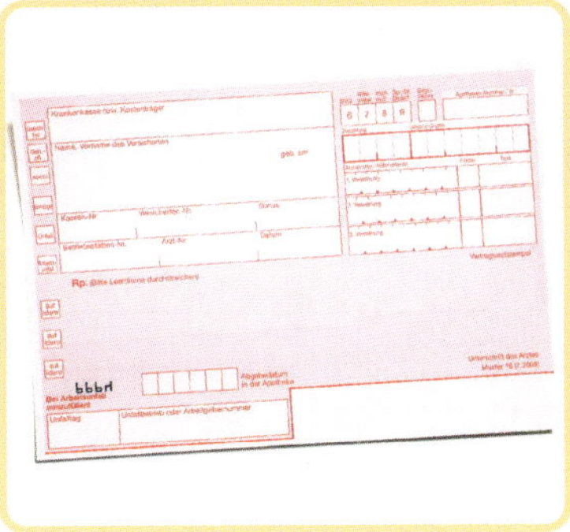

rosa Kassenrezept
Muster 16

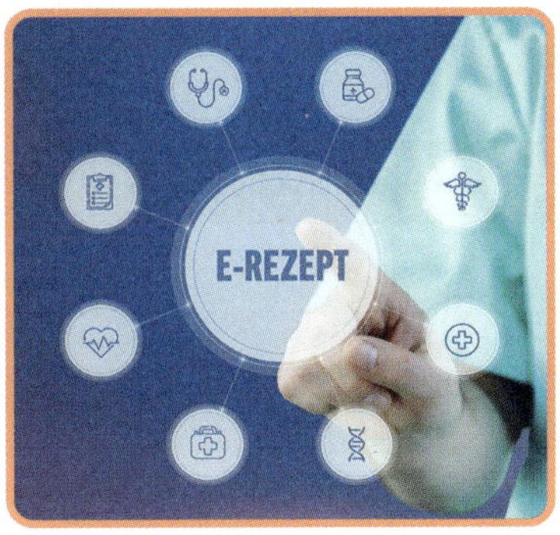

elektronisches Rezept

Privatrezept

Tragen Sie für jedes Rezept drei weitere unterschiedliche Pflichtangaben ein.

rosa Kassenrezept Muster 16
• verordnetes Medikament • Stempel und Unterschrift des ausstellenden Zahnarztes • ____________________ ____________________ ____________________ ____________________

elektronisches Rezept
• verordnetes Medikament • Unterschrift des ausstellenden Zahnarztes • ____________________ ____________________ ____________________ ____________________

Privatrezept
• verordnetes Medikament • Unterschrift des ausstellenden Zahnarztes • ____________________ ____________________ ____________________ ____________________

Wie lange ist das Rezept gültig?

rosa Kassenrezept Muster 16	elektronisches Rezept	Privatrezept

Wie kommt die Unterschrift des ausstellenden Arztes auf ein digitales e-Rezept?

Der Verkauf von Arzneimitteln ist gesetzlich geregelt. Dabei unterscheidet man mehrere Abgabegruppen. Vervollständigen Sie die nachstehende Tabelle.

Abgabegruppe	Welche Arzneimittel zählen dazu?	zwei Beispiele
frei verkäufliche Arzneimittel		
	Die Mittel sind nur in Apotheken erhältlich. Der Kunde kann diese sowohl mit als auch ohne Verordnung kaufen.	
		• Antibiotika • Schmerzmittel mit hoher Wirkstoffmenge

Nice to know

Penicilline sind **antibiotisch wirksame Substanzen**, die ursprünglich aus einem Schimmelpilz gewonnen wurden.

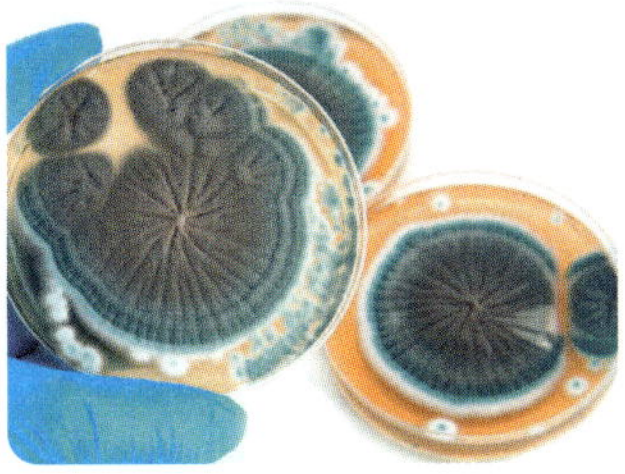

Die Bezeichnung **Penicillin** Kommt vom lateinischen Begriff für „Pinsel" – **penicillium**. Leicht zu verstehen, wenn man sich die Pinselschimmel unter dem Mikroskop ansieht.

Der britische Mediziner und Bakteriologe **Alexander Fleming** (1881–1955) erhielt als einer der Entdecker des Penicillins **1945** den **Nobelpreis**.

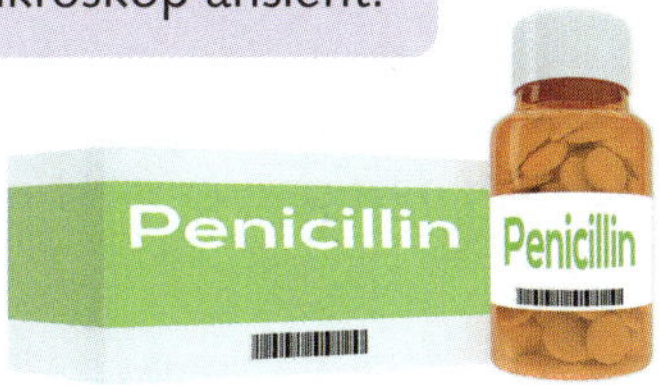

Heutzutage werden Antibiotika teilsynthetisch, vollsynthetisch oder gentechnisch hergestellt.

Vor seinem Sommerurlaub 1928 hatte es Alexander Fleming mit dem Aufräumen in seinem Labor wohl nicht so genau genommen, einiges blieb liegen.
Als er zurückkehrte, war eine Petrischale, auf der er zuvor Bakterien gezüchtet hatte, schimmelig.
Er staunte nicht schlecht, als er erkannte, dass kleine Schimmelmengen, die Bakterien zerstört hatten.
Fleming setzte die Forschung fort und schaffte es, die bakterientötende Substanz aus dem Schimmel zu gewinnen.
Er nannte sie: **Penicillin**.

Bis aus dem Wirkstoff ein Medikament wurde, sollten noch Jahre vergehen. Vor allem der zweite Weltkrieg trieb die Forschung stark voran. Das US-Militär setzte das Mittel bei der Versorgung von Verletzten ein.
Erst ab Mitte der 1940er Jahre wurde es für die Zivilbevölkerung erhältlich.

Fakten über Antibiotika, die eine ZFA wissen muss. Vervollständigen Sie den Lückentext. ★

Antibiotika werden zur Bekämpfung von ______________ Infektionen eingesetzt.	★
Antibiotika sind ________________________.	★
Antibiotika wirken nicht gegen ________.	★
Antibiotika dürfen nicht ___________ abgesetzt werden, wenn eine Besserung eintritt.	★
Die ______________ des Arztes zur Einnahme eines Antibiotikums sind streng zu befolgen.	★
Das bezieht sich sowohl auf die ___________________ des Mittels als auch auf die ___________ zwischen den Einnahmen und auf den __________________, z. B. „vor dem Essen".	★★★

Als Entdecker des Penicillins wird ________________ genannt.	★
Antibiotika sind erst seit ca. ______ Jahren Standard-Therapeutikum in der Medizin.	★
Anzahl erreichter Sterne	

1–3 Sterne – da gibt es noch viel zu lernen 5–6 Sterne – befriedigende Leistung 8 und mehr Sterne – sehr gute Leistung, weiter so

6 Hygiene lernfeldspezifisch

Vervollständigen Sie das Mindmap, indem Sie alle Ihnen bekannten chirurgischen Medizinprodukte in die passende Risikogruppe einsortieren, bei Bedarf können Sie das Mindmap auch erweitern.

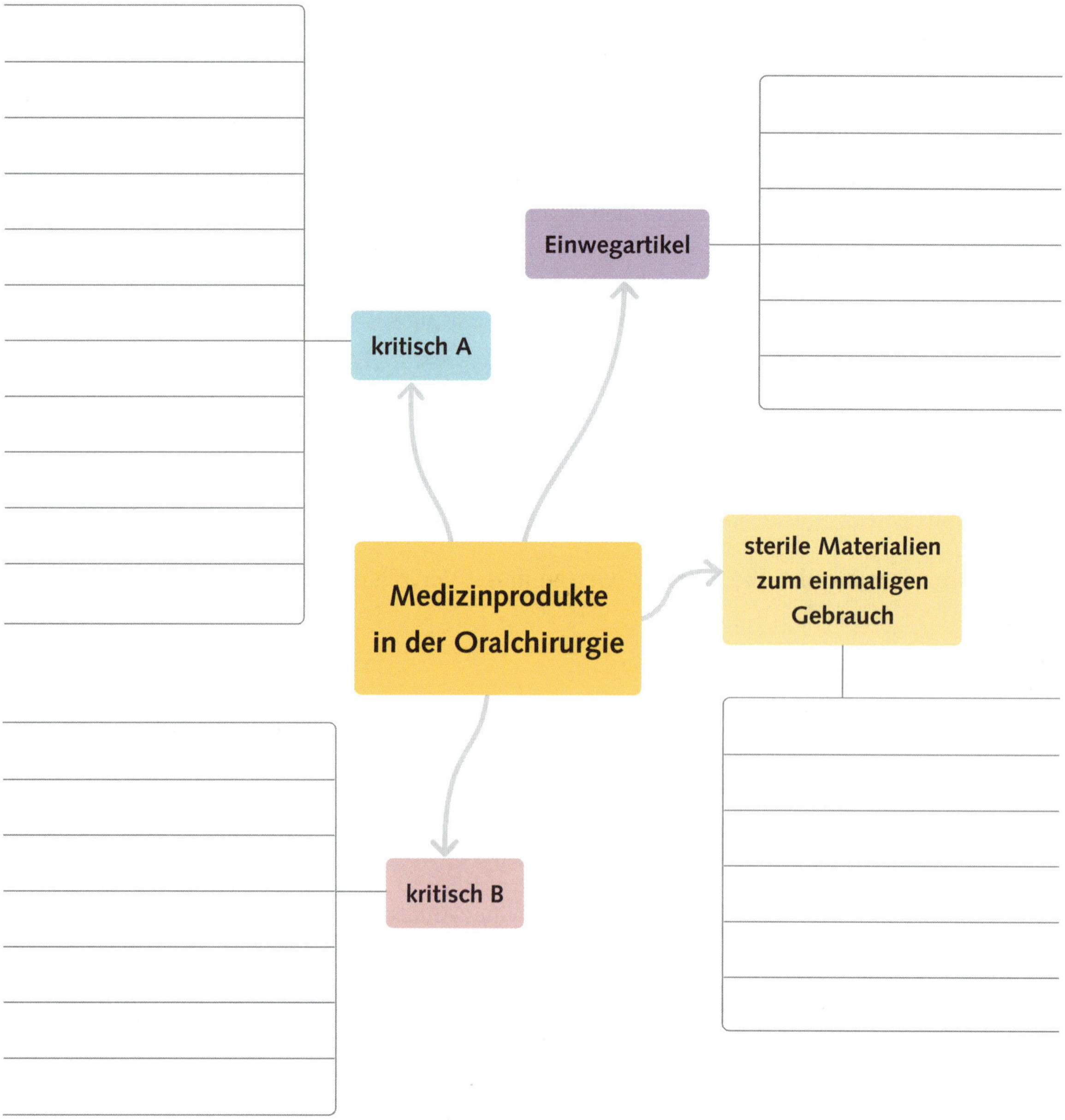

Hier gibt es Tipps zur Lösung

vel.plus/afzahn1-47

7 Wiederholungsaufgaben

Bei operativen Eingriffen folgen die Behandlungsschritte einem sich wiederholenden Ablauf. Bringen Sie die Maßnahmen in die richtige Reihenfolge. Ordnen Sie anschließend den Eingriffen Osteotomie, Wurzelspitzenresektion und Zystektomie die spezifischen Schritte zu

• Aufklappen, • entzündliches Gewebe entfernen • Abtragen des Knochens um an den Zahn, an die Wurzelspitze usw. zu gelangen • Muko-Periost-Lappen reponieren • abtrennen der krankhaften Wurzelspitze • Inzision • evtl. Zerteilung des Zahnes • Anästhesie • Wundsäuberung und Wundkontrolle • Wundversorgung und Naht • entfernen der gesamten Zyste im Ganzen oder in Teilstücken • d. h. wieder zurückklappen • retro-grader Verschluss • Glätten von scharfen Knochenkanten • Lockern des Zahnes • Freilegung, • Bilden eines Schleimhaut-Knochenhaut-Lappens • entfernen des Zahnes • evtl. retrograde Wurzelkanalbehandlung

Übersicht der Behandlungsschritte bei chirurgischen Eingriffen in der Zahnarztpraxis

1 ______________________________

2 ______________________________

3 ______________________________

4 ______________________________
____

Osteotomie	Wurzelspitzenresektion	Zystektomie

5 ______________________________

6 ______________________________

7 ______________________________

8 ______________________________

9 ______________________________

Achtung Verwechslungsgefahr, klingt ähnlich, bezeichnet aber etwas anderes!

ABDICHTUNG
des Wurzelkanals mit Füllungsmaterial nach erfolgter Kappung der Wurzelspitze.

RETRO _ _ _ _ _ _ V _ _ _ _ _ _ _ _ _

ABFÜLLEN
des aufbereiteten Wurzelkanals aus umgekehrter Richtung, also von apikal nach koronal mit Wurzelfüllmaterial.

RETRO _ _ _ _ _ W _ _ _ _ _ _ _ _ _ _ _ _

Weshalb ist es wichtig, als ZFA die Abläufe der chirurgischen Eingriffe sowie die Verwendung der Instrumente gut zu kennen? Dies sind die Antworten aus der Klasse, kreuzen Sie die richtigen an.

- ☐ Wenn man nicht Bescheid weiß, kann ja eine andere Kollegin einspringen
- ☐ Damit während der OP keine Pannen passieren, z. B. Instrumente fehlen
- ☐ Das macht die Arbeit für die Behandlerin einfacher
- ☐ Mit einer Checkliste kann man alles während der OP kontrollieren, deshalb ist es nicht so wichtig
- ☐ Wenn man die falschen Instrumente bereitstellt, müssen diese auch aufbereitet werden, das macht zusätzliche Arbeit
- ☐ Damit man die Dauer der Termine gut einplanen kann.
- ☐ Stressfreies Arbeiten, man kann sich auf die OP konzentrieren, alles was benötigt wird ist da.
- ☐ Damit man die Patienten gut aufklären kann.

Womit werden rotierende Instrumente in der Chirurgie gekühlt?

____

Warum ist es wichtig, das oben genannte Mittel zu verwenden?

____

Welche besonderen Befunde erkennen Sie auf den folgenden Röntgenaufnahmen? Benennen Sie die Region und die Befunde einzeln. Geben Sie jeweils an, welcher chirurgische Eingriff voraussichtlich in diesem Bereich in Frage kommt.

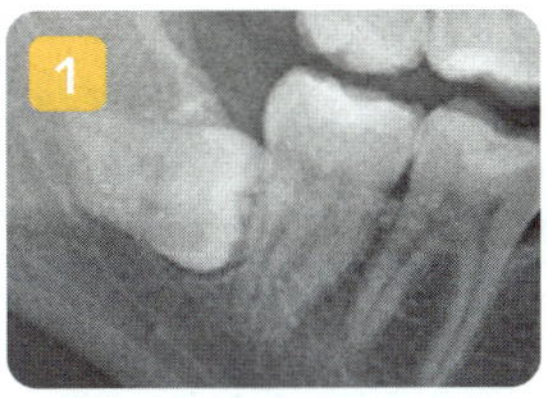

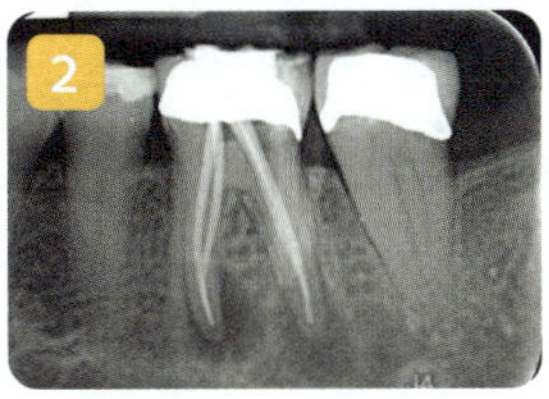

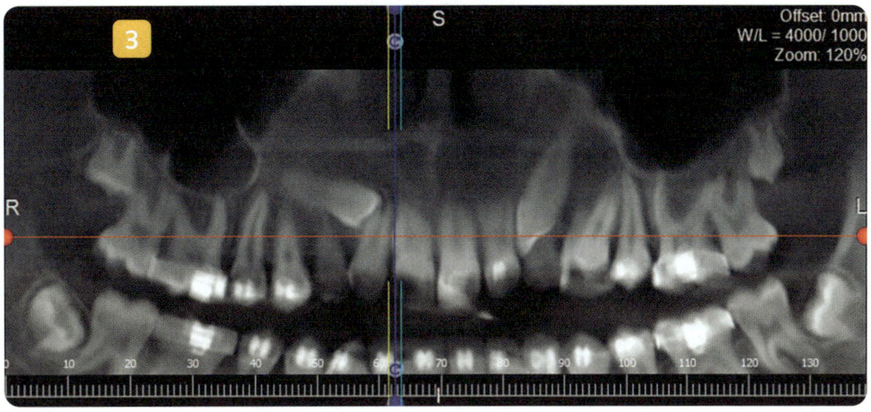

Region	Befund	möglicher chirurgischer Eingriff	
Bild 1 ______	______ ______	______ ______	★
Bild 2 ______	______ ______	______ ______	★★
Bild 3 – OK ______	______ ______	______ ______	★★★
Bild 3 – OK ______	______ ______	______ ______	★★★★
Bild 3 – UK ______	______ ______	______ ______	★★★★★

Wie viele Sterne haben Sie geschafft?
Zählen Sie nach und tragen Sie Ihr Ergebnis in das Kästchen ein.

1–4 Sterne – da gibt es noch viel zu lernen 6–9 Sterne – befriedigende Leistung 12 und mehr Sterne – sehr gute Leistung, weiter so!

8 Große Wiederholung der Fachbegriffe

Abszess	
Abutment	
Alveole	
Alveolotomie	
Analgetika	
	Arzneimittel zur Betäubung
	keimhemmende Mittel, werden zur Desinfektion verwendet
	Kieferhöhle
	Rezept
	gewebeschonend
Atrophie	
Augmentation	
Avulsion	
benigne	
Bracket	
CAP	
	erschwerter Zahndurchbruch
	Wurzelhaut
	Lücke zwischen den oberen 1ern
	Schmerz
	Abfluss, Ableitung von Gewebeflüssigkeit
Elektrokoagulation	
enossal	
Exostose	
Extraktion	
Exzision	

	röhrenförmiger Verbindungsgang
	Bruch
	Entfernen des Lippenbändchens
	Verlegen des Lippenbändchens
	Zahnkeimentfernung
Hämatom	
Hämostyptika	
Hemisektion	
Implantat	
Implantation	
	Heilanzeige, Grund für eine Maßnahme
	während der Operation
	Hineinschneiden, Schnitt ins Gewebe
	Blutgerinnsel, Blutpfropf
	Zusammendrücken, Verdichtung
Kontraindikation	
lokal	
Luxation	
maligne	
Metastase	
	Schleimhaut
	richtig, gerade, von koronal nach apikal
	Zahnhalteapparat
	dicke Backe, Schwellung des Weichgewebes im Kieferbereich
	Entzündung des Gewebes um das Implantat herum
	Knochenhaut
Plastik	
postoperativ	
präoperativ	
Prognose	
Reimplantation	

	Entfernung von kranken Organteilen
	kann vom Körper aufgenommen werden
	Halt, Zurückhaltung
	zurückgehalten
	rückwärts, von apikal nach koronal
Septum	
Sinuslift	
subgingival	
Suprakonstruktion	
systemisch	
	giftig
	durch das Zahnfleisch hindurch
	Gewalteinwirkung
	Gewebswucherung, Schwellung
	krankhaftes Hohlgebilde

Bildquellenverzeichnis

Adobe Systems Software Irland Ltd., Adobe Stock, IRL-Dublin: S. 3/1 © strichfiguren.de, S. 3/2 © strichfiguren.de, S. 7/1 © Stigur/peopleimages.com, S. 8/2 © Co-Design, S. 9/2 © Michael Tieck, S. 10/1 © strichfiguren.de, S. 10/3 © tunedin, S. 11/1 © Alila Medical Media, S. 11/2 © strichfiguren.de, S. 12/1 © Тарас Нагирняк, S. 12/2 © Sebastian Kaulitzki, S. 12/3 © Christos Georghiou, S. 13/1 © Alila Medical Media, S. 13/2 © Alila Medical Media, S. 14/1 © strichfiguren.de, S. 14/2 © Matthieu, S. 14/3 © Matthieu, S. 15/1 © Aldona, S. 15/2 © Aldona, S. 16/1 © Aldona, S. 16/2 © strichfiguren.de, S. 17/1 © Co-Design, S. 17/2 © strichfiguren.de, S. 19/1 © Co-Design, S. 20/1 © tasty_cat, S. 20/3 © bilderzwerg, S. 20/3 © Daniel Berkmann, S. 21/1 © Daniel Berkmann, S. 22/1 © Kzenon, S. 23/1 © JorgeAlejandro, S. 23/4 © Ramziia, S. 24/1 © Alex Mit, S. 26/1 © Co-Design, S. 27/1 © strichfiguren.de, S. 27/2 © tops-hots, S. 27/3 © strichfiguren.de, S. 28/2 © strichfiguren.de, S. 28/3 © keystoker, S. 29/1 © Henrik Dolle, S. 29/2 © the faces, S. 30/1 © Matthias Enter, S. 32/1 © Christos Georghiou, S. 32/2 © strichfiguren.de, S. 32/3 © James Steidl, S. 33/1 © sundatoon, S. 33/2 © Vadim, S. 33/3 © PBXStudio, S. 34/1 © .shock, S. 34/2 © Owl_photographer, S. 35/1 © Rido, S. 36/1 © Kzenon, S. 36/2 Alexander Raths, S. 36/4 © Prostock-studio, S. 37/1 © Brigitte Hobusch, S. 37/2 © strichfiguren.de, S. 40/1 © strichfiguren.de, S. 40/2 © svetlana67, S. 42/1 © strichfiguren.de, S. 42/2 © alimyakubov, S. 43/1 © Sebastian Kaulitzki, S. 43/2 © Aleksandr Petrunovskyi, S. 44/2 © Sergey Ryzhov, S. 44/3 © Sergey, S. 44/5 © miguel, S. 45/1 © Xalanx, S. 45/2 © strichfiguren.de, S. 46/1 © Olena, S. 47/1 © Suriyo, S. 48 © Co-Design, S. 49 © Co-Design, S. 50 © Co-Design, S. 51/1 © miniwide, S. 51/2 © strichfiguren.de, S. 52/1 © stockpics, S. 53/1 © Halfpoint, S. 53/2 © Xalanx, S. 54/2 © strichfiguren.de, S. 54/3 © Iryna, S. 55/1 © strichfiguren.de, S. 55/2 © nosorogua, S. 55/4 © Primastock, S. 56 © strichfiguren.de, S. 58 © strichfiguren.de, S. 59/1 © strichfiguren.de, S. 60/1 © Tartila, S. 60/2 © Christoph Burgstedt, S. 61/1 © Dr_Microbe, S. 62 © strichfiguren.de, S. 64/1 © icon_art, S. 65/1 © AlexandraDryl, S. 67/1 © Mike Fouque, S. 69/2 © peterschreiber.media, S. 69/3 © Peter Heimpel, S. 69/4 © PhotoSG, S. 70/2 © Kwangmoozaa, S. 70/3 © Northern life, S. 70/4 © Alessandro Grandini, S. 71/1 © gornist, S. 71/2 © gornist, S. 71/3 © Kzenon, S. 72 © strichfiguren.de, S. 74/1 © strichfiguren.de, S. 75/1 © Daniel Berkmann, S. 76/1 © Aylin, S. 76/2

© MATTHEW, S. 76/4 © Galib, S. 77/1 © Tanja, S. 77/2 © Panuwat, S. 77/3 © Ольга Тернавская, S. 77/4 © strichfiguren.de, S. 78/2 © BRAD, S. 79/3–4 © strichfiguren.de, S. 80/1 © Composer, S. 80/2 © strichfiguren.de, S. 82 © strichfiguren.de, S. 84 © strichfiguren.de, S. 85/1 © strichfiguren.de, S. 85/2 © bedya, S. 86/1 © flywish, S. 86/3 © Mykola, S. 86/4 © Dmitry, S. 87/1 © Andriy Bezuglov, S. 88/1 © strichfiguren.de, S. 88/2 © MINIWIDE, S. 89/1 © Co-Design, S. 91/1–2 © strichfiguren.de, S. 91/7 © Andriy Bezuglov, S. 92/1 © strichfiguren.de, S. 95/1 © Carolina, S. 96/1 © strichfiguren.de, S. 97/1 © kpn1968, S. 99/1 © Matthias Enter, S. 100/1 © strichfiguren.de, S. 100/2 © Christos Georghiou, S. 102 © fotohansel, S. 104 strichfiguren.de, S. 105 © Co-Design, S. 107/1 © PixPartout, S. 107/2 © strichfiguren.de, S. 108/1–2 © 川本まる, S. 108/3 © strichfiguren.de, S. 108/4 © Ihor, S. 109/1 © strichfiguren.de, S. 109/2 © AGCuesta, S. 110/1 © strichfiguren.de, S. 110/2 © koti, S. 111/1 © strichfiguren.de, S. 111/3 © LaCozza, S. 113 © strichfiguren.de, S. 114 © MicroOne, S. 115/1 © Alexandr Mitiuc, S. 115/2 © strichfiguren.de, S. 116 © Co-Design, S. 117/1 © Björn Wylezich, S. 117/3 © Vladimir, S. 118/1 © Anch, S. 119 © MicroOne, S. 120/1 © strichfiguren.de, S. 121/1 © soupstock, S. 121/2 © Co-Design, S. 121/3 © strichfiguren.de, S. 122/2 © Matthias Enter, S. 122/4 © strichfiguren.de, S. 123/1 © adragan, S. 123/2 © strichfiguren.de, S. 124/1 © strichfiguren.de, S. 124/2 © Dr_Microbe, S. 125/1 © Co-Design, S. 126/1 © misskaterina, S. 126/2 © Максим Лебедик, S. 126/3 © Dr_Microbe, S. 127/1 © blueringmedia, S. 127/2 © strichfiguren.de, S. 128/5 © strichfiguren.de, S. 129 © strichfiguren.de, S. 130/3 © Co-Design, S. 131/1 © sv_photo, S. 133/5 © Irina, S. 133/6 © Elena Volkova, S. 133/7 © strichfiguren.de, S. 134/5 © Christos Georghiou, S. 135/5 © Oleksandr Pokusai, S. 135/6 © G. K. Pavelchak, S. 136/1 © Sergey Ryzhov, S. 136/2 © romaset, S. 136/3 © Sergey, S. 137/5 © MichaelG, S. 138/2 © Co-Design, S. 140/1 © Co-Design, S. 141/1 © gornist, S. 141/2 © Garo, S. 141/4 © Xalanx, S. 144/1 © Alex Mit, S. 146/1 © strichfiguren.de, S. 147/1 © gorynvd, S. 148 © Co-Design, S. 149 © Co-Design, S. 151/1 © scusi, S. 151/2 © strichfiguren.de, S. 151/3 © stickerama, S. 151/4 © tigatelu, S. 152/1 © strichfiguren.de, S. 153/1 © crevis, S. 153/2 © strichfiguren.de, S. 154/1 © strichfiguren.de, S. 154/2 © Alex Mit, S. 155/1 © Elena Saurius & Danie Rex/Stocksy, S. 56/1 © sundatoon, S. 156/2 © vesalii, S. 156/3 © Danijela, S. 156/4 © Artenauta, S. 156/5 © scusi, S. 156/6 © Pepermpron, S. 157/1 © anatoliy_gleb, S. 158/1–2 © Co-Design, S. 159/1 © strichfiguren.de, S. 159/2 © ohitsuhoshi, S. 160 © VectorMine,S. 161/1 © Alex Mit, S. 161/2 © strichfiguren.de, S. 162/1 © ktsdesign, S. 162/2 © pikovit, S. 162/3 © kyungmin, S. 163/1 © strichfiguren.de, S. 164/4 © strichfiguren.de, S. 165/1–2 © Co-Design, S. 166/2 © Alla, S. 166/3 © dimik_777, S. 166/4 © Matthias Enter, S. 167/1 © Mariya, S. 167/4 © Christos Georghiou, S. 169/5 © Co-Design, S. 170/1 © Co-Design, S. 170/2 © warmworld, S. 171/1 © strichfiguren.de, S. 173/2 © Aleksandra Gigowska, S. 174/2 © Phoebe Yu, S. 174/3 © bpstocks, S. 174/6 © Violeta, S. 174/7 © mehmet, S. 174/8 © strichfiguren.de, S. 176/1 © strichfiguren.de, S. 176/3 © strichfiguren.de, S. 177/1 © strichfiguren.de, S. 178/1 © strichfiguren.de, S. 178/2 © strichfiguren.de, S. 179/2 © reineg, S. 180/1 © warmworld, S. 180/2 © Stockerteam, S. 182/1 © strichfiguren.de, S. 182/2 © Anch, S. 183/1 © Olena, S. 183/2 © strichfiguren.de, S. 185/1 © Alex Mit, S. 186/1 © Alex Mit, S. 186/2 © brovarky, S. 187/2 © strichfiguren.de, S. 188/1 © strichfiguren.de, S. 188/2 © Сергей Кучугурный, S. 189/2 © kolonko, S. 189/3 © illustrationstock, S. 189/4 © deminitry6, S. 189/5 © deminitry6, S. 189/6 © Christos Georghiou, S. 190/1–2 © Corbacserdar, S. 190/3 © Christos Georghiou, S. 191/3 © Phoebe Yu, S. 191/6 © daniiD, S. 191/7 © Ocskay Mark, S. 191/8 © deminitry6, S. 191/9 © Azazello, S. 191/10 © Aleksandra Gigowska, S. 191/11 © Alexandra, S. 192/1 © deminitry6, S. 192/2 © deminitry6, S. 192/3 © Ocskay Mark, S. 192/4 © strichfiguren.de, S. 193/2 © beccarra, S. 194/1 © GraphicsSM, S. 194/3 © strichfiguren.de, S. 195/1 © strichfiguren.de, S. 196/1 © strichfiguren.de, S. 197/1 © Aleksandra Gigowska, S. 197/2 © aerial2010, S. 198/4 © BillionPhotos.com, S. 199/1 © strichfiguren.de, S. 199/2 © brizmaker, S. 200/1 © gorynvd, S. 200/2 © LariBat S. 201/2 © Aleksandra Gigowska, S. 201/3 © strichfiguren.de, S. 202/1–2 © Co-Design, S. 202/3 © Damir Khabirov, S. 203/1 © strichfiguren.de, S. 205/1 © kittipon, S. 205/2–4 © Co-Design, S. 206 © Co-Design, S. 207 © Co-Design, S. 209/1 © strichfiguren.de, S. 210/2 © Christos Georghiou, S. 211/2 © daniiD, S. 212/1 © mirkoni, S. 213/2 © strichfiguren.de, S. 214/1 © Alex Mit, S. 214/3 © strichfiguren.de, S. 214/4 © Johan Sky, S. 216/4 © rcfotostock, S. 220 © strichfiguren.de, S. 222/1 © strichfiguren.de, S. 222/2 © pathdoc, S. 223/1 © Matthias Enter, S. 223/2 © Co-Design, S. 223/3–5 © MilosPauline, S. 224/1 © strichfiguren.de, S. 224/2 © santypan, S. 225/1 © Co-Design, S. 225/2 © Rstaal, S. 226/1 © strichfiguren.de, S. 227/1 © Rstaal, S. 228/1 © Anna, S. 228/2 © Christos Georghiou, S. 228/3 © santypan, S. 228/4 © santypan, S. 229/1 © vectorfusionart, S. 229/2 © Rstaal, S. 229/3 © Sughra, S. 230/1 © Grgroup, S. 230/3 © hazwan, S. 230/4 © Katsiaryna, S. 230/5 © nerthuz, S. 232/1 © Christiane, S. 232/2 © Marty Kropp, S. 232/3 © Macrovector, S. 232/4 © SciePro, S. 232/5 © TenWit, S. 232/6 © Co-Design, S. 234/1 © Andreas Gruhl, S. 234/2 © Christos Georghiou, S. 235/2 © strichfiguren.de, S. 236/2 © strichfiguren.de, S. 238/1–2 © strichfiguren.de, S. 238/4 © rcfotostock, S. 239/2–3 © strichfiguren.de, S. 240/1–2 © strichfiguren.de, S. 241/1 © Matthias Enter, S. 241/2 © strichfiguren.de, S. 242/1 © Co-Design, S. 243/1 © reineg, S. 243/2 © strichfiguren.de, S. 244/1 © strichfiguren.de, S. 245/1 © strichfiguren.de, S. 246/1 © Matthias Enter, S. 247/1 © Sashkin, S. 247/2 © Aleksandra Gigowska, S. 247/3 © pittawut, S. 247/4 © Maksym Yemelyanov, S. 247/5 © oProPav,

S. 250/1 © strichfiguren.de, S. 250/2, © santypan, S. 250/3 © Microgen, S. 250/4 © Elroi, S. 250/5 © Dmitry, S. 250/6 © New Africa, 251/1 © Christos Georghiou, S. 252/1 © SKfoto, S. 252/2 © Antonio, S. 252/3 © Aleshchenko, S. 253/1 © Eduard, S. 253/6 © Dental Pro Content, S. 254/1 © Dental Pro Content, S. 255/1 © Dental Pro Content, S. 255/2 © sujit, S. 256 © Christos Georghiou, S. 258/3–4 © strichfiguren.de, S. 259/1 © PNG, S. 259/2 © oneinchpunch, S. 261/1 © Leigh Prather, S. 261/2 © liveostockimages, S. 262/1 © strichfiguren.de, S. 263/1 © Svetlana, S. 263/2 © bsko, S. 263/3 © roger ashford, S. 263/4 © Christos Georghiou, S. 264/1 © strichfiguren.de, S. 265/1 © Alexander Raths, S. 265/2 © MQ-Illustrations, S. 265/3 © Klaus Eppele, S. 266/1 © Matthias Enter, S. 267/1 © Dr_Microbe, S. 267/2 © Olha Rohulya, S. 267/3 © hafakot, S. 267/4 © caifas, S. 269/1 © strichfiguren.de, S. 270/1 © Co-Design, S. 270/2 © Olena, S. 271/1 © Анастасия Бурлакова, S. 271/3 © Анастасия Бурлакова, S. 272/1 © Co-Design, S. 273/1 © Co-Design, S. 274 © Co-Design

Alamy Ltd., UK-Abingdon, Oxon: S. 238/3 © Historic Collection

Berufsgenossenschaft für Gesundheitsdienst und Wohlfahrtspflege (BGW), Hamburg: S. 73 https://www.bgw-online.de/verbandbuch, S. 78/1

Drägerwerk AG & Co.KGaA, Lübeck: S. 166/1

dpa Picture-Alliance GmbH, Frankfurt am Main: S. 69/1 © dpa

ETHICON Deutschland, Johnson & Johnson Medical GmbH, Norderstedt: S. 219/1

Faust, Steffen, Berlin: S. 26/2, S. 55/3, S. 59/2, S. 128/1–4, S. 133/1–4+8, S. 134/1–2, S. 152/2, S. 179/1, S. 184/1–3, S. 187/1, S. 197/3, S. 198/1–3, S. 214/5–7, S. 230/2+6, S. 235/1, S. 237, S. 239/1+4, S. 257

Gebr. Basseler GmbH & Co.KG, Lemgo: S. 86/2

Hager & Werken GmbH & Co. KG, Duisburg: S. 216/3, S. 258/1

Henkel, Christina, Lörrach: S. 44/4, S. 76/3, S. 91/5, S. 135/7–9, S. 136/4–5, S. 137/3–4+6, S. 143/2, S. 145/2, S. 146/2–3, S. 212/4–5, S. 253/2, S. 271/3

Hentschel-Dental e.K., Teningen: S. 44/1

Herzig, Wolfgang, Essen: S. 8/1, S. 9/1, S. 30/2, S. 34/3, S. 164/3, S. 213/1, S. 214/2

Kaspari, Markus, Schleiden: S. 87/2, S. 91/3–4

Lang, Björn, Dr., Rheinfelden: S. 260/1

Medising GmbH, Düsseldorf: S. 266/2

Pflügner, Matthias, Berlin: S. 167/2, S. 168/1–3, S. 169/1–3

RIEMSER Pharma GmbH, Berlin: S. 194/2

SEPTODENT GmbH, Niederkassel: S. 171/2–4

Shutterstock, Inc., USA-New York: S. 3/4 © HitToon, S. 10/2 © miniwide, S. 21/2 © Damir Khabirov, S. 28/1 © HitToon, S. 36/3 © StoryTime Studio, S. 54/1 © backwoods_design, S. 63/1 © elenabsl, S. 64/2 © DesignNata, S. 64/3 © vectortank88, S. 68/1 © HitToon, S. 70/1 © Mono_Abe, S. 78/3 © HitToon, S. 111/2 © HitToon, S. 122/1 © MiniStocker, S. 122/3 © Maxx-Studio, S. 145/1 © HitToon, S. 158/3 © HitToon, S. 167/3 © HitToon, S. 169/4 © HitToon, S. 173/3 © HitToon, S. 176/2 © MiniStocker, S. 177/2 © HitToon, S. 189/1 © HitToon, S. 201/1 © HitToon, S. 236/1 © HitToon, S. 240/3 © HitToon, S. 258/2 © HitToon

Straumann GmbH, Freiburg: S. 253/4–5

um werbephotographie, Dipl.-Des.Ulrich Mayer, Fulda: S. 139/1, S. 143/1, S. 174/4–5

Verlag Europa-Lehrmittel, Abt. Bildbearbeitung, Ostfildern: S. 173/1, S. 209/2, S. 215/1–7

Verlag Europa-Lehrmittel, aus Behandlungsassistenz Medizinische Fachangestellte, Europa-Nr.: 69611, Haan-Gruiten: S. 79/1–2, S. 86/5, S. 91/6, S. 117/2

Verlag Europa-Lehrmittel, auf Behandlungsassistenz Zahnmedizinische Fachangestellte, Europa-Nr.: 68415, Dr. Rolf Pannewig, Haan-Gruiten: S. 130/1–2, S. 132, S. 137/1–2+7, S. 138/1, S. 141/3, S. 143/3–4, S. 164/1–2, S. 190/4–13, S. 191/1–2, S. 191/5, S. 193/1a–1b, S. 211/1, S. 211/3–6, S. 212/2–3+5, S. 213/3–6, S. 215/8–9, S. 216/1–2, S. 217/1–4, S. 218/1–3, S. 248/1–3, S. 252/4–5, S. 253/3, S. 260/2, S. 280/2

W&H Dentalwerk Bürmoos GmbH, Bürmoos, Österreich: S. 90/1